高职学生创新创业基础

主 编 曹乃志 张子睿 王慧秋

哈尔滨工程大学出版社

Harbin Engineering University Press

内 容 简 介

创新创业是我国经济社会发展的重要驱动力,因此培养高职学生的创新精神和创业实践能力,营造创新创业的良好氛围和环境,具有重要的现实意义。本书结合高职学生的学习特点,采用模块化的任务驱动式、案例式、参与式方法进行编写。全书分为概述、创新基础篇、创新思维训练篇、创业基础篇和创业训练指导篇五个模块,包含若干个项目任务,注重分析创新创业实践过程中可能遇到的问题,为高职学生创新创业提供指引。

本书既可作为高职院校开展创新创业教育的教学用书,亦可作为创新创业培训机构和立志创业人员的参考用书。

图书在版编目(CIP)数据

高职学生创新创业基础／曹乃志,张子睿,王慧秋
主编. —哈尔滨 : 哈尔滨工程大学出版社,2020.1(2020.7 重印)
ISBN 978 - 7 - 5661 - 2626 - 9

Ⅰ. ①高… Ⅱ. ①曹… ②张… ③王… Ⅲ. ①大学生 -
创业 - 高等职业教育 - 教材 Ⅳ. ①G717.38

中国版本图书馆 CIP 数据核字(2019)第 302155 号

选题策划 包国印
责任编辑 王俊一 于晓菁
封面设计 李海波

出版发行 哈尔滨工程大学出版社
社 址 哈尔滨市南岗区南通大街 145 号
邮政编码 150001
发行电话 0451 - 82519328
传 真 0451 - 82519699
经 销 新华书店
印 刷 北京中石油彩色印刷有限责任公司
开 本 787 mm × 1 092 mm 1/16
印 张 14.25
字 数 380 千字
版 次 2020 年 1 月第 1 版
印 次 2020 年 7 月第 2 次印刷
定 价 46.00 元
http://www.hrbeupress.com
E-mail:heupress@ hrbeu.edu.cn

前　言

　　高职院校培养的是一线生产、技术、管理和服务等领域的高技能创新创业型人才。在就业形势严峻和创业与生俱来的风险性的双重背景下，开展创新创业教育有助于培养高职学生善于思考、勇于探索的创新精神，善于合作、懂得感恩的道德素养，面对困难和挫折不轻言放弃的执着态度，创造价值、回报社会的责任感，以及服务国家、服务人民的理想抱负。高职院校创新创业教育的目的不是教高职学生如何开公司，而是让高职学生拥有创业精神、创新意识和创业能力，使他们可以乐观、积极地生活。

　　本书依据高职院校人才培养方案和课程项目化建设目标与要求，结合高职院校创业基础课程的实际情况，在梳理、筛选经典理论知识的基础上阐述创新创业的最新认知理念和实践方法，以贴近时代，满足未来发展需求。本书涵括高职学生创业发展历程认知、优良创业心理品质、创业能力培养、创业机会识别、创办企业与经营管理、创业案例剖析、创业政策把握等内容，通过课程教学和案例分析，引导高职学生对创业形成正确的价值认识和精神认知，全面、系统地认识创业活动的过程和本质特征，深刻地理解和把握创业活动的基本规律与理论知识，熟悉创业资源整合、创业团队构建、创业风险识别、创业价值实现等方面的有效方法。编者甄选了大量高职学生创业成功的案例，其中不乏渤海船舶职业学院的优秀校友的案例。本书使在校学生在充分认识创业者的综合素质要求和管理能力特征的同时体会艰辛的创业历程，展开创业思考，激发创业热情，从而为成为创新意识强、创业品格优、创业素养高、协调能力强、实践技能精的高技能创新创业型人才奠定基础。

　　本书的模块一与模块二由王慧秋负责编写；模块三及前言由张子睿负责编写；模块四与模块五由曹乃志负责编写。第一主编曹乃志负责全书的结构设计、统稿和定稿工作。

　　本书借鉴、参考了国内外大量创业指导与创业教育研究方面的文献资料，以及一些专家的理论和观点，书中引用的案例与材料部分来自期刊、网络和创业学生的亲身经历，在此一并表示感谢！

　　由于编者水平所限，书中难免存在错漏之处，恳请各位专家学者和广大读者批评指正！

编　者

2019 年 10 月

目　　录

模块一 概 述

【创新创业格言】

影响人生结果的三个因素:思维方式×能力×努力程度。三者中,思维方式最为重要。用数值来衡量的话,努力程度与能力取值都为0～100,而思维方式却可负、可正,取值为−100～100。如果方向错误,则越努力效果越差,因此力要用在正确的地方。

——李坤

【创新创业者小传】

李坤(1967—),渤海船舶职业学院优秀毕业生,重钢机械装备股份有限公司(简称"重钢机械",股票代码:430274)董事长。他出生在辽宁丹东一个偏僻的小山村,凭借着勤奋、智慧,以及先进的理念、超前的意识和坚韧不拔的精神,创造了一个个奇迹,在漫长的创业路上领导企业扎扎实实发展,勇攀高峰。他于1998年被评为泰达首届十大杰出青年,于2000年被评为天津市百万创新先进个人,于2001年被授予天津市"十五"立功奖章。此外,他还被评为2001和2002年度天津市劳动模范,2007年度天津市优秀企业家,"十一五"天津市滨海高新区优秀企业家,2011年度天津中小企业创业之星,2012年度天津市最佳雇主,2016年度新三板金牌董事长"行业贡献之星"。

【学习目标】

通过学习,全面了解众创时代高职学生创新创业面临的挑战和机遇,规划人生;掌握创新创业的意义,牢记创业者的社会责任;了解大学生创新创业大赛并积极参与。

【案例导入】

非标机械装备制造业领跑者

上海迪士尼乐园的创极速光轮过山车,澳门的金轮,美国拉斯维加斯的世界最大摩天轮,张家界、黄山、九华山、天山等70%国内著名景区的观光索道,"一带一路"上沙特阿拉伯定制的造桥机械,卡塔尔2022年举办第22届世界杯足球赛定制的造桥设备(装备),这些蜚声海内外的机械工程项目都与一个名字有关联——这个名字就是李坤,重钢机械装备股份有限公司董事长、总经理、高级工程师。

1967年,李坤出生在辽宁丹东一个偏僻的小山村。20世纪80年代,他从渤海船舶工业学校(2001年与葫芦岛广播大学、葫芦岛师范学校合并组建渤海船舶职业学院)毕业,被分配到塘沽,在央企二级子公司天津船舶工业公司机关工作了6年,在基层船厂工作了1年,在国有控股中日合资企业工作了13年,当过部门领导、厂长助理、厂长、董事、总经理。2007

年底世界金融危机爆发之际正是他的不惑之年,他扔下"铁饭碗",带领一支队伍开始创业。

最初这家企业只有几十人,能生产简单的建筑钢结构部件,虽然效益不错,但李坤认为,这种简单的部件很多企业都能生产,以后企业在这个行业内的竞争力会越来越弱。在他看来,企业发展不在于形式上的壮和大,而在于生命力的强和久,企业要想发展,必须具有竞争力和生命力,必须转型。

经过一段时间的考察和产业研究,李坤决定减少生产简单的建筑结构部件,向非标机械装备制造领域进军。"说实话,多行业的非标机械装备定制的门槛还是挺高的。其产品不是管理简单、技术单一的标准化产品,也不是能够简单复制和完全流水作业的产品,每一个订单、每一件产品都需量身定制,生产工序繁杂,工种需求多,制作难度大,系统管理要求非常高。"李坤说。

非标机械装备制造的每道生产工序都有严格的标准和要求,工人必须具有精湛的技艺和最严谨的工作态度,把简单的事情做到极致,打造精品。李坤非常重视培养具有"螺丝钉"精神和工匠精神的员工,倡导实战中的科技创新,每年投入大量科研经费用于产品技术改造研发,迄今已累计取得国家专利300余项。

"产品有灵魂,器物会说话"是李坤不断重复的一句话。这句话体现了一种情感,那是一个创业团队对自己所从事的事业极尽热爱和珍惜的情感;体现了一种承诺,每一件交付客户的产品就是企业的一个诚信记录,践行着企业对客户的承诺和尊重;更体现了一种使命,那是改变中国制造、创新中国制造、做强中国制造的使命。李坤带领他的团队从一家只能生产简单建筑钢结构部件的小公司,到熟悉各先进标准、规范和国际通用标准,获得德国DIN 18800、ISO 3834、挪威DNV认定的ISO 9001(2008)等国际质量体系认证,产品远销美国、日本、德国、澳大利亚、南非、巴西等40多个国家和地区的世界非标机械装备制造业领跑者,现注册资金为7 965万元,总资产逾3亿元。除重钢机械总厂外,他还拥有天津振汉机械装备有限公司、天津格林兰机械装备有限公司两家全资子公司和天津米一科技有限公司控股子公司。他仅仅用十年的时间,一路过关斩将,实现了变身世界非标机械装备制造业龙头企业的"逆袭"神话,让世界看到了千锤百炼的"中国制造"。

回首当初离职下海的心境,李坤记忆犹新:"2007年底,世界金融危机爆发,国内外经济态势一片萧瑟惨淡,愈演愈烈。我在事业的巅峰辞去体制内公职,带领一支愿意同甘共苦、共创业的团队,砸掉'铁饭碗',跳入激流。初涉深海,黑漆漆一片,我好像失了群,孤寂无助,但我深知,开弓没有回头箭,唯有奋力拼搏。"创业初期,战略选择很重要。"公司不仅要做大做强,更要做精做久!"在李坤眼中,"一个'久'字,看似简单实则沉重。它意味着企业要具有旺盛的生命力,意味着创新转型、升级提质的使命要贯穿始终。"在国内的传统制造行业中,很多依赖标准流水线的制造企业的规模和效率都达到了世界领先水平。尽管我国相关监管部门制定了丝毫不亚于国际标准的产品质量标准,但"粗制滥造"始终是一些制造业企业难以抹去的一个标签。

在李坤看来,中国人很勤劳也很被动,用流水线作业的形式把被动性制约住,再利用勤劳的优势,使得我们的标准制造能力在依靠技术和设备的流水线上得到了最大限度的发挥。但非标产品制造行业对个人素质和能力的依赖大于设备与技术。尤其非标机械装备制造业生产的不是技术单一的标准化产品,无法简单复制或流水线作业,不沉下心来根本做不好。"找到别人不愿意沉下心来做的事情更容易成功",这是重钢机械当初选择非标机械装备制造的一个重要原因。李坤认为,"把传统制造做成'高精尖',沉下心来学习,沉下心来成长,不断地提升自己并与同行拉开距离,这才是重钢机械未来要打造的企业的核心竞争力。"

2016年,年近70的来自南非理查德港的运营总经理Bill先生来到了重钢机械的车间。他对重钢机械反复强调:"我们要建造一台能够运行40年的设备。"此前,运行寿命最长的一台港口设备来自德国,服役时间是38年。而一般此类设备的平均使用年限是25年左右,40年的使用年限标准无论是对材料的要求,还是对制作加工过程中行走轮和轴类的制造标准及要求,都要远远超出普通设备所要求的机械强度和性能标准几倍,甚至超出世界制造强国的制造标准。当Bill先生了解到重钢机械为了满足超高标准的要求进行了反复试验,在制作过程中不断修正方案,就连建造的细枝末节和喷涂防腐材料都一丝不苟后,打消了对质量的疑虑。他特意告诉总经理李坤先生,这也许是他退休前最后一次来到天津,希望重钢机械能继续保持这种一流的质量水准。

经过近一年的制造,重钢机械为客户建造的两台装船机陆续运抵南非理查德港。此前,他们已向客户出口交付了两台堆取料机。重钢机械在设备制造过程中特别用心,工艺精湛,质量过硬,极大程度上为客户节约了设备运抵南非后的安装时间和成本。早在两台装船机顺利进行建造安装、调试结束发运前,理查德港运营总经理Bill先生就特地向李坤赠送了刻着他名字的手工定制鹈鹕勋章,鹈鹕正是理查德港的司徽。理查德港还特别向重钢机械颁发了南非地图形状的奖杯,上面印有由后者所制造的装船机和堆取料机图片,还特别镌刻着"项目成功交付"和"来自中国的TZME"(TZME是重钢机械的简称)字样。

该项目的直接承包商山特维克集团也专门为重钢机械颁发了一个由他们集团六位项目负责人共同签名的荣誉证书。客户对重钢机械所建造设备的最终评价是,"这代表着世界上最高的制造水平,是TZME给予我们的最好的礼物!"

2018年初,理查德港特别向重钢机械发来了一份邀请函,邀请他们派出代表赴南非出席运营庆典仪式。严格意义上讲,理查德港并非重钢机械的直接客户,该建造项目的直接委托商是瑞典的山特维克集团,重钢机械只是设备生产的分包商。在业主和供应商共同组织的庆典仪式上特别邀请分包商出席,足以体现他们对重钢机械的信任和欣赏。"全力以赴,用完美的品质构建重钢机械的未来,努力把重钢机械建设成为最具有效率与品牌价值的非标机械装备制造业领跑者!"这是重钢机械永恒的奋斗目标。

很难想象,重钢机械的客户遍及世界40多个国家和地区,其中有超过85%的海外客户,却从来不设置专门的销售部门,也没有专职销售人员。"除了进行一些礼节性拜访之外,我们从来不向客户销售,我们的订单来源更多是客户传客户,老客户介绍新客户。"李坤总结道。随着客户数量的不断增多,以及专业监造人员的流动,重钢机械不断获得新的订单。比如,某个监造工程师跳槽到另外一家公司,他就把重钢机械的"好口碑"带到那里。当有相关需求时,他会主动向新的企业或者客户介绍,"我向你推荐一个最好的设备制造厂家,这个厂家值得进行合作尝试。"

不仅没有专门的销售团队,重钢机械还不在"低价竞标"上做文章。在李坤看来,当下国内有些企业的经营者的思想依然没有从"做官"转变到"做企业"上来,有时候会为了短期目的而不计成本。这也导致行业竞争加剧,使得诸多企业陷入价格战,最后走到无路可退的地步。重钢机械对质量追求比较高,为了保证质量,必然不能牺牲成本,有时候相同项目的成本甚至远远高于国内同行企业。这使他们在价格竞争中处于不利的地位。"如果当初选择了低价竞争,重钢机械可能会难以生存下去。"李坤总经理坦言。

"恶性"竞价的行业竞争现状有时候会让某些以投机为目的的客户钻了空子。值得欣慰的是，仍有很多客户尤其是国际客户对产品质量和交付效率的重视程度要远远超过对价格的敏感程度。"我们要感谢那些对价格不是特别敏感的国际客户，他们对质量的更高要求给我们创造了机会。"这正是重钢机械绝大部分客户来自海外的原因。

改变一个竞争维度，重钢机械可能会比其他对手有优势。重钢机械陆续建造了诸多旅游景区及游乐场所的大型设备，北至哈尔滨太阳岛、南至三亚、西至新疆天山的观光索道，黄山、九华山、张家界等国内著名景区的观光索道，上海迪士尼乐园的创极速光轮过山车，以及美国拉斯维加斯每个箱体能承载42人的世界最大摩天轮等项目都有他们参与其中。这些项目都有一个共同的特点，就是对"安全性"更为看重，这反而会让重钢机械表现出更强的竞争力。

"我们不怕客户要求高，就怕客户要求太低了。"一句听起来颇为自负的话，道出了重钢机械的生存法则。

大型非标机械装备制造的产品一般部件繁多，结构复杂，模块化程度低，建造周期长。在非标机械装备制造行业，有些国际客户会将安装、故障、等待的时间也计入项目周期，算入违约索赔费用中，且索赔费用非常高昂，甚至会高于产品价格本身。如果装备制造企业到最后交付安装环节才发现存在质量问题，则会造成严重的亏损。

客户较高的产品质量、交付周期要求，加之项目本身使用条件制约下的特殊要求，往往会令很多机械装备制造企业望而却步，这反而为重钢机械创造了更多生存空间。

重钢机械曾经承接了一个 IHC 工程打桩船上的打桩锤建造项目，要求在极地 $-50 \sim -40$ ℃ 的极端环境下，设备依然能够正常运转且拥有良好的性能。这无论是对于材料本身还是对于建造工艺而言，都是一次前所未有的挑战。但李坤却表示，通过不断的技术创新，结合企业之前所积累的一些成功经验，他们有信心把这个别人没有把握做到的项目做好，"能够做到别人做不到的就是我们的价值，需求低了，我们的价值反倒显示不出来了。"

"不怕客户要求高"的态度练就了重钢机械两项特殊的能力——项目前期快速甄别发现问题和快速响应订单。经过多年的行业积累，国内机械装备制造产业链已经比较完备，无论是原材料、辅助材料还是其他焊接、加工性材料的供应，都得到了极大的丰富和完善。但丰富和完善并不代表着都合乎标准，所以在项目实施前期，能够根据相关流程和经验迅速判断哪些材料不合格的本领显得尤为重要。

把问题解决在项目实施之初，解决在产品交付客户之前，不仅降低了质量风险，避免了难以挽回的浪费，更提升了重钢机械快速响应订单的能力。两种能力共同帮助重钢机械在坚守"QCD（质量、成本、交货期）至上"的原则上发挥了极大作用。

除了 QCD 管理，"创造客户"是李坤所强调的一个概念。"我们帮客户创造的客户越多，我们产品的销量也就越大。"重钢机械的主要合作伙伴包括澳大利亚力拓、必和必拓，巴西淡水河谷，法国波马公司，日本住友公司，南非埃索矿业，意大利迪尔，等等。他们往往并非产品的最终使用者或业主公司，但通过和重钢机械合作，重钢机械所输出产品带来的良好口碑却能够帮助他们获得更多的直接客户。"创造客户"的另一层含义是帮助客户创造价值。一个非标机械装备项目的成本包括制造成本、交付成本、安装成本等，它们都会被客户纳入整个项目综合成本考量范畴。有时候，重钢机械最终的订单报价往往高于竞争对手，甚至高于客户预期，但其凭借质量优先、服务优先、效率优先的履约能力帮助客户实现了综合成本相对最优。"创造客户"才能赢得客户，正是源源不断的客户把重钢机械带到了世界的各个地方。凭借着客户和监理工程师的口口相传，久而久之，重钢机械甚至成了行业竞标的参考标杆，合作伙伴向客户进行投标时，甚至会优先参考重钢机械的报价标准，这也为他们带来了更多的市场需求信息。随着客户数量的不断增长，以及设备监造工程师的流动，重钢机械不断获得新的订单，订单总数和合同总额都在逐年递增。

一切"以客户为中心"是重钢机械一贯坚持的价值观。这种价值观在企业经营管理中的一个重要体现就是，重钢机械建立起一种正确的"质量成本"观念，用李坤的一句话诠释就是，"我们不会在客户看不到的地方偷懒。"举个例子，很多传统机械制造企业在处理钢结构切口的时候只有一道工序，不经过任何打磨就直接进行防腐喷涂。而恰恰是那些尖尖的切口纹理往往不容易附着油漆，所以更容易破损、生锈。在重钢机械，这种切口被严格分为打磨、喷涂两道工序。打磨这道工序看似普通，却解决了设备质量控制中一个重要的问题。"如果只经过一道工序处理，则制造出来的产品往往经不起时间的考验。"李坤总结道。

此外，在一些复杂结构件中，有些企业往往会在客户看不到的地方偷工减料。重钢机械不会这么做，而是完全按照客户要求的标准去执行，任何一道工序、每个环节都严格按照规范去做。无论客户的建造监理在不在现场，不管客户能不能看得到，重钢机械都不会因为节省成本而偷偷降低要求。"这正是我们让客户放心的地方"，其实客户也不是看不到，"一些国际客户正是发现了重钢机械拥有如此踏实守信的做事态度，才放心地将订单交给我们完成。"李坤说。反观"高质量标准下的低质量产品"问题，其实是成本与质量冲突的一个典型体现。如果一个企业过度看重成本，把成本优势摆在产品竞争力的第一位，那么其在保证产品质量的投入上可能就会打折扣。因此，建立正确的"质量成本"观念是现代企业管理中面临的一个重要挑战。

重钢机械经过探索建立起一套独特的薪酬分配与激励制度。这套制度包括将过去"以时间计报酬"的分配方式改变为"以效果计报酬"的绩效分配方式，将以往"要求员工卖力地工作和付出"变为"员工主动出力地赚钱和提升自己"，使员工成为劳动成效的直接经营者，快乐地工作并享受工作的快乐，形成员工自己为自己发工资的自我约束、自我激励并举的自主管理模式，使成本控制和效果提升成为每个员工自己的事，工作效率得到显著的提高，从而降低产品制造综合成本，提高企业的竞争力。

在李坤看来，合理的企业薪酬分配和职位晋升制度设计还可以解决企业与员工利益博弈、竞争等问题，使员工"干企业的事就像干自己的事那么认真，花企业的钱就像花自己的钱那么节省"，使企业和员工不仅是利益共同体，而且是命运共同体——搭建起一个企业与员工之间的共赢平台，让员工成为企业的真正主人，安心工作，踏实做事，促进企业和谐、健康地发展。

此外，树立员工正确的价值观和思想观念也是重钢机械管理理念升级的重要一环。一个企业如果被物欲所左右，没有理想和信念，没有不断创新的企业文化，就容易目的和手段不分，把手段当成目的，也就很难走得长远。重钢机械就是从感恩、守规则和帮助别人获得幸福的价值观与思想观念开始，引导管理团队和员工的精神成长。重钢机械的领导者首先不把金钱当目的，不把员工当赚钱工具，而是积极主动地带头改变工作作风，以员工为中心，时时处处关心、爱护和理解员工，关心他们的工作环境、生活环境，使他们身心健康、快乐成长，以及维护他们的切身利益。

正是领导者的这种率先垂范和身体力行，使员工也树立起为自己、为企业、为社会而努力工作的理想和信念。久而久之，重钢机械拥有了一支"与众不同"的队伍。在这支队伍中，拥有国际焊接资质的人员达到190余人，占企业员工总人数的20%以上，这在同行企业中并不多见。迄今为止，重钢机械已累计取得国家专利306项，其中发明专利70项，实用新型专利231项，外观专利5项。企业的许多专利都是由一线员工在工作岗位上为提高工作效率主动研发出来的。正是这些员工通过在实践中一点一滴地摸索，不断改进生产制造工艺，实时创新，不断进步，为企业的创新发展起到了至关重要的作用。

重钢机械还建立了一套"世界领先"的质量管理体系——双追踪体系。针对每个建造项目，重钢机械会为多达上万甚至数十万件的设备构件进行编号，建立加工材料地图。每个编号的构件都对应一份材料追踪档案。通过材料追踪，客户能够查询到原材料出自哪家钢厂、哪个炉批号，材料经过了哪些处理，有没有经过复检，等等。除此之外，重钢机械对设备的每条焊道都进行了编号，每条焊道对应一位焊接工人的编号。在何时、由谁处理的某一条焊道采用了何种工艺进行处理，都一一在册。如此细致的质量管理标准，即便是德国、日本的一些国际同行企业也未必能够做到。

凭借"质量成本"观念升级、管理制度理念升级、实现客户服务层次的升级这三大措施，重钢机械建立起"系统化"保障能力，这种能力有两个直观体现。一个是提升了重钢机械的产品在国际市场的竞争力。"系统化"保障能力缩短了重钢机械的客户交付周期。同样一个订单，如果交由重钢机械完成，则算上装船、海运时间，往往比欧美同类企业完成的周期还要短。这种快速响应能力让重钢机械打败了很多来自国内、国际的竞争对手。另一个是将交付客户的产品打造成了企业的形象代言。重钢机械所建造的产品被交付客户，就像一个企业的代言人站在了客户的面前。的确有潜在客户在看到重钢机械已经投入使用的产品后，根据设备材料编号中的开头字母"TZME"在网上搜索到重钢机械的信息，然后主动发邮件表达寻求合作的意向。这也正是李坤一直所强调的"产品有灵魂，器物会说话"的最好的体现。

正是由于对自己"系统化"的保障能力拥有足够的信心，因此李坤坦言自己从来不去研究竞争对手。客户有一万个理由选择任何一个供应商，只顾着研究对手反而会失掉自我。而只有做好自己，才会让客户看到一个企业的内在价值。

当前，全球价值链仍以欧美等发达国家和地区为核心。长期以来，由于缺乏核心技术，我国装备制造业一直处于从属地位，显得非常被动。伴随着我国劳动力成本优势的逐步消失，中低端制造环节正被逐渐转移至其他劳动力成本更低的国家，如东南亚的越南、菲律宾、印度等；某些发达国家为避免出现产业空洞化风险，也正积极努力地引导制造业回归本土。这导致我国装备制造业面临发展中国家的"中低端分流"与发达国家的"高端回流"的双重挑战。

李坤认为，"经过改革开放40余年的发展，中国现在已经不缺制造能力，甚至产能严重过剩，但我们稀缺的是高端产品制造能力。"伴随我国进一步深化改革的步伐，各行业都会有越来越多的企业参与国际分工。如果在这一过程中，参与企业能够专注于自己的产品，把它做到"极致完美"，那么就能在整个价值链中建立起自身的价值，使自身处于有利的竞争地位。

在李坤看来，我国的制造能力已经不亚于甚至领先于世界其他国家。我们拥有先进的制造设备，也拥有一流的技术人员。但在"软实力"上，我们还有很长的路要走。除了技术工艺，我们的设计能力尤其是高端产品的设计能力与国际领先水平还有一定的差距。未来,重钢机械对客户的服务不仅仅满足于按照客户的设计方案完成机械设备的生产,也会参与甚至是根据实际需要创造、优化客户的设计方案。鉴于非标机械装备制造行业的特殊性,创造性地提出定制化设计方案对于满足市场的需求尤为重要。假以时日,如果能够提升根据客户需求实现定制化设计的能力,那么我国非标机械装备制造行业将迈上一个崭新的台阶。

李坤说:"符合人性的规律、经济的规律、时代的规律而不违背竞争规律的企业竞争能力是多种相互匹配的因素均衡发展的合力(系统力),这种系统均衡匹配的竞争能力,决定着企业的成败。唯有使命引路前行,重钢机械已然在途,从让国际客户认可制造水平、管理能力,到实现我们自己的创新设计,再到认可我们自己的品牌,改变中国制造、创新中国制造、做强中国制造的使命感不断驱使着重钢机械走出国门,迈向世界。只有锤炼企业自身的能力,以更加包容、开放的心态学习与借鉴世界最先进的技术和管理经验,踏踏实实地把自己的那一环做好、做精、做出增值空间,才是帮助一个企业、一个行业乃至一个国家在世界赛道领先的必由之路。"

坚守信念,使命必达。

【思考】

1. 案例中,重钢机械为用户解决了什么烦恼?
2. 如果你有创业项目,你会选择辍学进行创业吗,为什么?

任务一 了解创业新时代

一、时代呼唤创业者

这是一个变革的时代,是商机无限的时代,是一个迫切需要创业者挖潜改造、大发展的时代。迈入新时代,创新创业已成为我国经济发展中最具活力的部分,也是经济发展的新动力。新时代的创业者创造了全新成长型企业,对新时期经济产生了巨大影响。放眼全球,在互联网技术日新月异的当下,我国经济拥有许多难得的发展机遇,创业机会就在每个人的身边。特别是当前,政府连续出台简政放权措施,推动政府职能转变,破除一切束缚发展的体制机制障碍,营造了更加宽松的创业环境,大大降低了创业门槛。

时代呼唤更多人拿出创业的勇气和智慧。正如李克强总理所说,"试想,13亿人口中有八九亿的劳动者,如果他们都投入创业和创新创造,这将是巨大的力量。"中国进入发展新阶段,新的科技迅速进步,互联网创新成果和社会各领域深度融合,形成了以互联网为基础平台的发展新形态,给创业者提供了一个发现价值、创造价值、解决问题的新路径,也改变了消费者的需求内容、需求结构、需求方式。创新引领发展,创业成就未来,新的时代呼唤敢为人先的创新者,需要担当有为的创业者。

【扩展阅读】

中国改革开放以来的四次创业浪潮

从 1984 年起,中国至少有四次创业大潮,每一次大潮都有一个从上而下的过程,离不开政府和政策的引导,与中国经济结构的调整息息相关。

(一)1984 年邓小平初次南行

1984 年春天,邓小平南行视察深圳、珠海等特区,以及《中共中央关于经济体制改革的决定》的酝酿出台,为第一波创业浪潮注入了催化剂。在中华人民共和国的第一波创业潮中,人们把创业称为"下海"。柳传志曾这么评价他的创业时代:"下海确实很被人看不起,这是那些勇敢者做的事情,这些勇敢者在过去就是在社会上没有地位的人。"在那个年代,主流的创业者以个体户为多,大多是城镇待业人员被逼无奈自谋生计,算是被动创业者。这轮创业潮是以打破计划经济下的平均主义、解放思想、搞活商品经济为主旨的,也可以说是体制内的创业。1984 年左右的创业应该说是一次勇敢者玩的拓荒游戏。这轮创业潮的代表人物有步鑫生、张瑞敏、柳传志、王石等,这些在当年站在创业和改革大潮潮头的弄潮儿,今天有的已经销声匿迹,有的已经成为业界大亨,在自己所在领域里有着举足轻重的地位。

(二)1992 年邓小平再次南行

1992 年的创业土壤和气候同样与中国改革开放总设计师邓小平息息相关。1992 年春天,邓小平再次南行,发表了著名的南方谈话。同年 2 月 28 日,中共中央将此次谈话以中央 2 号文件的形式向全国传达。国务院还修改和废止了 400 多份约束经商的文件,《人民日报》甚至还发表了《要发财,忙起来》的文章鼓励人们下海经商。这次的创业潮则更像一个社会精英的掘金潮。这批人是中国现代企业制度的试水者,和之前的创业者相比,他们是中国改革开放以来最早具有清晰、明确的股东意识的企业家代表。他们普遍具有企业现代管理意识,具有较强的资源整合能力,尤其是懂得资本运作,对宏观环境变化有灵敏的嗅觉。据《中华工商时报》的统计,当年全国至少有 10 万党政干部主动下海经商,这一年的创业者被冠以"92 派"之称。"92 派"的代表人物有陈东升(也是"92 派"一词的发明者)、田源、毛振华、郭凡生、冯仑、王功权、潘石屹、易小迪等,他们原本是政府机构、科研院所、大专院校的工作人员。1992 年,全国房地产完成开发投资 732 亿元,比 1991 年猛增 117%。第二次创业热潮以官员下海为特征,以席卷全国的"圈地运动"为契机。"92 派"代表人物冯仑、潘石屹等如今都成了房地产大佬。还有的是在金融服务领域开疆辟土,如陈东升(嘉德拍卖公司创始人、泰康人寿董事长兼 CEO①)、田源(创办了我国第一家期货公司)、毛振华(创办中诚信,中国信用评估第一人)等。除此以外,"92 派"中也有部分体育文化界精英,如李宁、那英、王朔等。李宁创立的运动服装品牌至今依然在市场上很有号召力。

(三)启动"春晖计划"

第三次创业浪潮是以"海归"创业形成的一股潮流。江泽民在中国共产党第十五次全国代表大会报告中指出,鼓励留学人员回国工作,或以适当方式为祖国服务。国家教育委员会全面启动鼓励和支持留学生短期回国服务的"春晖计划"。1999 年国庆,"春晖计划"支持了 25 名留学生参加中华人民共和国建国 50 周年的阅兵仪式。25 人中包括李彦宏、邓中翰,他们回国分别创立了百度和中星微。以张朝阳、李彦宏等为代表的在互联网领域创

---

① CEO 即首席执行官。

业的留学生创业成功后,被称为"互联网时代的英雄"。在海归群体的示范下,本土的创业者也越来越多,不少人在互联网领域取得过辉煌成就,如创立盛大的陈天桥、创立网易的丁磊等。这些互联网的创富英雄被称为"阳光富豪",他们的出现首次打破了此前存在于中国企业家群体的"原罪"魔咒。

（四）新"克强指数"的新维度

"克强指数"这一由《经济学人》提出用以衡量中国经济的指标,自2010年提出之后广为人知。而后,李克强撰文修正"克强指数",市场据此归纳出新版"克强指数"新增的三个维度:就业、居民收入和能耗强度。扩充的"克强指数"纳入了经济转型期间的新特征,而创业创新正是其间的最大亮点。

随着本土风投的壮大和国内创业板的开通,创业者获得资本和整合各项资源变得更加容易。由中外风投做推手的创业潮开始从"海归"向本土创业者扩展,创业的领域也从互联网向生物医药、太阳能、清洁技术、教育、消费等领域扩张,出现了全民创业潮。全民创业潮的新推动者包括各级地方政府,其倡导"回乡创业"和"大学生创业",并出台了一系列扶持政策。2014年,国家对中小企业所得税征收额减少一半,惠及246万户小微企业;国家下放和取消了160多项涉及创新创业的行政事项,几乎每两天就为小微企业松一次绑。依托中国创业环境的改变,我国每天有一万多家企业注册,平均每分钟就会诞生7家公司。

第四次创业浪潮比拼的是创新的技术。在2015年汉诺威IT展上,阿里巴巴的马云靠刷脸完成了支付,惊艳全球,而提供这项技术支持的是一家年轻的创业公司。从北京中关村兴起的"创客风潮",已迅速"传染"到深圳、上海、天津等一线城市,并逐级向成都、贵州、郑州等地扩散,新一波的创业浪潮正激荡着中国大陆。

二、创业与人生规划

创业首先是一种理念、一种精神,一种不满足于现状、敢于创新并承担风险的精神,是一种在考虑资源约束的情况下把握机会创造价值的认识。从广义的角度去看,可以将创业理解为是一个人根据自己的性格、兴趣、所学专业、能力等选择适合自己的事业(可以是创办企业,也可以是创办非营利的事业,还可以是就业)并把握机会,为这个事业的成功整合资源、付诸努力,最终实现自己人生目标的过程。因此,创业能力中所包括的捕捉机会、整合资源的意识,以及领导、沟通等能力,具有普遍性与时代适应性。无论你从事什么样的行业或职业,创业能力都将在个人职业生涯中发挥巨大的作用。

（一）创新创业对高职学生的意义

创新创业以其特有的魅力成为时代的主旋律和最强音,世界进入了"创客"时代。著名的教育家、耶鲁大学校长James Angell曾经说过:"教育的最主要的目的不是教你如何挣得面包,而是让你每一口面包吃得更香甜。"高职院校创新创业教育的目的不是教高职学生如何开公司,而是让高职学生拥有创业精神、创新意识和创业能力,使他们可以乐观、积极地生活。创新创业对高职学生有以下意义。

1. 有助于提升个人综合素质与能力

创业过程充满不确定性,创业者会面临各种挑战和风险。高职学生在创业活动中会深刻体会到创业的复杂、艰难及市场竞争的残酷,形成自立自强和风险危机意识,从而锻炼并提升抗挫折、抗压、积极进取和开拓等优秀心理素质。

创业是一项复杂而系统的工程,往往需要创业者具备多方面的知识技能,比如一定的管理、商务、投资、市场营销、企业运营和法律等方面的知识。在创业过程中,创业者必然会根据创业面临的问题和需求去积极主动地学习。创过业的人往往会成为"百事通",即一个人在创业过程中会快速学习、积累各方面的知识,完善自己的知识结构。

创业是一种社会化与市场化的行为活动。创业发展与成功往往有赖于创业者的人格魅力和优良品质。创业从来都不是一帆风顺的,因此需要创业者具备坚忍的意志。创业活动在社会中进行并服务于社会,一方面创业活动受法律法规、社会道德规范和市场规则等约束;另一方面,创业过程中必须以诚信立业,以契约进行合作与交易。这些是创业的基本规则和必然要求。因此,高职学生通过创业可培养自己的坚强意志和契约精神,塑造诚信、正直和社会责任感等优良人格品质。

创业需要创业者具备多方面的能力,才能有效组织创业活动,解决创业过程中的困难与问题,顺利推进创业活动。在创业过程中,高职学生的领导能力、组织管理能力、团队协作能力、创新能力、问题解决能力、沟通谈判能力、社会交往能力和资源整合利用能力都会得到极大的锻炼及提升。

2.有助于加速个人成长与社会化

对于高职学生来说,创业可被看作一种实践性学习。这种完全实战、具有风险与压力的创业活动,迫使学生在紧张与压力下进行快速学习。因此,创业是学生学习、成长的最佳平台,学生的心智、能力和社会经验可获得最快的成长。创业直接面向社会的真实场景,区别于相对单纯的"象牙塔"。学生在创业过程中随时需要与团队、客户或用户、供应商、政府等打交道,经过创业的磨炼,社会化程度会大大提升。

3.有助于打造个人核心竞争力

一般来说,敢于创业的学生都是精英,经过创业磨砺的都是优秀人才。在校创业的学生,少数毕业后会继续创业,绝大部分学生还会选择就业。用人单位在招聘毕业生时特别看重其社会实践经历,而创业经历是所有实践经历中最具说服力的。近几年,越来越多的招聘企业更青睐有创业实践经历的毕业生。有统计显示,创过业的毕业生的就业质量明显高于无创业经历的学生。可以说,创业可有效打造学生的职业核心竞争力,形成就业的独特优势。

4.有助于实现个人价值与理想

有人说,创业者选择创业是选择一种生活方式,创业可帮助创业者实现四个自由:财务自由、时间自由、管理自由和心灵自由。不论这种说法是否严谨,但至少可以说明一点:学生创业基本都是基于个人兴趣、专业技能和资源优势的机会型创业,而鲜见迫于生计压力的生存型创业。结合兴趣与优势的学生创业可大大激发其创造力,释放自我潜能,实现自我价值与理想。另外,自主创业也是一个深入认识自我、开发完善自我和实现自我的过程,是发挥个人才能与实现个人理想的有效途径之一。

(二)创业与人生发展

1.人生就是一场创业

人生与创业具有相似的逻辑、阶段、特征和发展要求。人生发展的整个过程是面向未来不确定性环境,不满足于现状,在一定资源条件约束下寻求发展机会,努力整合资源,通过创造价值实现人生理想与目标的过程。可以说,人生发展的过程与创业的过程在逻辑上是完全相通的。人生发展与创业都会经历探索、准备、起步、发展、成熟、衰退和退出等阶段，具有相似的发展历程。人生与创业都具有社会性、发展性、实践性、曲折性、价值性和风险性等特征。基于个体发展要求，人生与创业都需要主体发挥其积极性、主动性和创造性，需要依靠个体的精神动力、优势能力、资源经验和努力付出去捕捉机会，创造价值，成就属于自己的事业。

2. 精彩人生需要创业

一方面，新时代要求劳动者具有就业与创业的双重能力。这是经济发展、社会进步对劳动者的基本要求，也是人们适应并维持岗位的发展的要求，更是获得良好的职业与自身发展的必然要求。另一方面，劳动者需要充分发挥个人的创业精神去开拓进取，需要运用创业思维去对待工作和思考人生，需要以创业的行为方式去主动奋斗和参与竞争，才能赢得精彩而有价值的人生。北京奇虎科技有限公司(360公司)的创始人周鸿祎曾经说过，人生就是一场创业，需要颠覆自我、拒绝平庸，才能突破阶层固化，实现"草根"的野蛮成长。北京新东方教育科技(集团)有限公司的创始人、董事长俞敏洪认为，在"大众创业、万众创新"的新时代，人一辈子一定要有一次创业，否则人生会有缺憾！

3. 以创业来经营人生

成功的人生与创业一样，是需要经营的。我们可以把人生当作新创企业一样来经营，而且借鉴和利用创业的思维理念能更好地经营自己的人生。为适应新时代的职业发展要求，我们要把自己当成真正执掌新创事业的创业者，运用创业者的思维与行动方式，发挥创业潜能，不断推进事业发展，而这个"事业"就是自己的职业生涯。我们还要把自己当成创业企业的"测试版产品"，面对发展机遇和挑战，需要认识并承认自己的"缺陷"，迫使自己不断学习和成长，以获得持续的进步、完善和优化。

基于人生发展的不确定性、环境变化和限制，经营人生仅靠创业思维还不够，还需要掌握一定的方法、工具和技巧，以有效积累并利用人脉发展机会，获得并保持人生发展的竞争优势。比如，创业规划中的商业模式画布可用来设计人生的发展规划。在人生规划的"商业模式"中，核心资源是指我们自己的兴趣、技能、个性以及掌握的资源(我是谁，我拥有什么)；关键业务是指我们为他人或社会贡献价值的活动与方式(我要做什么)；客户群体是指我们的服务对象(我能帮助谁)；价值服务是指我们如何提供个人价值(我怎样帮助他人)；渠道通路是指如何让别人认同并获得我们的价值(怎样宣传自己和交付服务)；客户关系是指如何维护并扩大个人价值的服务对象(怎样和对方打交道)；重要合作伙伴是指支持人生发展的人脉(谁可以帮我)；收入来源是指个人收益或收获(我能得到什么)；成本结构是指个人付出(我要付出什么)。运用创业的方法和工具，有助于提升经营人生的效率和质量。

4. 创业人生需要规划

一方面，随着时代发展和职业变迁，个人职业生涯进入快速变幻期，传统职业生涯的发展路线已被淘汰或调整变革，要适应这种变化，需要树立构建个人独特价值、不断尝试的人生态度，运用创业导向的人生规划方法来规划职业生涯。创业导向的人生规划方法有两个：试错和学习。在人生规划过程中，需要在实践中不断地尝试与试错，在实践试错过程中不断学习和积累。著名思想家爱默生说过，人生就是一场实验，实验做得越多，成长得就越快。成长的过程就是试错的过程，只有在试错的过程中才能感悟、反思、自省，才能修正自己的言行。另一方面，创业也需要人生规划。不做生涯规划就选择创业是很危险的。创业者缺乏系统、合理的人生规划，没有厘清个人的生涯发展目标与创业的关系，往往会迷失在创业的烦琐事务中,创业一段时间后,往往会发现自己不适合创业或感觉创业并不能给自己带来期望的价值。在创业遇到困难时,创业者无法获得足够的动力去坚持,造成创业失败。所以,创业者在创业前要做好生涯规划,确保创业选择符合个人的人生规划和发展目标。

格林豪斯研究人生不同年龄段职业发展的主要任务,将职业生涯划分为五个阶段。

第一个阶段是职业准备(典型年龄段为0~18岁)。这个阶段可以理解为在找工作前进行准备,在年龄上也较为符合中国的情况,即高中或中专毕业之后。其主要任务就是了解社会上的各种职业,并且在理论和实践上对职业进行体验、评估,结合个人偏好或目标进行大概的职业选择,同时为了达到职业入门的要求,接受培训机构、学校等方面的教育,以取得相应的从业证书和基本的职业能力。

第二个阶段是查看组织(18~25岁)。其主要任务是在一个理想的组织中获得一份工作,在获取足量信息的基础上,尽量选择一种合适的、较为满意的职业。这个阶段可以理解为"找工作、找到工作、找到合适的工作"的过程。同时,此理论提出一个概念:企业化或组织化,即在了解各类雇主的过程中确定个人所适应的企业类型,在适应企业文化的过程中与组织达到同步发展。这是与企业达成心理契约、获得同步发展的关键时期,也是避免职场新人过于频繁跳槽的有效方式。现在过多地关注内在的职业倾向和外在的职业信息,而忽略了提供工作平台的雇主,导致个人对组织有一点不满意就跳槽,这十分不利于个人的发展。要知道,个人职业生涯的发展在很大程度上取决于组织。在组织中较久地工作,与组织共同发展,对个人的锻炼和提升才是最大的,尤其是对于刚工作的人来说。

第三个阶段是职业生涯初期(25~40岁)。其主要任务是提高工作能力;了解和学习组织纪律、规范,逐步适应职业工作,融入组织;为未来的职业成功做好准备。在该阶段,要发现天赋,找到"天职",开始职业生涯。融入职业、融入企业是把握当下的关键任务,这是个人加薪、晋升的两个必要条件。同时,要为职业的下一步(或职业转换,或跳槽)做好必要的准备。有的人一辈子都在做自己不喜欢的工作,但因为"路径依赖"导致转换成本过高,所以只能盼着退休。从这个层面来讲,只有找到自己的"天职"时,才真正地开始了自己的职业生涯。当然,对职业生涯的通俗理解就是,只要开始工作了就开始了职业生涯旅程。

第四个阶段是职业生涯中期(40~55岁)。其主要任务是对早期职业生涯重新评估,强化或改变自己的职业理想。经过十几年的工作,有的人有了寻找"天职"的念头,以前是为生存工作,现在开始考虑为内心工作,因此有了重新评估和选择的想法。

第五个阶段是职业生涯后期(55岁直至退休)。保持已有的职业成就,维护尊严,准备引退是这一阶段的主要任务。快退休,不犯错,保持原有的辉煌成就是很不容易的事。在该阶段,可以发挥余热,同时规划退休后的生活。年轻时的爱好、朋友、理想在此时都会是打发时间的较好选择。

格林豪斯的职业生涯发展阶段理论从人的工作角度来看很通俗,在逻辑上也很清晰,可以概括人的整个职业生涯,但未免过于简单,不能细分职业生涯的阶段与问题。

任务二　高职学生创业的机遇与挑战

一、高职学生创业的机遇

当前,无论是社会、政治、经济等宏观环境,还是行业产业、创业支撑要素、创业者自身等微观环境,都恰逢历史最佳时期,为高职学生提供了空前良好的创业机遇。

1. 时代发展的历史机遇

随着政府"大众创业、万众创新"的号召,全社会表现出创新创业的极大热情。技术、制度、市场、资本四支巨桨共同激起新一轮波澜壮阔的创业浪潮,创业者新阶层正在崛起,成为推动国家经济发展和社会进步的新锐力量。全面创新引领的大规模创业活动不仅创造了高质量就业,而且促进了传统产业蝶变重生,催生了新的经济形态,为当下我国推进供给侧结构性改革积蓄了强大动能。第四次创业浪潮中的新生代创业者普遍具有学历高、技能高、创业志向高的"三高"特点,主导着创新驱动型创业。在新生代创业者中,学生创业者群体表现最为抢眼,成为最具创新与创业活力的群体。新时代为高职学生创业提供了前所未有的良好历史机遇。

2. 经济发展的市场机遇

我国已步入中低速、高质量的经济增长新常态的发展时期。我国正在加快经济结构改革和产业结构的转型升级,大力推进新兴产业的发展。经济发展的这些新的格局和新的变化带来了无比广阔的、新的市场空间及需求。特别是新兴市场的拓展,给大学生创业带来了非常好的、更多的市场机遇。

3. 社会发展的环境机遇

伴随社会的进步,人们的观念得到更新,积极创业、支持并鼓励创业的良好社会氛围已经形成。在社会发展的良好氛围下,市场规则被普遍接受和遵守,自律、诚信的商业氛围逐渐成熟,创业精神被充分激发和尊重。这些有利的社会环境为创业提供了大量机遇和社会保障。

4. 宏观管理的政策机遇

为鼓励创新创业,我国各级政府出台了大量鼓励、支持创新创业的管理政策,激发并引导着各类创业主体的创新创业热情。我国政府的简政放权、降低税收、扩大财政支持力度、大力发展众创空间、改革科技成果转化机制和破除阻碍创新创业的管理规定等政策的推出,极大地释放了创新创业的潜力。可以说,我国宏观管理政策的调整直接消除了高职学生创业的若干后顾之忧和障碍,同时直接增加了其创业的机会。

5. 科技进步的技术机遇

信息网络、人工智能、生物健康、新能源、智能制造等技术的突破和广泛应用,为创业带来了新的天地。特别是互联网和移动互联网的发展,降低了高职学生创业的门槛和难度,为其带来了大量新机遇。

6. 创业要素的条件机遇

随着我国"双创"战略的推进和发展,支撑创业的人才、空间、技术、资本、制度和政策等要素条件得到空前发展及完善。在这些支撑要素的推动下,高职学生创业环境得到了极大的优化,创业资源条件得到了极大的补充,为高职学生创业提供了帮助,降低了创业实践的试错成本,从而给创业者带来了极大的便利和支持。创业者要充分利用这些创业支撑要素和条件资源,抓住机遇,积极创业。

7.高等教育的改革机遇

近几年,以开展创新创业教育为突破口,高等教育改革不断深化和发展。高等教育以培养创新创业型人才为目标,构建并逐步完善创新创业教育体系,改革人才培养方案和课程教学模式,高职学生的创新创业能力得到培养和提高。同时,高校积极开展创新创业大赛,打造各种形式的高职学生创业孵化基地,为高职学生创业实践创造了极好的环境和条件。可以说,高等教育的改革和高校内部支持高职学生创业环境的构建,为高职学生创业提供了空前的创业支持。

8.自身优势的竞争机遇

高职学生正值青春年华,极富创业激情、创造力和行动力。高职学生自身的优势条件为其创业打造了一定竞争优势。高职学生要发挥优势,更好地发现并开发创业机会,取得创业的成功。

二、高职学生创业的挑战

目前,社会各个方面的发展给高职学生创业创造了前所未有的机遇,但是其创业也面临着多方面的挑战和一定的风险。

1.高职学生自身因素的挑战

一般来说,高职学生在团队管理、商业经营、企业管理、行业工作和社会交往等方面经验不足,长期抗压、抗风险等心理素质不够成熟,缺乏资金、人脉和市场渠道等资源……高职学生自身存在的这些劣势是其实施创业最大的挑战。创业者要付出更多的努力才能与久经商场的社会创业者进行竞争。

2.创业固有风险的挑战

创业是充满风险和不确定性的实践活动,由于各方面条件的限制,创业者的成功率往往极低。相关调查显示,创业企业能撑过 1 年的不足 5%,能撑过 3 年的不足 1%。高职学生创业要想取得成功,需要战胜更多更大的挑战。

3.市场激烈竞争的挑战

在当前的创业浪潮中,创业这条路已经非常拥挤。几乎所有的创业领域都面临红海市场的竞争。受自身资源条件和创业环境的限制,高职学生创业的项目雷同率很高。如何在激烈的市场竞争中获得创业成功,对创业者而言极具挑战。

4.兼顾学业压力的挑战

在未能确认创业成功或有一定成功把握的情况下,高职学生很难选择休学创业。即使学生自己想暂时抛开学业,全身心投入创业活动,家长和老师也不会完全支持。因此,学生创业多数是利用课余时间进行兼职创业。面临学业与创业的双重压力,高职学生要同时做好两方面事情是非常大的挑战。

任务三 创业者的社会责任

一、创业企业的社会责任

企业的社会责任问题日益受到各国政府和民众的广泛关注。现行的《中华人民共和国公司法》(以下简称《公司法》)第 5 条明确规定,公司从事经营活动必须"承担社会责任"。公司理应对其劳动者、债权人、供货商、消费者、公司所在地的居民、自然环境及资源、国家安全和社会的全面发展承担一定责任。《公司法》不仅将强化公司社会责任的理念列入总则条款,而且在分则中设计了一套充分强化公司社会责任的具体制度。可见,公司(企业)社会责任在我国具有法律地位。

企业社会责任(corporate social responsibility,CSR)的概念已经被广泛接受,它是指企业在创造利润、对股东利益负责的同时,还要承担起对企业利益相关者的责任,保护其权益,以获得在经济、社会、环境等多个领域的可持续发展能力。利益相关者是指企业的员工、消费者、供应商、社区和政府等。企业要想可持续经营,仅考虑经济因素对股东负责是远远不够的,必须同时考虑环境和社会因素,承担起相应的环境责任和社会责任。企业为什么要承担社会责任? 其原因体现在经济学、法理学和社会学三个方面。

在欧美发达国家,企业承担社会责任,已经从当初以处理劳工冲突和环保问题为主要追求,上升到实施企业社会责任战略以提升企业国际竞争力的阶段。在实践中,随着企业社会责任运动的发展,越来越多的公司通过设立企业社会责任委员会或类似机构来专门处理企业社会责任事项,越来越多的企业公开发表社会责任报告。对于西方国家的创业者及其企业来说,承担企业社会责任就是要积极参与企业社会责任运动,贯彻执行由此衍生的SA 8000 等企业社会责任国际标准。

在我国,强化企业的社会责任是一个紧迫的现实问题,是入世后中国企业提高国际竞争力面临的一项新的挑战。我国新企业在创建伊始就应清楚地认识到推行企业社会责任是人类文明进步的标志,保护劳工权益不仅是西方国家的要求,也是现代企业的历史使命,符合《中华人民共和国劳动法》等现行法规的规定。创业者应该在积极参与企业社会责任运动和关注企业社会责任国际标准出台的同时,从以下几个方面着手提高承担企业社会责任的意识和能力。

第一,制定、实施体现企业社会责任的竞争战略。突破传统的企业竞争战略,在勇于承担企业社会责任的同时打造企业新的竞争优势,是我国新一代创业者的必然选择。

第二,把企业社会责任建设融入企业文化建设中。企业文化建设其实是企业发展战略的一部分。企业文化建设既可以提高企业竞争能力,也可以使人在工作中体会生命的价值。把企业社会责任作为新时期企业文化整合和再造的重要内容,已成为国际企业文化发展的大趋势。

第三,把社会责任的理念付诸实实在在的行动。在企业的日常经营管理过程中,不仅要对股东负责,对员工负责,还要对客户、供应商负责,对自然环境负责,对社会经济的可持续发展负责。

二、创造社会价值的新方法

（一）什么是社会创业

社会创业就是创办一家社会企业或一个机构、组织,运用商业化的运作模式解决社会问题或满足社会需求,实现经济价值和社会价值的双重创造。社会创业有以下特点。

1. 以"解决社会问题"为导向

社会问题的存在是社会创业存在的前提和土壤。社会创业源自发现一些未被解决的社会问题或者没有被满足的社会需求。"解决社会问题"是社会创业者的使命和终极目的。他们为解决社会问题而创造的产品或服务是直接与他们的使命相关的。

2. 追求经济价值是次要目标

与商业创业相比,追求利润(经济价值)虽然也是社会创业的一个目标,但已不是主要目标。在社会创业中,利润被再投入于使命之中,而不是分配给股东。经济价值是社会创业的副产品。一个社会创业者创造的与使命相关的社会价值(而不是利润)的多少是衡量其成功与否的主要标准。社会创业追求经济价值和社会价值的双重目标,但是以实现社会价值为主要目标。

3. 创新问题解决方式,引入商业化手段

社会创业从根本上说是要创造新的价值(主要是社会价值),而不是简单地复制已经存在的组织或模式。因此,社会创业者或组织需要进行创新和变革,发现新问题,开发新项目,组建新组织,引入新资源,通过跨界合作和商业模式的创新,有效地解决各种社会问题。

（二）社会创业与商业创业的区别

社会创业和商业创业作为创业的不同类型,其共同点都是创业,因此具有创业共有的特性,如机会识别、创新精神等。但社会创业和商业创业由于其最终的诉求不同而有着本质上的区别。两者的区别见表 1 - 1。

表 1 - 1　商业创业和社会创业区别

比较维度	商业创业	社会创业
创业机会来源	注重当下社会的新需要,关注总市场规模必须足够大或能不断增加且其产业结构足够吸引人	关注自由市场体系和政府没有解决的社会问题、没有满足的需要
创业机构体系	受经济利益驱动的单维结构	受社会利益和经济利益驱动的多维结构
创业使命	创造高的经济价值,追求股东利益最大化	创造高的社会价值,追求社会价值最大化
利润分配机制	利润在股东间进行分配	利润被再投入于使命之中,而不是分配给股东
资金来源	自有资金、银行贷款、风险投资	自有资金、政府补贴、社会捐赠、公益创投

通过以上比较、分析可知,区别社会创业与商业创业的重要标准是所创造社会价值和商业价值的占比孰重孰轻。正是两者在价值创造内容选择上的根本差异导致了其在创业机会识别和开发、对创业者的素质要求、人才的招聘和使用,以及资金的筹集与利用方面的

重要差异。

(三)社会创业的领域

1.就业促进领域

该领域的社会创业旨在促进社会弱势、边缘人群就业。其社会使命不仅在于帮助劳动力市场上处于弱势地位的人群获得相对稳定的就业,而且在于扶助弱势人群通过就业实现社会整合。2001年,中华人民共和国劳动和社会保障部与其他八部委联合发布了《关于推动社区就业工作的若干意见》,旨在结合市场转型期社区服务需求快速增长的现实,寻求解决城市大规模结构性失业的有效路径。根据该政策,社区就业实体可以提供各类以社区服务为主的就业机会,包括保洁、保姆、老人看护、商品递送、社区治安、物业管理、社区环境管理、健身与娱乐等。很快,社区就业实体的数量迅速增长,从业人员大多是下岗职工及城市失业人员。

2.社会照料领域

社会照料领域主要包括老人、儿童、残疾人、学习困难人群的日常照料服务。在我国,随着社会福利体制逐步向市场化、民营化转型,以及政府政策的持续鼓励与支持,出现了大量民营福利机构。以养老服务为例,20世纪90年代开始,各类"社会办养老院"在全国发展迅速,在许多大城市中成为重要的养老服务提供者。在"社会办养老院"中,存在一些由民间力量投资和管理、通过市场化经营获得收入的非营利组织,如"天津鹤童"。此外,各类弱势儿童成为我国社会照料类社会企业的另一主要目标人群。例如,长期服刑人员子女作为一类弱势儿童成为这类社会企业的主要服务对象,"北京太阳村"就是该类社会企业的典型代表。

3.扶贫领域

在我国,市场经济改革尽管促进了经济的巨大发展,但同时也加剧了贫富分化。小额贷款项目自20世纪90年代起在中国悄然兴起。2008年,中国银行业监督管理委员会和中国人民银行出台了《关于小额贷款公司试点的指导意见》,明确了小额贷款公司坚持为农民、农业和农村经济发展服务的原则。2010年5月,国务院发布了《关于鼓励和引导民间投资健康发展的若干意见》,进一步鼓励民间资本发起或参与设立村镇银行、贷款公司、农村资金互助社等金融机构。在这样良好的政策环境下,近年来,扶贫类小额贷款组织得到了一定的发展。

4.医疗领域

近年来,我国的医疗保障体系也逐步趋于民营化。目前,尽管国有医疗卫生机构仍占绝对优势,但是非政府性医疗卫生服务提供者也发挥着重要作用。在医疗机构民营化的过程中,为防止医疗卫生机构的过度商业化,近年来政府不断推动非营利性医疗卫生机构的发展。2009年,中央政府出台了加强医疗保障机构改革的新措施,特别强调动员社会资源投资非营利医疗卫生机构,尤其是投资提供公益性质服务的医疗机构。这种政策导向对医疗卫生类社会企业的兴起提供了良好的政策环境。

5.教育领域

在极度贫困地区和部分少数民族地区,普及义务教育依然面临一些难题。例如,在贫困人口密集和少数民族广泛分布的西部地区,长期以来,义务教育适龄儿童的入学率低于全国平均水平。作为对这些问题的回应,一方面,旨在发展贫困地区基础教育的慈善公益事业(如希望工程、春蕾计划等)发展迅速;另一方面,政府开始积极推动教育机构民营化。

在此背景下,民办教育机构明显增多。2007 年,南都公益基金会启动了"新公民学校"项目,旨在实现农民工子女"人人有学上,上好学",成为该类社会企业的典型代表。

(四)中国十大公益创业组织

1. YBC(youth business China):中国青年创业国际计划

主办单位:中国共产主义青年团(简称"共青团中央")、中华全国青年联合会(简称"全国青联")、人力资源和社会保障部、中华全国工商业联合会等 7 家机构。

成立时间:2003 年 11 月。

目标宗旨:帮助青年创业的教育性公益项目。

项目介绍:通过动员社会各界特别是工商界的资源,为创业青年提供导师辅导以及资金、技术、网络支持,帮助青年成功创业……

具体措施:资金资助、创业导师、网上展会、公共论坛等。

目标人群:中国有创业愿望的青年。

2. KAB(know about business):创业教育

主办单位:共青团中央、全国青联、国际劳工组织等机构。

成立时间:2005 年 8 月。

目标宗旨:推进中国创业教育发展。

项目介绍:国际劳工组织为培养大、中学生的创业意识和创业能力而专门开发的课程体系,与 SIYB 项目共同构成完整的创业培训体系……

具体措施:大学生 KAB 创业课程、大学生 KAB 创业俱乐部等。

目标人群:中国大、中院校的学生。

3. AAMA(亚杰商会):未来科技领袖摇篮计划

主办单位:AAMA(亚杰商会)中国分会。

成立时间:1979 年。

目标宗旨:成就未来科技商业界领袖阶层。

项目介绍:摇篮计划充分整合科技商业界资深人士的经验和资源,由他们担任导师,以一对一辅导的方式帮助创业家,增大其未来成功的可能性……

具体措施:摇篮计划、创业导师、创业论坛等。

目标人群:创业家,25 到 40 岁;高科技公司 CEO。

4. BCF(北京光华慈善基金会):创业教育

主办单位:北京光华慈善基金会、美国国家创业指导基金会。

成立时间:2005 年 4 月。

目标宗旨:授人以渔,普及创业教育,创造积极人生。

项目介绍:BCF 与政府机构和非营利组织积极合作,共同培养创业教育师资,从而为职校学生、贫困地区的大、中学生和成年人开展创业教育……

具体措施:青少年创业教育、大学生创业传递、成年人创业培训、创业教师培养等。

目标人群:大学生和青少年;服务的成年人主要包括劳改劳教人员、复员军人、下岗失业人员、进城务工人员、贫困妇女等。

5. SOE(spirit of enterprise):中国青年创业探索项目

主办单位:SOE、上海映绿公益事业发展中心。

成立时间:2008 年。

目标宗旨:关注企业精神,鼓励创业。

项目介绍:通过对创业事迹和企业家精神的寻访,以及对相关信息的公开传播,让社会了解创业和尊重创业者……

具体措施:采访创业者并编辑成书、传播企业家精神等。

目标人群:自主创业的中小企业主,特别是青年人。

6. 光华创新工程

主办单位:中国光华科技基金会。

成立时间:1993 年。

目标宗旨:推动科技创新,支持科技创业。

项目介绍:通过"光华创新工程"促进中国青少年的科技创业活动,同时关注设计、创意行业的创新、创业……

具体措施:YESplan 中国青年创业支持计划、创业基金、创业导师、创业大讲堂等。

目标人群:中国青少年。

7. SYB(start your business,又名 SIYB):创业培训

主办单位:人力资源和社会保障部、国际劳工组织。

成立时间:2001 年。

目标宗旨:教你创业,助你兴业,帮你就业。

项目介绍:SIYB 创业培训致力于推动微小企业发展,创造就业岗位,减少贫困,探索将创业培训与小额担保贷款相结合促进创业的有效途径……

具体措施:SIYB 创业培训课程、公众讲座等。

目标人群:有创业意愿并具备一定创业条件的人员,特别是下岗失业人员和社会弱势群体。

8. JA(junior achievement)China:国际青年成就计划

主办单位:国际青年成就中国部。

成立时间:1993 年。

目标宗旨:培养中国青少年的创造力和领导力。

项目介绍:JA 与工商界和教育界合作,在中国的大、中、小学开展经济和商业课程,培养具有创造力和领导力的国际型人才……

具体措施:针对不同学生群体的商业、创业、理财教育课程等。

目标人群:中国的大学生、中学生、小学生。

9. NPI(non - profit incubator):公益组织孵化器或公益创投

主办单位:NPI 组织、南都基金会、上海浦东非营利组织发展中心。

成立时间:2006 年 1 月。

目标宗旨:助力社会创新,培育公益创业人才。

项目介绍:NPI 探索中国特色的公益创投模式,对被孵化机构提供场地设备、能力建设、注册协助、小额补贴等公益组织创业期最需要的帮助……

具体措施:公益组织孵化器、公益性项目的创业导师等。

目标人群:有志于在公益领域进行创业的人。

10. NPP 公益创投(non - profit partners venture philanthropy)

主办单位:NPP、中国红十字基金会。

成立时间:2007年12月。

目标宗旨:促进公益性创业项目发展。

项目介绍:NPP公益创投基金所筹集的资金致力于扶植公益事业发展,包括建设公益产业信息平台、制定行业公信力标准、资助模范公益组织……

具体措施:资金资助、产业信息平台等。

目标人群:有志于在公益领域进行创业的人。

(五)谁是社会创业者

1.“雷励中国”

“雷励中国”全称为“上海杨浦区雷励青年公益发展中心”,是致力于青少年发展的教育型公益机构。其运用服务中成长的方式,引领青少年跳出舒适圈,接受挑战,探索未知,发展潜能,使其从项目的参与者到可持续发展的伙伴,成长为具有全球视野的领导者。

1998年7月12日,“98雷励中国远征行动”在长城开幕,该项目由中国青少年发展基金会、Raleigh International、Inchcape Plc联合主办。项目参与者包括来自12个国家和地区的120名青少年(其中30名是中国籍队员)及40名义工。他们组成9支小队,接受为期3天的集训之后奔赴中国山东和江苏的偏远农村,参与兴建了3所希望小学、多项环保工程(江苏麋鹿保护区的围栏和瞭望塔,江苏丹顶鹤保护区的小木桥、饲养棚、步行道等)并在革命老区沂蒙山进行野外徒步。在为期10周的项目里,通过身体力行的公益服务,这些青少年不仅为当地社区和环境保护做出了贡献,同时也收获了毕生难忘的经历。

十年之后也就是2008年7月12日,该项目中的中国籍队员们再次聚首。“98雷励中国远征行动”成为他们青春时代的重要经历,也助力他们成长为各领域的中坚人才。为了让更多青年人得到雷励“服务中成长”的机会,在老队友们的支持下,当年的队员陆丰与张振辉联合创立了“雷励中国”,服务本地,发展中国青少年。

“雷励中国”的项目有队员体验周末(IW,23周岁以下)、义工发展周末(SDW,23周岁以上)、2周的少年营(10~13周岁)、3周的青年营(14~17周岁)、5周的远征(18~22周岁),也为学校及青少年机构团体提供定制项目。此外,中国内地的青年还可申请参加雷励国际在尼泊尔、坦桑尼亚、哥斯达黎加、尼加拉瓜等地举办的国际远征项目。在内地,已有十多个城市建立了地区型雷励志愿者组织。

雷励之行被数以千计的参与者誉为“一次影响一生”的经历!

2.“十二邻”

随着一栋栋高楼大厦的崛起,人与人之间的距离渐渐远了。和邻里拉家常不再是老人们的日常生活,而跳广场舞、观看“抗日神剧”、购买保健品却成了其生活重心。究其根本,这一切都源于老人们孤独的内心。

“十二邻”的创始者王俊晓关注到了这一点,他发现在现代邻居间似乎存在着很强的戒备心。再后来,一条“独居老人于家中死亡,一周后才被发现”的新闻彻底刺激了王俊晓。通过翻阅资料,他发现仅仅在上海,空巢老人就有两百多万,而且这个数字还在不断地扩大。这些老人因为儿女常年不在身边,精神空虚,生活封闭,鲜少和外界交流,往往一个人在屋子里能待上一天。这些令人心酸的现状导致了老人们身体上和精神上的重大安全隐患。王俊晓意识到了问题的严重性,希望能寻找到一个方法来帮助这些老人。

王俊晓创办的社区剧场——这种更加贴近生活的戏剧表演方式,是老人们真正需要的。每个老人都有自己的人生故事,或者传奇,或者平淡,但是这种故事往往最能引起大家的共鸣。社区戏剧表演能够让老人们真正参与其中，能更大地发挥社区戏剧的作用，让整个社区更加融洽，让空巢老人走出封闭的空间，拓展其人际交流和公共空间。志愿者表演的老伯和妻子的感情生活让不少坐在台下的老人感动不已，老伯也重温了自己与妻子的美好时光；志愿者表演的骗子对老人典型的行骗途径让不少老人感同身受，有的老人甚至跳上舞台亲自为大家表演。更加重要的是，许多老人在表演结束后还在继续讨论，他们或者对同一件事唏嘘不已，或者同仇敌忾。无论如何，社区戏剧都为老人们提供了一个平台，他们在这里抒发自我，交到了兴趣相投的好朋友。如果说每位空巢老人都是一座孤岛的话，那么"十二邻"帮助大家把孤岛相连，串成一片爱的大陆。

"十二邻"的团队成员多为外地单身打工青年，年龄大多在20岁到40岁，20多岁的年轻人居多。这些年轻人独自在外打拼，有精力和意愿来参加"十二邻"的活动。同时，因为远离父母，他们更加理解老人，也更加能引起情感上的共鸣，他们没有办法经常回家看自己的父母，于是利用业余时间关爱身边的老人。

对于团队成员来说，虽然他们带给老人们慰藉，但他们从老人们那里得到的更多。生命来来往往，但总是很美。老人们的人生故事往往会带给志愿者一种不一样的人生收获，比如教会他们一种不一样的为人处世之道，给他们一个看待事物的新的角度，告诉他们去尝试不一样的人生体验，这些真实的生活经验都是书本上面没有的。

同时，为了给老人们表演更高质量的戏剧，"十二邻"还对志愿者进行系统性的培训，包括表达沟通能力训练、团队协作能力训练、同理心训练、即兴表演训练、主持能力训练等，这不仅能提高表演质量，还能帮助志愿提高能力水平。

"十二邻"成功了，知名度也越来越大了，国内许多地方的人都找到王俊晓，希望可以从他那里学到一些东西，王俊晓也很乐意去做这些分享。他认为这种社区剧场的服务模式不是他特有的，而且社区戏剧最终的目的是温暖老人，所以传播得越广越好。目前"十二邻"剧场项目的服务对象主要是孤寡老人、残疾人，今后王俊晓还打算开办针对进城务工人员的剧场。在王俊晓看来，社区剧场的表演形式仅仅是整个关爱老年人项目的一个环节，更多的工作是沟通。这些环节需要一批更加专业的人才和国外比较先进的服务技术来加以支持，王俊晓也在积极地进行着这些工作。

3."青聪泉"

上海青聪泉儿童智能训练中心（以下简称"青聪泉"）成立于2004年10月，是一家为自闭症儿童和其他发育障碍儿童及其家庭提供专业性康复训练与辅导的非营利性民间机构，是上海市社会组织规范化建设5A级社会组织单位，获得2010年度上海市"最具影响力"十大公益项目、2012年度"上海市先进社会组织"、2017年度上海十佳公益机构等荣誉称号，以及2015年度上海市妇女儿童家庭公益服务创意赛一等奖。他们以"助自闭儿走向自立"为使命，以"理解、尊重、接纳、关爱、坚持、责任"为理念，不仅为孩子们提供感觉统合、ABA（应用行为分析）个训、结构化、小组游戏、美术、音乐、图片交换系统、社交故事等早期专业康复培训，并关怀特殊儿童的家庭，积极开展家长交流活动，提供长期家庭心理支持，还举办各类公益活动，组织志愿者参与关爱自闭症的系列活动，大力倡导全社会都来关注自闭症及其他特殊儿童，为他们建立一个更好的社会支持系统。

"青聪泉"的寓意是，在一片绿油油的青草地旁，流淌着一条清澈的活水之泉，而喝了这泉水就能获得智慧和生命的力量。"聪"字包含了耳朵、口、心，两点代表两只眼睛，表示从视听、语言表达、心灵情感方面来全方位地改善特殊孩子的能力。人生如同一场旅程，尤其是对有特殊孩子的家庭来说,就更如一场马拉松。当他们经过"青聪泉"时,正是又渴又累的时候,而这里是一片青葱绿地,清澈的泉水正可以让他们喝个饱,躺卧歇息后重新得力踏上人生的征程。

"青聪泉"梦想在中国设立更多更好的专业和规范的特殊儿童早期康复训练机构,为特殊儿童和家庭提供及时、优质的专业服务,帮助他们调整心态,学习特教知识,努力提高孩子各方面的水平,同时呼吁全社会一起来关注自闭症儿童的现状,帮助自闭症儿童得到正常的治疗、训练,能够入托、入学,以及解决自闭症患者成人后的托养问题。

任务四　大学生创新与创业类大赛

一、参加创业大赛的意义

1. 快速和低成本地获得创业的知识与技能体系

参赛者在创作创业计划的过程中,通过大赛提供的系统培训以及学习、交流,全面地获得创业者所应具备的知识和技能体系。

2. 结识具有实验性质的创业合作伙伴

参赛者通过比赛可以结识未来创业的合作伙伴。参赛小组的成员最有可能在将来形成创业合作关系,开创成功事业。

3. 快速建立创业的商业关系网络

参赛者通过比赛可以结识风险投资家。国内风险投资家若对大赛表示浓厚兴趣,则将对具有实际运作价值的作品进行投资可行性分析。参赛者可以向风险投资家充分展现自己的产品/服务的巨大市场前景,为进一步创业赢得资金。参赛者还可以结识商界和法律界人士,为将来创业建立良好的商业关系网络。

4. 预先建立创业的良好媒体关系

很多新闻单位都对全国大赛比较关注,这是获得向社会推荐自己和产品整体形象的难得机会,能够为未来创业建立良好的媒体关系。

5. 在短时间内低投入获得宝贵的交流机会

优秀参赛队能够获得在今后各项更高等级的创业计划大赛中与来自其他各高校的优秀团队进一步交流学习的机会,各个团队可以在这些交流活动中集思广益,开阔思路。

6. 建立和培养团队精神

参赛者有机会加入一个充满智慧和活力的小组,与小组伙伴携起手来接受挑战。参赛者可以体验到前进中相互激励的力量和交流中灵感火花的跳跃,以及成功时分享的喜悦。在这一过程中,参赛者会感受到团队精神的力量。这将是一种全新的体验。

7. 在短时间内使自己的综合素质得以提高

参赛者通过参加竞赛可以获得对产品/服务从构想变为现实的全局把握,在完成商业计划的过程中培养沟通能力、说服能力、组织能力,在接受挑战的过程中增强创业的勇气、信心和能力。

8. 用很短的时间和低成本获得终身受益的经历

二、各级各类大学生创新创业大赛简介

(一)中国"互联网+"大学生创新创业大赛

中国"互联网+"大学生创新创业大赛于2015年举办首届大赛,已经成为中国乃至全球最大的双创盛会。该大赛覆盖全国所有高校,面向全体大学生,极大地激发了大学生创新创业热情,释放出"青年+创新创业"的无穷力量。"互联网+"大赛在项目类型、组别、赛道等方面不断进行调整,"互联网+"大赛本身也不断迭代。该大赛要求参赛项目能够将移动互联网、云计算、大数据、人工智能、物联网等新一代信息技术与经济社会各领域紧密结合,培育新产品、新服务、新业态、新模式;发挥互联网在促进产业升级及信息化和工业化深度融合中的作用,促进制造业、农业、能源、环保等产业转型升级;发挥互联网在社会服务中的作用,创新网络化服务模式,促进互联网与教育、医疗、交通、金融、消费生活等深度融合。该大赛项目主要包括以下类型。

①互联网+现代农业,包括农、林、牧、渔等。

②互联网+制造业,包括智能硬件、先进制造、工业自动化、生物医药、节能环保、新材料、军工等。

③互联网+信息技术服务,包括人工智能技术、物联网技术、网络空间安全技术、大数据、云计算、工具软件、社交网络、媒体门户、企业服务等。

④互联网+文化创意服务,包括广播影视、设计服务、文化艺术、旅游休闲、艺术品交易、广告会展、动漫娱乐、体育竞技等。

⑤互联网+社会服务,包括电子商务、消费生活、金融、财经法务、房产家居、高效物流、教育培训、医疗健康、交通、人力资源服务等。

⑥互联网+公益创业,指以社会价值为导向的非营利性创业。

该大赛的项目不只限于"互联网+"项目,它还鼓励各类创新创业项目参赛,根据行业背景选择相应类型。以上各类项目可自主选择参加"青年红色筑梦之旅"活动。

2019年,第五届"互联网+"大学生创新创业大赛的赛道类型做了重要调整,调整包括高教主赛道、"红色筑梦之旅"赛道、职教赛道、国际赛道(国内外双学籍类)、萌芽版块,增加职教赛道和萌芽版块;高教主赛道的项目类型去掉了就业型创业组,增加师生共创组;"青年红色筑梦之旅"赛道分为公益组和商业组两个组别。

该赛事分为校赛、省赛和国赛。各学校一般会在每年3—4月份发通知动员广大师生参加。校赛一般在6—7月份举行,省赛一般在8月份举行,国赛一般在10月份举行,具体时间以各级大赛组委会通知为准。

所有参赛项目都必须通过"全国大学生创业服务网"(https://cy.ncss.org.cn/)或大赛微信公众号(名称为"大学生创业服务网"或"中国互联网+大学生创新创业大赛")进行报名。

(二)"挑战杯"竞赛

"挑战杯"竞赛于1998年创办,已被公认为中国大学生的"科技奥林匹克盛会",是全国最具有导向性、示范性和权威代表性的竞赛活动。

"挑战杯"竞赛在中国共有两个并列项目,一个是"挑战杯"中国大学生创业计划竞赛,简称"小挑";另一个则是"挑战杯"全国大学生课外学术科技作品竞赛,简称"大挑"。这两

个项目每两年一届轮流举办。

两者的侧重点不同,"大挑"注重学术科技发明创作带来的实际意义与特点,而"小挑"更注重市场与技术服务的完美结合,商业性更强。"小挑"的奖项设置为金奖、银奖、铜奖,而"大挑"设置特等奖、一等奖、二等奖、三等奖。"大挑"发起高校可报六件作品,其中三件为高校直推作品,另外三件要与省赛组织方协商推荐,而"小挑"只能推荐三件作品进国赛。"大挑"有学历限制而"小挑"没有,"大挑"分为专本科组、硕士组、博士组,分开评审。"大挑"国赛最多可以报八人,而"小挑"最多可以报十人。"大挑"比赛证书盖共青团中央、中国科学技术协会(简称"中国科协")、教育部、中华全国学生联合会(简称"全国学联")、举办地人民政府的章,而"小挑"证书盖共青团中央、中国科协、教育部、全国学联的章。

【扩展阅读】

"挑战杯"中国大学生创业计划竞赛章程

第一章 总则

第一条 "挑战杯"中国大学生创业计划竞赛是由共青团中央、中国科协、教育部、全国学联主办的大学生课外科技文化活动中一项具有导向性、示范性和群众性的创新创业竞赛活动,每两年举办一届。

第二条 竞赛的宗旨:培养创新意识,启迪创意思维,提升创造能力,造就创业人才。

第三条 竞赛的目的:引导和激励高校学生弘扬时代精神,把握时代脉搏,将所学知识与经济社会发展紧密结合,培养和提高创新、创造、创业的意识与能力,并在此基础上促进高校学生就业创业教育的蓬勃开展,发现和培养一批具有创新思维与创业潜力的优秀人才。

第四条 竞赛的基本方式:高等学校在校学生通过申报商业计划书参赛,有条件的团队可在此基础上进行商业运营实践;聘请专家评定出具备一定操作性、应用性以及良好市场潜力和发展前景的优秀作品,给予奖励;组织作品和成果的交流、展览、转让活动。

在符合竞赛宗旨、具有良好导向的前提下,竞赛可设立专项赛事,具体规则另行制定和颁布。

第二章 组织机构及其职责

第五条 竞赛设立领导小组,由主办单位和承办单位的有关负责人组成,负责指导竞赛活动,并对全国组织委员会和全国评审委员会提交的问题进行协调与裁决。

第六条 竞赛设立全国组织委员会,由主办单位、承办单位的有关负责人组成。全国组织委员会设主任一至二名,副主任若干名。

第七条 全国组织委员会的职责如下:

1. 审议、修改竞赛章程;

2. 筹集竞赛组织、评审、奖励所需的经费;

3. 确定竞赛承办单位;

4. 议决其他应由组织委员会议决的事项。

第八条 全国组织委员会下设秘书处,负责按照全国组织委员会通过的章程组织竞赛活动并向全国组织委员会报告工作。秘书处设秘书长、副秘书长若干名,由主办单位、承办单位有关负责人担任。

第九条 竞赛设立全国评审委员会,由全国组织委员会聘请各相关领域的专家、学者、企业家、青年创业典型等非高校人士组成。全国评审委员会设主任一名,副主任和评审委员若干名。

全国评审委员会经全国组织委员会批准成立,有权在本章程和评审规则所规定的原则下,独立开展评审工作。

第十条 全国评审委员会的职责如下:

1.在本章程和评审规则基础上制定评审实施细则;

2.接受对参赛作品资格的质疑投诉并进行判定;

3.审看参赛作品,与作者进行问辩;

4.确定参赛作品获奖等次。

第十一条 各省(区、市)、各高校须举办与全国竞赛接轨的届次化的大学生创业计划竞赛。各省(区、市)团委、科协、教育部门、学联联合设立省级组织协调委员会和评审委员会,负责本省(区、市)竞赛的组织协调、参赛作品资格审查和作品初评等有关工作。

第三章 参赛资格与作品申报

第十二条 凡在举办竞赛终审决赛的当年7月1日以前正式注册的全日制非成人教育的各类高等院校在校专科生、本科生、硕士研究生和博士研究生(均不含在职研究生)都可参赛。

第十三条 参加竞赛的作品分为已创业类(甲类)与未创业类(乙类)两类;分为农林、畜牧、食品及相关产业,生物医药,化工技术、环境科学,电子信息,材料,机械能源,服务咨询等7组。实行分类、分组申报。

拥有或授权拥有产品或服务,并已在工商、民政等政府部门注册登记为企业、个体工商户、民办非企业单位等组织形式,且法人代表或经营者为符合第十二条规定的在校学生、运营时间在三个月以上(以预赛网络报备时间为截止日期)的项目,可申报已创业类(甲类)。

拥有或授权拥有产品或服务,具有核心团队,具备实施创业的基本条件,但尚未在工商、民政等政府部门注册登记或注册登记时间在三个月以下的项目,可申报未创业类(乙类)。

第十四条 参赛形式:以学校为单位统一申报,以创业团队形式参赛,原则上每个团队人数不超过10人。

对于跨校组队参赛的作品,各成员须事先协商明确作品的申报单位。

对于经授权的发明创造或专利技术,在报名时须提交具有法律效力的发明创造或专利技术所有人的书面授权许可、作品鉴定证书、专利证书等。

对于已注册运营项目的,在报名时须提交相关证明材料(含单位概况、法定代表人情况、营业执照复印件、税务登记证复印件、组织机构代码复印件等材料)。

第十五条 参赛作品涉及下列内容时,必须由申报者提供有关部门的证明材料,否则不予评审。

涉及动植物新品种的发现或培育的,须由省级以上农科部门或科研院所开具证明。

涉及对国家保护动植物的研究的,须由省级以上林业部门开具证明,证明该项研究的过程中未产生对所研究的动植物繁衍、生长不利的影响。

涉及新药物研究的,须有卫生行政部门授权机构或具有同等资质机构的鉴定证明。

涉及医疗卫生研究的,须通过专家鉴定,并最好附有在公开发行的专业性杂志上发表过的文章。

涉及燃气用具等与人民生命财产安全有关用具的研究的,须有国家相应行政部门授权机构的认定证明。

第十六条　每个学校选送参加主体竞赛的作品总数不得超过3件(专项竞赛名额另计),每人(每个团队)限报1件。参赛作品须经过本省(区、市)组织协调委员会进行资格及形式审查,并经本省(区、市)评审委员会初步评定,方可上报全国组织委员会办公室。各省(区、市)选送全国竞赛的作品数额由主办单位统一确定。

第四章　展览、交流、孵化

第十七条　全国组织委员会将在竞赛决赛阶段组织多种形式的交流、展示活动,并适时举办其他活动,丰富"挑战杯"竞赛的内容。

第十八条　全国组织委员会拥有组织转让及孵化获奖作品的优先权。成果产权及利益分配由学校和作者协商确定。全国组织委员会可结集出版竞赛获奖作品及评委评语。

第十九条　在每届竞赛举办期间,全国组织委员会将适时在全国范围遴选确定若干家大学生创业示范园区,并联合园区及风险投资机构举办项目对接和孵化活动,对竞赛中涌现出的优秀作品优先转化。

第二十条　全国组织委员会将适时设立大学生创业基金,加强与有关方面特别是创业投资公司、金融机构等方面的合作,为高校学生通过参与竞赛实现创业提供支持。

第五章　奖励

第二十一条　全国评审委员会对各省(区、市)报送的参赛作品进行复审,评出参赛作品总数的90%左右进入决赛。竞赛决赛设金奖、银奖、铜奖,各等次奖分别约占进入决赛作品总数的10%、20%和70%。各组参赛作品获奖比例原则上相同。

全国评审委员会将在复赛、决赛阶段针对已创业类(甲类)与未创业类(乙类)两类作品实行相同的评审规则;计算总分时,将视已创业作品的实际运营情况,在其实得总分基础上给予1%～5%的加分。

专项赛事单独设置奖项。

第二十二条　参加全国终审决赛的作品,确认资格有效的,由全国组织委员会向作者颁发证书,并视情况给予奖励。参加各省(区、市)预赛的作品,确认资格有效而又未进入全国竞赛的,由各省(区、市)组织协调委员会向作者颁发证书。

第二十三条　竞赛设20个左右的省级优秀组织奖和进入决赛高校数30%左右的高校优秀组织奖,奖励在竞赛组织工作中表现突出的省份和高校。优秀组织奖的评选依据主要为网络报备作品的数量和进入决赛作品的质量。省级优秀组织奖由主办单位评定,报全国组织委员会确认。高校优秀组织奖由各省(区、市)组织委员会提名,主办单位评定后报全国组织委员会确认。

第二十四条　在符合本章程有关规定的前提下,全国组织委员会可联合社会有关方面设立、评选专项奖。

第六章　附则

第二十五条　竞赛结束后,对获奖作品保留一个月的质疑投诉期。若收到投诉,则竞赛领导小组应委托主办单位有关部门进行调查。经调查,如确认该作品资格不符,则取消该作品获得的奖励,取消该校、该省所获的优秀组织奖,通报全国组织委员会成员单位,并视情节给予所在学校取消参赛资格或其他处罚。

竞赛组委会保护投诉人的合法权益。

第二十六条 竞赛承办单位有权以全国组织委员会名义寻求赞助。

第二十七条 www.tiaozhanbei.net 为全国"挑战杯"竞赛官方网站,由主办单位和承办单位共同建设。

第二十八条 本章程自全国组织委员会通过之日起生效,由竞赛主办单位及全国组织委员会秘书处负责解释。

参加"挑战杯"竞赛时的注意事项:

(1)注意组建适合的团队

团队的搭配与项目的性质应有很大的接近性。专业技术来本人而不是老师。项目的特点,以及男女比例、学科特点、专业搭配、项目成员变动是允许的,有利于团队结构性搭配。回答评委问题时最重要的是临危不乱,要善于自圆其说。在本校或全省的比赛是综合打分,对学生的形象、气质和素质有要求。

(2)注意选择或包装具有学校特色的项目

选择项目时应结合本校的特点,有特色很关键。评奖的时候,分组越来越细、越来越深,小类别容易获奖。

(3)注意给评委留下良好的第一印象

两个环节:文字工作和最后答辩。其中,在文字工作环节可以查资料,不能有错别字,有明显的错误是个人态度问题。这些基本功夫特别重要。

(4)注意用令人印象最深的一句话来介绍项目

例如,若项目附有光盘,则评委在讨论时就会用"附光盘的"来代替项目名称,进行多媒体演示。项目本身的特点很重要,做一个项目的时候,要做到用最有特色的一句话介绍项目(有一个亮点、一句话说清)。

(5)注意巧用图表来解释

图表特别有说服力,且形象、直观。图表要规范,注解、说明、数据等均有利于得分。

(6)注意用事实和数据说话

(7)注意向上一届参加竞赛的同学学习

(8)注意想出一个出奇制胜的招数

比拼创新眼光,选择新的东西,各行各业(房产类、生物类、网络类、机床类等)都可能获奖。

(9)注意写好摘要

如有英文摘要且队员能流利表达英语则更好。本届竞赛的评委有外国的专家参与,许多标准与国际标准接轨。

(10)注意时势的变化,与时俱进

赛前关注社会热点,如宏观经济形势(如低碳经济、循环经济)、金融形势等,可能会影响评委的判定。

参加"挑战杯"竞赛要学会六大借力方式:邀请行业知名专家学者或企业家写推荐意见书;邀请行业公司或投资公司写投资意向书;拿出以前相关的比赛获奖证明;找知名专家辅导;寻找人脉资源的帮助;邀请好的广告公司做演讲的PPT。

演讲PPT的制作经常出现以下问题:

①技术不是自己团队的,是从老师那里拿来的;

②注册资金过多,不能讲清楚原始投入来自何方;

③很多内容是网上下载的,没有自己独创的内容;

④不切实际地从开始阶段就向银行贷款;

⑤内容不完整;

⑥对产品和服务的描述太复杂或太深奥;

⑦对团队的介绍没有抓住重点,写了很多无关的内容;

⑧营销方案不能打动评委;

⑨未来预期收益太离谱;

⑩技术壁垒描述不完整。

商业计划书评分标准有很差、较差、一般、较好、很好、极好六个等级,各项内容占比如下:

①摘要(10%)(清晰、简洁、重点突出、具有吸引力);

②公司(5%)(商业目的、公司性质、公司背景及现状、创业理念、全盘战略目标);

③产品/服务(10%)(描述、特征、商业价值、需求、技术含量、发展阶段、所有权状况);

④市场及营销策略(10%)(市场描述、竞争分析、市场细分、市场定位、定价、营销渠道、促销方式);

⑤经营(10%)(产品生产/服务计划、成本、毛利、经营难度、资源需求);

⑥管理(10%)(关键人物背景、组织结构、人力需求、角色分配、实施战略能力);

⑦财务分析(10%)(财务报表清晰明了,与计划实施同步:第1年月报、第2~3年季报、第4~5年年报);

⑧回报(10%)(以条款方式提供所需投资、利益分配方案,以及可能的退出战略);

⑨可行性(20%)(市场机会、竞争优势、管理能力、投资潜力);

⑩简洁清晰(5%)(是否约有25页且少有冗余)。

评分的潜规则为"33211"原则:30%文本写作,30%现场答辩,20%项目立意,10%人脉,10%运气。

充分熟悉和了解自己的项目:

对创业计划书的每个章节都要烂记于心;熟悉计划书的亮点;熟悉自己的产品和服务;熟悉自己的营销策略;熟悉公司的竞争者和潜在的竞争者;清晰地知道未来五年的收入及利润情况;清晰地了解怎样回报投资者;熟悉自己公司的风险和防范风险的措施。

做好演讲的充分准备:

①意识上的准备:心理上要足够重视。

②准备三份演讲稿(8分钟的、10分钟的、15分钟的),每天练习10遍。

③要充分地演练:不能临阵抱佛脚;能背诵演讲稿;得到专家、企业家的指导,最好得到做过比赛评委的专家的指点;最好有相关的加分资料(投资意向书、知名专家的评价意见书、与客户的合约等)。

④主讲人的选择:擅长演讲,最好是有感染力、煽动力、形象好的人,最好是主讲先讲,然后团队每人讲一段,最后主讲再回答问题。

⑤团队人员也要做全面的准备,保证主讲人因临时事件(如感冒失声等)不能到场或不能演讲时有备用人员顶替。准备漂亮、清晰的PPT(最好有创意,如制作2~3分钟带声音的动漫),充分地休息,保持旺盛的精力。

现场答辩的注意事项：

①充分自信：最重要的是足够自信，是否自信别人一眼就看得出来。

②展示自我：把讲台当作舞台，不要扭扭捏捏。

③口齿清晰，声音洪亮，语速适中。

④充分展示项目最吸引眼球的地方。

⑤做好时间掌控，比赛时间很可能会临时调整，应事先有所准备。

⑥衣着：最好整个团队都着正装。

⑦仪表：要干净、整洁，女生可以化淡妆。

⑧肢体语言大方得体。

⑨要有礼貌，每次回答评委的提问后都要说"谢谢"。

⑩不要与评委对立，学会将问题绕过去（承认会遇到问题，不要说自己的项目是完美的；可以解决的问题不要回避；学会绕过无法解决的问题，思路灵活，不狼狈）。

⑪学会用眼神与评委交流（眼睛是心灵的窗户，在演讲时充分用眼交流；评委提问时要直视该评委，认真倾听，不要低头和目光游离；回答问题时也要看着评委）。

⑫回答问题要有针对性、逻辑性、及时、准确，且流畅，不能答非所问。

(三)"创青春"全国大学生创业大赛

2013 年 11 月 8 日，习近平向 2013 年全球创业周中国站活动组委会专门致贺信，特别强调了青年学生在创新创业中的重要作用，并指出全社会都应当重视和支持青年创新创业。党的十八届三中全会对"健全促进就业创业体制机制"做出了专门部署，指出了明确方向。为贯彻落实习近平系列重要讲话和党中央有关指示精神，适应大学生创业发展的形势需要，在原有"挑战杯"中国大学生创业计划竞赛的基础上，共青团中央、教育部、人力资源社会保障部、中国科协、全国学联决定，自 2014 年起共同组织开展"创青春"全国大学生创业大赛，每两年举办一届。

【扩展阅读】

"创青春"全国大学生创业大赛章程

第一章 总则

第一条 "创青春"全国大学生创业大赛是由共青团中央、教育部、人力资源和社会保障部、中国科协、全国学联和地方省级人民政府主办，由工业和信息化部、国务院国有资产监督管理委员会、中华全国工商业联合会支持的一项具有导向性、示范性和群众性的创业竞赛活动，每两年举办一届。

第二条 大赛的宗旨：培养创新意识，启迪创意思维，提升创造能力，造就创业人才。

第三条 大赛的目的：引导和激励高校学生弘扬时代精神，把握时代脉搏，将所学知识与经济社会发展紧密结合，培养和提高创新、创意、创造、创业的意识与能力，促进高校学生就业创业教育、创业实践活动的蓬勃开展，发现和培养一批具有创新思维与创业潜力的优秀人才，帮助更多高校学生通过创业创新的实际行动为实现中国梦贡献力量。

第四条 大赛的内容：下设大学生创业计划竞赛（即"挑战杯"中国大学生创业计划竞

赛)、创业实践挑战赛、公益创业赛3项主体赛事。

第五条　大赛的基本方式:"挑战杯"中国大学生创业计划竞赛面向高等学校在校学生,以商业计划书评审、现场答辩等作为参赛项目的主要评价内容;创业实践挑战赛面向高等学校在校学生或毕业未满5年的高校毕业生,且应已投入实际创业3个月以上,以盈利状况、发展前景等作为参赛项目的主要评价内容;公益创业赛面向高等学校在校学生,以创办非营利性社会组织的计划和实践等作为参赛项目的主要评价内容。全国组织委员会聘请专家评定出具备一定操作性、应用性以及良好市场潜力、社会价值和发展前景的优秀项目,并给予奖励;组织参赛项目和成果的交流、展览、转让活动。

在符合大赛宗旨、具有良好导向的前提下,可根据实际需要设立专项赛事,具体规则另行制定和颁布。

第二章　组织机构及其职责

第六条　大赛设立领导小组,由主办单位、承办单位的有关领导组成。

第七条　大赛设立全国组织委员会,由主办单位、支持单位、承办单位的有关负责人组成。全国组织委员会设主任、副主任若干名。

第八条　全国组织委员会的职责如下:

1. 审议、修改大赛章程;

2. 确定大赛承办单位;

3. 筹集大赛组织、评审、奖励所需的经费;

4. 议决其他应由全国组织委员会议决的事项。

第九条　全国组织委员会下设秘书处,负责按照全国组织委员会通过的章程组织大赛活动并向全国组织委员会报告工作。秘书处设秘书长、副秘书长若干名,由主办单位、承办单位有关负责人担任。

第十条　竞赛设立全国指导委员会,由全国组织委员会邀请享有较高知名度并关注青年创业的经济学家、企业家以及风险投资界和新闻媒体界人士等担任成员。全国指导委员会设主任一名,副主任和委员若干名。

第十一条　全国指导委员会的职责:对大赛的组织工作及高校学生创业就业工作给予宏观性、战略性指导。

第十二条　大赛设立全国评审委员会,由全国组织委员会聘请非高校的各相关领域专家学者、企业家、风险投资界人士、青年创业典型等组成。全国评审委员会设主任、副主任和评审委员若干名。

全国评审委员会经全国组织委员会批准成立,有权在本章程和评审规则所规定的原则下独立开展评审工作。

第十三条　全国评审委员会的职责如下:

1. 在本章程和评审规则基础上制定评审实施细则;

2. 接受对参赛项目资格的质疑投诉并进行判定;

3. 审看参赛项目,与作者进行问辩;

4. 确定参赛项目获奖等次。

第十四条　各省(自治区、直辖市)、各高校须根据自身实际,在原有的"挑战杯"中国大学生创业计划竞赛基础上,逐步举办与全国大赛接轨的届次化的大学生创业大赛。各省(自治区、直辖市)团委、教育部门、人社部门、科协、学联联合设立省级组织协调委员会和评审委员会,负责本省(自治区、直辖市)竞赛的组织协调、参赛项目资格审查、初评等有关工作。

第三章　参赛资格与项目申报

第十五条　凡在举办大赛终审决赛的当年7月1日以前正式注册的全日制非成人教育的各类高等院校在校专科生、本科生、硕士研究生和博士研究生(均不含在职研究生)都可参加全部3项主体赛事;毕业5年以内(时间截至举办大赛终审决赛的当年7月1日)的专科生、本科生、硕士研究生和博士研究生可代表原所在高校参加创业实践挑战赛(需提供毕业证证明,仅可代表最终学历颁发高校参赛)。

第十六条　参赛项目应具备以下申报条件。

大学生创业计划竞赛:参加竞赛的项目分为已创业类与未创业类两类;分为农林、畜牧、食品及相关产业,生物医药,化工技术和环境科学,信息技术和电子商务,材料,机械能源,文化创意和服务咨询等7个组别。各参赛作品实行分类、分组申报。

拥有或授权拥有产品或服务,并已在工商、民政等政府部门注册登记为企业、个体工商户、民办非企业单位等组织形式,且法人代表或经营者为符合第十五条规定的在校学生、运营时间在3个月以上(以预赛网络报备时间为截止日期)的项目,可申报已创业类。

拥有或授权拥有产品或服务,具有核心团队,具备实施创业的基本条件,但尚未在工商、民政等政府部门注册登记或注册登记时间在3个月以下的项目,可申报未创业类。

创业实践挑战赛:拥有或授权拥有产品或服务,并已在工商、民政等政府部门注册登记为企业、个体工商户、民办非企业单位等组织形式,且法人代表或经营者符合第十五条规定、运营时间在3个月以上(以预赛网络报备时间为截止日期)的项目,可申报该赛事。申报不区分具体类别、组别。

公益创业赛:拥有较强的公益特征(有效解决社会问题,项目收益主要用于进一步扩大项目的范围、规模或水平)、创业特征(通过商业运作的方式,运用前期的少量资源撬动外界更广大的资源来解决社会问题,并形成可自身维持的商业模式)、实践特征(团队须实践其公益创业计划,形成可衡量的项目成果,部分或完全实现其计划的目标成果),且参赛学生符合第十五条规定的项目,可申报该赛事。申报不区分具体类别、组别。

第十七条　参赛形式:以学校为单位统一申报,以创业团队形式参赛,原则上每个团队人数不超过10人。

对于跨校组队参赛的项目,各成员须事先协商明确项目的申报单位。

对于经授权的发明创造或专利技术,在报名时须提交具有法律效力的发明创造或专利技术所有人的书面授权许可、项目鉴定证书、专利证书等。

对于已注册运营项目的,在报名时须提交相关证明材料(含单位概况、法定代表人情况、营业执照复印件、税务登记证复印件、组织机构代码复印件等材料)。

第十八条　参赛项目涉及下列内容时,必须由申报者提供有关部门的证明材料,否则不予评审。

涉及动植物新品种的发现或培育的,须由省级以上农科部门或科研院所开具证明。

涉及对国家保护动植物的研究的,须由有省级以上林业部门开具证明,证明该项研究的过程中未产生对所研究的动植物繁衍、生长不利的影响。

涉及新药物研究的,须有卫生行政部门授权机构或具有同等资质机构的鉴定证明。

涉及医疗卫生研究的,须通过专家鉴定,并最好附有在公开发行的专业性杂志上发表过的文章。

涉及燃气用具等与人民生命财产安全有关用具的研究的,须有国家相应行政部门授权机构的认定证明。

第十九条 每个学校选送参加全国大赛的项目总数不超过6件。其中,参加"挑战杯"中国大学生创业计划竞赛的项目总数不超过3件,参加创业实践挑战赛的项目总数不超过2件,参加公益创业赛的项目总数不超过1件,每人(每个团队)限报1件。每个参赛项目只可选择参加一项主体赛事,不得兼报。专项竞赛名额另计。

参赛项目须经过本省(自治区、直辖市)组织协调委员会进行资格及形式审查和本省(自治区、直辖市)评审委员会初步评定,方可上报全国组织委员会办公室。各省(自治区、直辖市)选送全国大赛的项目数额由主办单位统一确定。

第四章 展览、交流、孵化

第二十条 全国组织委员会将在大赛举办期间组织多种形式的交流、展示活动和其他活动,丰富大赛内容。

第二十一条 全国组织委员会拥有组织转让及孵化获奖项目的优先权。成果产权及利益分配由学校和作者协商确定。全国组织委员会可结集出版大赛获奖项目及评委评语。

第二十二条 在每次大赛举办期间,全国组织委员会将联合地方政府、园区及风险投资机构举办项目对接和孵化活动,对大赛中涌现出的优秀项目优先转化。

第二十三条 全国组织委员会将设立大学生创业基金,加强与有关方面特别是金融机构、风险投资机构和创业投资机构等方面的合作,并通过成立大学生创业联盟等,为高校学生通过参与大赛实现创业提供支持。

第五章 奖励

第二十四条 全国评审委员会对各省(自治区、直辖市)报送的3项主体赛事的参赛项目进行复审,分别评出参赛项目的90%左右进入决赛。3项主体赛事的奖项设置统一为金奖、银奖、铜奖,分别约占进入决赛项目总数的10%、20%和70%。

其中,大学生创业计划竞赛实行分类、分组申报,针对已创业类与未创业类项目实行相同的评审规则,各组参赛项目获奖比例原则上相同;计算总分时,将视已创业项目实际运营情况,在其实得总分基础上给予1%~5%的加分。创业实践挑战赛、公益创业赛两项主体赛事实行统一申报,决赛实行抽签分组,各组参赛项目获奖比例原则上相同。

专项赛事单独设置奖项,不计入所在学校得分。

第二十五条 参加全国终审决赛的项目,确认资格有效的,由全国组织委员会向作者颁发证书,并视情况给予创业资金、专业指导、出国培训等奖励。参加各省(自治区、直辖市)预赛的项目,确认资格有效而又未进入全国大赛的,由各省(自治区、直辖市)组织协调委员会向作者颁发证书。

第二十六条 大赛以学校为单位计算参赛得分并排序。

各等次奖计分方法如下:大学生创业计划竞赛的金奖项目每件计100分,银奖项目每件计70分,铜奖项目每件计30分,上报至全国组委会但未通过复赛的项目每件计10分。

创业实践挑战赛的金奖项目每件计120分,银奖项目每件计90分,铜奖项目每件计50分,上报至全国组委会但未通过复赛的项目每件计10分。

公益创业赛的金奖项目每件计100分,银奖项目每件计70分,铜奖项目每件计30分,上报至全国组委会但未通过复赛的项目每件计10分。

如遇总积分相等,则以获金奖的个数决定同一名次内的排序,以此类推至铜奖。

第二十七条　在符合本章程有关规定的前提下,全国组织委员会可联合社会有关方面设立、评选单项奖。

第六章　附则

第二十八条　大赛结束后,对获奖项目保留一个月的质疑投诉期。若收到投诉,则大赛领导小组应委托主办单位有关部门进行调查。经调查,如确认该项目资格不符,则取消该项目获得的奖励,通报全国组织委员会成员单位,并视情节给予所在学校取消参赛资格或其他处罚。

大赛组委会不接受匿名投诉,将保护实名投诉人的合法权益。

第二十九条　大赛承办单位有权以全国组织委员会名义寻求大赛及3项主体赛事的赞助。

第三十条　www.chuangqingchun.net为"创青春"全国大学生创业大赛官方网站,由主办单位和承办单位共同建设。

第三十一条　本章程自全国组织委员会通过之日起生效,由大赛主办单位及全国组织委员会秘书处负责解释。

(四)"挑战杯"辽宁省大学生课外学术科技作品竞赛

"挑战杯"辽宁省大学生课外学术科技作品竞赛(以下简称"竞赛")是由共青团辽宁省委员会、辽宁省教育厅、辽宁省科学技术厅(2009年新增)、辽宁省科学技术协会、辽宁省知识产权局(2011年新增)、辽宁省学生联合会联合主办的大学生课外学术科技活动,是一项具有导向性、示范性和群众性的竞赛活动,每两年举办一届。

该竞赛的宗旨是崇尚科学、追求真知、勤奋学习、锐意创新、迎接挑战。该竞赛的目的是引导和激励高校学生实事求是、刻苦钻研、勇于创新、多出成果、提高素质,培养学生的创新精神和实践能力,并在此基础上促进高校学生课外学术科技活动的蓬勃开展,发现和培养一批在学术科技上有作为、有潜力的优秀人才。

竞赛设立领导小组、省组委会,省组委会下设秘书处;设立省评委会,独立开展评审工作;设立作品资格评判委员会,作品资格评判委员会主任由1名省评委会副主任担任,其职责是从预审开始至终审决赛结束前接受参赛学校和学生、评委、社会各界人士对参赛作品资格的质疑投诉并处理。

省组委会根据团体总分优先原则,确定上届竞赛总分前10名的学校为联合发起高校,允许其享有2件作品直接进入省级决赛的权利。发起高校的数量可根据省级决赛规模、地区平衡、学校类别及代表性、承办地区等因素做部分调整。全国发起高校可享受省级发起高校资格。各市团委、教育局、科技局、科协、学联联合设立市级组织协调委员会和评审委员会,负责本市竞赛的组织协调、参赛作品资格审查和作品初评等有关工作。

竞赛以学校为单位计算团体总分,团体总分按名次排列,按位次公布。竞赛设最高荣誉"挑战杯",授予团体总分第一名的学校;设"优胜杯"若干,授予团体总分第二至第四名的学校。

各等奖项计分与排序方法如下:特等奖作品每件计100分,一等奖作品每件计70分,二等奖作品每件计50分,三等奖作品每件计20分,上报至省组委会但未通过预审的作品每件计10分;如遇总分相等,则以获特等奖作品的个数多少决定同一名次内的排序,以此类推至三等奖。竞赛按参加省级预审的高校数量的40%左右设立优秀组织奖,同时视情况奖励部分工作出色的市级单位。优秀组织奖由主办单位评定,由省组委会确认。在符合竞赛宗旨、具有良好导向作用的前提下,可联合社会有关方面设立、评选专项奖。专项奖不计分。

竞赛结束后,对获奖作品保留一个月的质疑投诉期。若收到投诉,则竞赛领导小组应委托主办单位有关部门进行调查。经调查,如确认该作品资格不符,则取消该作品获得的奖励,重新计算作品选送学校的团体总分及名次,取消该校及其所在市所获优秀组织奖,通报省组委会成员单位,并视情节轻重给予学校取消下届联合发起单位资格或参赛资格的处罚。省组委会保护投诉人的合法权益。

1. 竞赛评审规则

省评委会由主办单位聘请具有高级职称的自然科学领域的专家和哲学社会科学领域的专家组成。省评委会成员名单(正、副主任除外)在终审结束之前保密,在终审结束后可以公布;省评委会在向省组委会报告终审结果后解散。

参赛作品分自然科学类学术论文、哲学社会科学类社会调查报告和学术论文、科技发明制作三类。自然科学类学术论文的作者限本、专科生。哲学社会科学类社会调查报告和学术论文限定在哲学、经济、社会、法律、教育、管理六个学科内。评审过程中综合考虑作品的科学性、先进性、现实意义等因素。

省评委会评审工作分预审、复审和终审(答辩)三个环节。参加预审作品的80%左右进入复审。三类参赛作品依据类别分别进行评审,各设特等奖、一等奖、二等奖、三等奖。各等次奖分别约占进入复审的作品总数的3%、8%、24%和65%。科技发明制作类中A类和B类作品分别按上述比例设奖,特等奖和一等奖须经过终审答辩环节产生。涉及须由有关部门出具证明材料的参赛作品,须按规定严格把关。评审实行保密制度。在评审工作结束之前,任何评委不得以任何方式对外宣布、泄露评审情况和结果。省评委会的评审工作按评审实施细则规定执行。

2. 竞赛评审程序

各校参赛协调小组负责初评,省组委会秘书处负责对参赛作品进行前期资格及形式审查,对于不合格的作品取消其参赛资格。省评委会负责省级竞赛预审、复审、终审(答辩)并提出获奖名单。

终审决赛期间,评委在省组委会安排的时间集体到展厅对作者提出问辩,并审看发明制作类作品的实物。每个评委须向自己负责评审作品的作者至少询问一次。

评委可以对所评审的作品的资格提出质疑,并提出质疑理由、证据或线索。对于受到评委质疑的作品,将提交省级竞赛作品资格评判委员会按程序评定其参赛资格。

省评委会主任应于终审开始前主持召开省评委会全体会议,听取省组委会对竞赛活动情况的通报。

3. 竞赛资格及形式审查实施细则

依据《"挑战杯"辽宁省大学生课外学术科技作品竞赛章程》和《"挑战杯"辽宁省大学生课外学术科技作品竞赛评审规则》制定实施细则。市校级组织协调委员会对参赛作品进行资格及形式审查时须参照本细则执行。资格评判委员会依据本细则判定被质疑和投诉作品的资格是否有效。

(1)竞赛资格审查

凡在举办省级决赛的当年6月1日以前正式注册的全日制非成人教育的高等院校(含

社会力量举办的高等院校)在校中国籍专科生、本科生、硕士研究生、博士研究生(不含在职研究生)均可申报作品参赛。

参赛作品可分为个人作品和集体作品。个人作品的申报者必须承担申报成果60%以上的研究工作(作品鉴定证书、专利证书及发表的有关作品上的署名均应为第一作者),合作者必须是学生且不得超过2人;凡作者超过3人的项目或作者不超过3人但无法区分第一作者的项目,均须申报(或确定为)集体作品。集体作品除填写集体作品名称外,还要注明1位学历最高的作者为集体项目的代表,集体作者必须均为学生。凡有合作者的个人作品或集体作品,均按学历最高的作者划分为本专科生作品、硕士研究生作品和博士研究生作品。

自然科学类学术论文作者仅限本、专科学生;哲学社会科学类社会调查报告和学术论文限定在哲学、经济、社会、法律、教育、管理六个学科内。

参赛作品涉及下述内容时,必须由申报人提供有关部门的证明材料,否则不予评审:涉及动植物新品种的发现或培育的,须由省级以上农科部门或科研院所开具证明;涉及对国家保护动植物的研究的,须由省级以上林业部门开具证明,证明该项研究过程中未产生对所研究的动植物繁衍、生长不利的影响;涉及新药物研究的,须有卫生行政部门授权机构的鉴定证明;涉及医疗卫生研究的,须通过专家鉴定,并最好附有在公开发行的专业性杂志上发表过的文章;涉及燃气用具等与人民生命财产安全有关的用具研究的,须有国家相关行政部门授权机构的认定证明。

申报参赛的作品必须是距竞赛申报日前2年内完成的课外学术科技作品或社会实践活动成果。毕业设计和课程设计(论文)、学年论文和学位论文、国际竞赛上获奖的作品、获国家级奖励成果(含本竞赛主办单位参与的其他全国性竞赛的获奖作品)及历届"挑战杯"竞赛获奖作品等不在申报范围之列。参赛作品须由2名(或以上)具有高级专业技术职称的指导教师(或教研组)推荐。每所学校最终选送参加全国竞赛的作品总数不超过6件,每人只限报1件作品,其中研究生的作品不得超过总数的1/2,研究生作品中,博士研究生的作品不得超过1件。集体项目按学历最高者划分。

社会科学类参赛作品可包含被采用的为党政领导部门、企事业单位所做的各类发展规划、改革方案和咨询报告,同时附上原件及采用单位使用证明的复印件和有关鉴定材料。

(2)竞赛形式审查

申报参赛的作品分为自然科学类学术论文、哲学社会科学类(含哲学、经济、社会、法律、教育、管理)社会调查报告和学术论文、科技发明制作三大类。其中,科技发明制作类包括两类:A类指科技含量较高、制作投入较大的作品;B类指制作投入较小,给生产技术或社会生活带来便利的小发明、小制作。参赛学生须在作品申报书封面相应作品类别中画"√"。申报作品须经本校团委、学籍管理、教务、科研管理等部门签章确认后生效。

作品申报书中B1表(自然科学类学术论文)中的作品分类栏须由作者按作品的学术方向或所涉及的主要学科领域据实填写;B3表(科技发明制作)中的作品分类栏须由作者按作品的发明点和创新点所在类别据实填写。此栏如填写有误或填报不清,则作品申报无效。作品申报书中的B3表(科技发明制作)必须附研究报告,并提供图表、曲线、试验数据、原理结构图、外观图或照片,也可附鉴定证书和应用证书。对于哲学社会科学类参赛作品,每篇论文应在8 000字以内,每份调查报告应在15 000字以内。

【评估练习】

1. 创业对高职学生人生发展的意义是什么?

2. 企业需要承担的社会责任是什么?

3. 什么是社会创业,社会创业的领域有哪些?

4. 大学生创新与创业类大赛有什么项目?

模块二   创新基础篇

【创新创业格言】

　　创业改变命运，不创不奇迹。

——卢成堆

【创新创业家小传】

　　卢成堆(1988—   )，温州苍南人，毕业于温州职业技术学院，任李山投资集团总裁，温州瓷爵士科技股份有限公司（简称"瓷爵士"，证券代码：831441）董事长。

　　因为家境贫寒，为了不给家里增加负担，卢成堆从高中开始就尝试创业。他没有任何背景，白手起家创立瓷爵士，垄断了全国的瓷器修复市场，随后进军互联网金融业，旗下的互联网理财平台"温商贷"呈现爆发式增长。2014年，瓷爵士登陆新三板，年仅26岁的卢成堆成为新三板上市企业中最年轻的老板。

　　卢成堆曾被评为全国大学生创业模范、浙江省励志青年楷模、浙江省创业之星、世界温州十大青年商界领袖，受到了中央电视台、凤凰卫视等十几家电视台及报社的争相报道。2014年，他作为中国创业青年的代表之一参加亚洲太平洋经济合作组织（APEC）峰会，和与会国家领导人近距离交流。卢成堆在最不起眼的行业里建起了一个瓷器王国，创造了中国陶瓷界的传奇。

【学习目标】

　　通过学习，全面了解和掌握创新的概念，训练创新思维，树立互联网思维，培养创客精神，打造新的知识结构。

【案例导入】

"瓷爵士"卢成堆：80后"补碗匠"的财富梦

　　温州瓷爵士科技股份有限公司的掌门人卢成堆，用4年的时间将补碗的小企业发展成在浙江股权交易中心挂牌、登陆新三板的挂牌企业。因其励志的创业故事，他成为2014年APEC峰会的20位中国创业青年代表之一。那么，卢成堆是如何凭借执着的创业精神将补碗的小企业迅速发展成为中国新三板挂牌企业的呢？

　　家庭并不富裕的卢成堆，创业意识萌发得很早。

　　2005年，18岁的高中生卢成堆在电信公司做了一段时间兼职（发传单）后，发现"小灵通"走俏。当时的温州人对新潮的电子产品特别感兴趣，卢成堆立刻加入了"小灵通"的销售队伍，同时整合了移动手机卡等附属业务。卢成堆大获成功，在通信行业里赚到了第一桶金。

尝到第一桶金的甜头后，年少的卢成堆就顺势开了一家"校园通信"门店。很快他就发现，开店跟推销完全是不同的概念：一个是守株待兔等待消费者；一个是主动出击寻找消费者。在各方面因素的制约下，卢成堆的通信店不久就出现了亏损。在继续守业与转让门店之间，懂得赚钱不易的他没有迟疑，果断选择转让门店。

当时正值中国山寨手机的井喷时期。卢成堆认为，这或许又是一个商机。他拿着剩下的部分资金与朋友投资手机卖场。令他意想不到的是，由于自己不了解山寨机的供货渠道，以及山寨机自身的固件劣势，他接到了很多投诉。虽然卖山寨机能赚钱，但卢成堆认为，"做生意也要做良心，质量有问题，那终究也做不长久。"最后，他与合伙人关了手机卖场。

卢成堆的第一桶金基本耗尽，差不多一下子就回到了原点。但是，这两次失败并没有磨灭他的创业热情。

2007年，卢成堆到温州职业技术学院继续他的求学之路。一进入大学，他大胆地布局自己的创业规划。入学一个月，卢成堆就接手了一家快递代理点，接着又开了一家专升本咨询服务店。之后的两年多大学生涯中，卢成堆陆续在大学城开了眼镜店、电脑饰品店。学生时代的卢成堆一共开了八家店，有成功亦有失败。在失败中吸取教训，在成功中总结经验，令少年老成的卢成堆多了一份异于同龄人的商业嗅觉。正是因为他那异乎寻常的判断力，使其生动地谱写了一段温州草根崛起并逆袭的传奇故事。

2009年9月25日，卢成堆在翻阅《温州都市报》时，无意中看到一则《餐具美容师欲传一手绝活》的报道，文中提到任何破损的盘盘碗碗都能被翻新，一年可为餐饮企业节省几十万元的破损开支。卢成堆当即判断，这个行业不仅能为餐饮企业节省开支，而且其市场独一无二，背后蕴藏着巨大的商机，更重要的是能变废为宝，节约社会资源，保护环境，是一项可持续性的大事业。

他先对温州的餐饮企业展开调查。在大量的调查中，他发现酒店的餐具破损率比他想象得还要高。当他在市区一家知名四星级酒店得知该酒店每年的餐具破损费用高达30万元时，他震惊了。

成立一家专门修补餐具的公司的想法在他脑海里迅速落地生根。温州人特有的当机立断、绝不辜负机会的性格特点在他身上体现得淋漓尽致。卢成堆很快就联系上在温州创业并拥有瓷器修补技术的一名专家，卖掉了自己刚买的福特小轿车，凑了30万元，成立了全国首家补碗公司——温州瓷爵士餐具修复有限公司。

瓷爵士创办初期，卢成堆几乎跑遍了温州大小酒店、中西餐厅。他认为，他不是去求酒店老板的，而是去帮助酒店节约运营成本的。这个想法一开始并不被各大酒店负责人或采购经理完全认同。于是，卢成堆就先免费帮对方补碗。在质量过硬、近乎完美的补碗技术面前，越来越多的酒店逐步认可了他。渐渐地，温州很多知名的星级酒店都与瓷爵士签订了全年的补碗合约。

2012年，瓷爵士与江西景德镇、广东潮州等陶瓷文化较为丰富的地区的企业展开合作，共同开发高端日用礼品陶瓷及酒店用品瓷器。在销售中，卢成堆又一次颠覆了传统，在全国率先提出"餐具三包服务"（酒店买了瓷爵士的餐具，就可以获得免费补碗的服务），真正保障消费者权益。

如今，瓷爵士早已实现产业多元化发展，不但为全国加盟商提供补碗烤炉、喷枪等设备,还将产业链扩展到补碗原材料的"一条龙"服务,成为拥有上百家区域加盟店的优秀企业。

作为"80后",卢成堆不仅是一名创业者,亦是一名思想者。瓷爵士公司业务稳步提升后,卢成堆在阅读诸多商业精英传记的同时,也对瓷爵士目前的发展布局产生了一丝忧虑。他认为:"温州传统产业的发展靠的是埋头苦干,相当于一层一层地走楼梯。现在是'互联网+'的时代,社会经济发展和科技文明都在加速,瓷爵士如果想要有大的发展,就一定不能像以前那样靠自有资金和时间慢慢去积累。"

那么,如何做才能让瓷爵士适应这个时代的大潮流呢? 卢成堆分析道:"改革开放的红利已经基本分配完成,中国未来30年的市场是资本的市场。那么,当下的传统企业要提升品牌的知名度,扩大影响力,拥有更多机会实现跨越式发展,就一定要跟资本市场融合,只有这样,企业才能有创新。应改变企业走楼梯的发展模式,用乘电梯的方式去发展企业。"

2013年,经过多方面的努力与奔波,温州瓷爵士科技股份有限公司成功登陆浙交所成长板。接着,卢成堆与团队又开始启动新三板的计划,并于2014年11月成功挂牌新三板,公司发展迈上新台阶。

正如卢成堆所判断的,资本市场加快了瓷爵士的发展,更拓宽了企业的融资渠道,业务快速发展,公司的战略布局也更加清晰、明朗。作为20位中国创业青年代表之一,卢成堆应邀参加了2014年APEC峰会。在APEC峰会上,卢成堆大开眼界,不但近距离接触了政界的重要人物,也得到了与新、老温州企业家沟通交流的机会。经过APEC峰会的洗礼,卢成堆梦想把瓷爵士转板创业板,首次公开募股(IPO)是他的目标之一。他计划通过并购全国龙头餐具类电商企业,打造自己的垂直餐具类电商平台,从而打通电商线上销售与专营中心线下体验,最终构建起行业内独具优势的O2O企业航母。

卢成堆还有一个中国梦——中国瓷器梦。

目前,有名的日用陶瓷品牌大部分来自国外。在2014年APEC峰会上,卢成堆认识了一位加拿大的瓷器巨头,并与他谈论瓷器事业、资本运作。他发现自己与世界顶尖同行还有差距,这让他的梦想从国内延伸到了世界。卢成堆想把中国的日用瓷器发扬光大,他梦想有一天能让"CHINA"在世界上更加耀眼。

"从极迷处识迷,则到处醒;将难放怀一放,则万境宽。"显然,卢成堆很懂得其中的奥妙。在众多投资项目中,卢成堆的"实体+互联网金融"的经营理念始终如一。在温州市率先成为全国金融综合改革试验区后,互联网金融平台得到巨大发展,这在卢成堆看来是机遇,更是一种挑战。

所谓"狭路相逢勇者胜,勇者相逢智者胜,智者相逢仁者胜",在商海里,勇气、智慧与仁心是创业者的必备素质,也是中国企业家未来具备社会担当的基础。

2015年7月18日,中国人民银行等十部委发布《关于促进互联网金融健康发展的指导意见》,鼓励创新,支持互联网金融稳步发展;鼓励多种机构开展互联网金融业务;鼓励银行为互联网金融平台提供资金托管业务;鼓励优质机构在主板、创业板融资。卢成堆认为,是时候将实业与互联网金融结合,从"被投资者"转型为"投资人"了。

2015年8月1日,卢成堆让传统实业插上互联网金融的翅膀,瓷爵士将拥有30多万用户、年交易额达30多亿元的"温商贷"纳为全资子公司,成为全国第一批、浙江省第一家新三板与互联网金融结合的企业。

卢成堆抓住"互联网+"的趋势,基于移动互联网迅速发展的背景,看好移动互联网的优势,又一次用大格局的姿态注资了温州艾德网络传媒有限公司及温州联线网络科技有限公司这两家移动互联网企业新秀。此举极大地丰富了李山集团的产业格局,尤其是温州艾德网络传媒有限公司旗下拥有近300万微信粉丝,温州联线网络科技有限公司拥有极佳的移动互联网营销工具软件开发能力。有理由相信,卢成堆的这些布局将让李山投资集团在未来的互联网领域里占得先机。

在卢成堆看来,进军互联网金融行业不仅仅是抓住"互联网+"时代的机遇,更重要的是,他距离自己的中国梦更近了一步。人生在世,不求落幕如何,但求曾经不悔!一方面,在未来的创业路上,卢成堆将继续传承温州商人的宝贵传统,帮助更多的企业、大学生创业者解决借钱难、融资难问题;另一方面,他认为互联网金融将是中国未来资本市场的一个重要阵地,可以让瓷爵士在浩瀚的资本海洋里升级技术,创新管理,秉承符合时代潮流的经营理念,继续扬帆远航。

卢成堆成功后时刻告诫自己要居安思危。居安思危是他事业成功的不二法宝。在卢成堆的身上,体现了新一代温州企业家骨子里依然流淌着温州人坚韧不拔、勇往直前的优良品质。

对于企业的思危,他在新办公室里亲自设置了一个悬空台,内涵丰富。悬空台里面放置着瓷器碎片,也有完好的,另外还有银圆、铜钱。瓷器代表卢成堆所从事的行业,破碎的瓷器也可以靠科学技术得以修复;铜钱和银圆代表财富。卢成堆成功后,很多人来找他投资项目,他用此法时刻警示自己,一定要禁得住诱惑,坚守自己的本行,避免为了金钱利益而使企业陷入困境。

对于自身修养的警训,他提醒自己做到"居尊大之位,而使贤者忘其贵重,卑者乐于亲炙"。他在办公桌的右侧专门放置了一块石匾。石匾的左上角是一座高山,意喻自己是农村出来的,要接地气,脚踏实地;下面是一片海,告诫自己要拥有大海的胸襟,从容有魄;正中间是苦瓜和甘蔗,提醒自己不要忘记苦尽甘来的岁月,更要饮水思源。在石匾的正下方,他特地把自己老家的旧门槛存放于显眼位置,提醒自己做人莫忘本。

【思考】

1. 卢成堆的创业故事给了你哪些启示?
2. 卢成堆创业成功的因素有哪些?

任务一　重识创新原理

创业与创新密不可分。创新孕育创业,创业充满创新;创新是创业的最强动力,创业是创新的最佳土壤。

一、创新的含义

"创新"一词在当今世界特别是我国出现的频率非常高,每个国家、每个产业、每家企业甚至每个人都在谈创新。同时,"创新"又是一个非常古老的词。"创新"一词最早见于《魏书》:"革弊创者,先皇之志也。"后世古籍中又数次出现"创新"一词,都大抵与"革新"同义,主要是指改革制度。《辞海》里讲"创"是"始造之也",有首创、创始之义;"新"是"初次出现,与旧相对",有才、刚之义。"创新"原意有三层含义:第一,舍弃旧的,创造新的;第二,在现有的基础上改进更新;第三,指创造性、新的想法。

哈佛大学教授熊彼特被誉为"创新理论"的鼻祖,他在 1912 年第一次把创新引入经济领域,认为创新就是建立一种新的生产函数,也就是说,把一种从来没有过的关于生产要素和生产条件的"新组合"引入生产体系。这种新组合包括五种情况:采用一种新产品或一种产品的新特征;采用一种新的生产方法;开辟一个新市场;掠取或控制原材料或半制成品的一种新的供应来源;实现任何一种工业的新的组织。

因此,"创新"不是一个技术概念,而是一个经济概念,它严格区别于技术发明,把现成的技术革新引入经济组织,形成新的经济能力。创新概念的提出为学者进一步研究"创新"奠定了基础。

20 世纪 50 年代,"现代管理学之父"彼得·德鲁克把创新引入管理领域,产生了管理创新。他认为创新是赋予资源以新的创造财富能力的行为。他在《创新与企业家精神》一书中提出,创新是一个过程,是一项"有组织、有系统且富有理性的工作;创新是企业家展现其创业精神的特定工具,是赋予资源一种新的能力使之成为创造财富的活动,创新本身就创造了资源"。对于创新的定义,彼得·德鲁克认为应该强调创新的效果及意义,认为创新应该对现有的资源进行改变。

国际社会认同的特指"创新"的英文为 innovation,有别于"创造"(creation)和"发明"(invention)。当前,国际社会对"创新"的定义比较权威的有两个:一个是 2000 年联合国经济合作与发展组织(简称"经合组织")在《学习型经济中的城市与区域发展》报告中提出的,创新的含义比发明创造更为深刻,它必须考虑在经济上的运用,实现其潜在的经济价值;另一个是 2004 年美国国家竞争力委员会向政府提交的《创新美国》计划中提出的,创新是将新的技术和理念融入原有的资源中,以促进经济的增长和人们生活质量的提高,为生活创造出全新的产品和体验。

我国有关学者对"创新"一词的定义主要有四个观点:一是认为创新应该是一种舍旧创新、推陈出新、勇于探索、积极改变自己及环境的意识和行为;二是创新的目的应该是推进人类的生存与发展,对客体关系的处理要有推陈出新的意识和胆识;三是创新的内涵应该是人们在生活中要不断地反思、进取、改变自身,共同推进社会的发展与进步;四是创新的发展概念应该是人们对社会发展与进步的本质性把握,是人们跟随时代进步、社会发展步伐的必然结果。

"创新"的含义扩展到了社会的方方面面,比如理论创新、制度创新、经营创新、技术创新、教育创新、分配创新……创新有多方面的理解:说别人没说过的话叫创新,做别人没做过的事叫创新,想别人没想过的东西叫创新。之所以叫创新,有的是因为其改善了工作质量,提高了生活质量;有的是因为其提高了工作效率;有的是因为其巩固了竞争地位;有的是因为其对经济、对社会、对技术产生了根本性影响。但是,创新不一定必须形成全新的东西,以新的形式包装旧的东西叫创新,旧的东西有新的切入点叫创新,总量不变而改变结构叫创新,结构不变而改变总量叫创新……

人们通常认为创新是天才和艺术家的事情,跟普通人没有太多关系,而且创新需要经验的积累等,这些其实都是对创新的误读。目前,对创新的误读主要表现在以下方面:

1.创造力属于艺术家

在艺术世界里,创造力总是首先被赞美。罗丹开创了全新的雕塑时代;毕加索的一生都是与自由、探索和创造联系在一起的。同学们可以体会到艺术家蕴藏在作品中的深沉的美,感受到震撼人心的艺术创造力。创造力同样存在于科学领域。以"生命旋梯"的故事为例,沃森和克里克于1953年提出了DNA分子结构模型,此模型显示,遗传的基本物质——脱氧核糖核酸(DNA)具有一种双螺旋的结构,DNA的双链反向并行,碱基配对。沃森和克里克凭借非凡的想象力与洞察力提出了这个具有划时代意义的结构模型,此模型可以与达尔文的进化论、孟德尔的遗传定律相媲美。这一重大发现为探讨遗传的化学基础开辟了一个新纪元,引起了生物学的一场伟大革命。这一伟大科学成果使得沃森和克里克获得了诺贝尔奖。由此可见,创造力不仅仅存在于艺术领域,科学研究同样需要创造力。

2. 创造力必须打好基础

创造力不等于经验的积累,有时也不依赖于扎实的基础和完善的技能。以凡·高为例,这位极具个性的画家在30多岁时摒弃了一切原有的知识和工作经验,开始了自己的艺术生涯。在创作过程中,凡·高并不理睬学院派的种种教条,用独到的眼光看世界,最终登上艺术巅峰。

3. 创造力是智商的函数

相关研究表明,智商与创造力之间并不成正比。高智商人群并没有体现出比常人更强的创造力,而有些智商并不很高的人却展现出了出奇的创造力。达尔文的进化论开创了生物科学发展的新时代,他在评价自己时说:"我既没有突出的理解力,也没有过人的机智,只是在觉察那些稍纵即逝的事物并对其进行细致观察的能力上,可能在普通人之上。"

二、创新的基本原理

1. 创新是人脑的一种机能和属性——与生俱来

比尔·盖茨说:"人与人之间的区别主要是脖子以上部位的区别——大脑决定一切。"由此可见,脑力劳动是人类社会的主要劳动形式,一切学问均来自人们大脑的认知、创新与驾驭。大脑是创新的源泉。人的一切心理现象或者创新意识、创新精神等都是人脑的一种基本功能,是与人类自身进化而同步形成的客观天赋。创新的过程就是人类脑力劳动的过程。

2. 创新是人类自身的本质属性——人人皆有

人们往往认为那些天资聪颖、考试成绩优异的人有望成为创新人才,而那些学习成绩平平者不可能成为杰出的发明家。事实是,"天生其人必有才,天生其才必有用;人乏全才,扬长避短,人人成才。"创新是不分时间、地点的,只要有创新思维并将想法付诸实践,就可以进行创新。创新思维是可以通过培养获得的,从这个角度说,人人都可以拥有创造性思维,都可以创造,所以人人都是创造之人。创新是人的本性,创新是人类的本质,创新是人类在与自然交互影响中形成的一种自然禀赋。

3. 创新是一种潜在的心理品质——潜力巨大

创新能力是每个正常人都具有的自然属性与内在潜能,普通人与天才之间并无不可逾越的鸿沟。创新并不是高不可攀的事,每个人都有某种创新的能力。人的潜在创新能力一旦被某种因素激活或被某种教育引导,就可能产生巨大的创新能量。创新能力与其他能力一样,是可以通过教育、训练而激发出来并在实践中不断得到提高、发展的。它是人类共有的可开发的财富,是取之不尽,用之不竭的"能源"。

三、创新意识

创新意识是指,人们根据社会和个体生活发展的需要,产生创造前所未有的事物或观念的动机,并在创造活动中表现出意向、愿望和设想。它是一种人类意识活动中的积极的、富有成果性的表现形式,是人们进行创造活动的出发点和内在动力,是创造性思维和创造力的前提。

创新意识具有以下几个特征。

1. 新颖性

创新意识是求新意识,因为创新意识不是为了满足新的社会需求,就是用新的方式更好地满足原来的社会需求。

2. 社会历史性

创新意识以提高物质生活和精神生活水平为出发点,但这种出发点很大程度上受具体的社会历史条件制约。比如在阶级社会里,创新意识就受阶级性和道德观制约。创新意识激起的创造活动和产生的创造成果应为人类社会的进步与发展服务,因此创新意识必须考虑社会效果。

3. 个体差异性

人们的创新意识和他们的社会地位、文化素质、兴趣爱好、情感志趣等因素有关,这些因素都对创新有着巨大的推进作用。而每个人的这些因素又都不尽相同,因此创新意识有很大的个体差异性。

创新意识由创造动机、创造兴趣、创造情感和创造意志四方面构成,它们在人们的创新过程中具有如下作用:创造动机是创造活动的动力因素,激励并推动人们进行创造性活动;创造兴趣能促进创造活动的成功,是促使人们积极探求新奇事物的一种心理倾向;创造情感是引起、推进乃至完成创造的心理因素,只有具有正确的创造情感才能使创造得以成功;创造意志是人们在创造中克服困难、冲破阻碍的心理因素,创造意志具有目的性、顽强性和自制性。

创新意识是决定一个国家、民族创新能力的最直接的精神力量,创新能力是衡量一个国家和民族解决自身生存、发展问题能力大小的最客观和最重要的指标,更是一个国家、民族发展能力的代名词。由于创新意识植根于社会生产方式,因此它的形成和发展必然会推动社会生产方式的进步,进一步带动经济的飞速发展,从而促使上层建筑的进步,继而推动人类思想的解放,有利于人们形成开拓意识和领先意识,促进社会政治向更加民主、宽容的方向发展。反过来,这些条件又能促进创新意识的扩展,有利于创新活动的进行。

创新意识能促成人才素质结构的变化,提升人的本质能力。创新实质上确定了一种新的人才标准,代表人才素质变化的性质和方向,表达了一个重要的信息:社会需要充满生机和活力的人、有开拓精神的人、有新思想道德素质和现代科学文化素质的人。创新意识客观上引导人们朝这个目标提高自己的素质,激发人的主体性、能动性和创造性,并使其进一步发挥,使人自身的内涵最终获得极大的丰富和扩展。

【测试】

威廉斯创造力倾向测试

1. 测试方法

表2-1是一份帮助个人了解自己创造能力的测试表。如果你发现表中某些句子所描述的情形很适合自己,则请在题后的表格中"完全符合"的选项内打"√";如果有些句子所描述的情形对你来说只是部分适合,则在"部分符合"的选项内打"√";如果有些句子所描述的情形对你来说根本不可能,则在"完全不符"的选项内打"√"。

2. 注意事项

①每道题都需要做,但不要花太多的时间去想。

②所有题目都没有"正确答案",仅凭读完每句话后的第一印象作答。

③虽然没有时间限制,但应尽可能地以较快的速度完成。

④仅凭自己的真实感觉作答,在最符合自己的选项内打"√"。

⑤每道题只能打一个"√"。

3. 开始测试

表2-1　威廉斯创造力倾向测试表

序号	测试题内容	完全符合	部分符合	完全不符
1	在学校里,我喜欢对事情或问题做猜测,即使不一定都猜对			
2	我喜欢仔细观察我没有看过的东西,以了解详细的情形			
3	我喜欢听变化多端和富有想象力的故事			
4	画图时,我喜欢临摹别人的作品			
5	我喜欢利用旧报纸、旧日历及旧罐头等废旧物品做各种好玩的东西			
6	我喜欢幻想一些我想知道或想做的事			
7	如果事情不能一次完成,则我会继续尝试,直到成功为止			
8	做功课时,我喜欢参考各种不同的资料,以便得到多方面的了解			
9	我喜欢用相同的方法做事情,不喜欢去找其他新的方法			
10	我喜欢探究事情的真假			
11	我喜欢做许多新鲜的事			
12	我不喜欢交新朋友			
13	我喜欢想一些未在我身上发生过的事情			
14	我喜欢想象自己有一天能成为艺术家、音乐家或诗人			
15	我会因为一些令人兴奋的念头而忘记其他的事			

表2-1(续)

序号	测试题内容	完全符合	部分符合	完全不符
16	我宁愿生活在太空站,也不喜欢住在地球上			
17	我认为所有的问题都有固定的答案			
18	我喜欢与众不同的事情			
19	我常想知道别人正在想什么			
20	我喜欢故事或电视节目所描述的事			
21	我喜欢和朋友在一起,和他们分享我的想法			
22	如果一本故事书的最后一页被撕掉了,我就编造故事,把结局补上去			
23	我长大后想做一些别人从没想过的事情			
24	尝试新的游戏和活动是一件有趣的事			
25	我不喜欢太多的规则限制			
26	我喜欢解决问题,即使没有正确的答案也没关系			
27	有许多事情我都很想亲自去尝试			
28	我喜欢唱没有人知道的新歌			
29	我不喜欢在同学面前发表意见			
30	当我读小说或看电视时,我喜欢把自己想象成故事中的人物			
31	我喜欢幻想200年前人类生活的情形			
32	我常想自己编一首新歌			
33	我喜欢翻箱倒柜,看看有什么东西在里面			
34	画图时,我很喜欢改变各种东西的颜色和形状			
35	我不敢确定我对事情的看法都是对的			
36	对一件事情先猜猜看,然后再看是不是猜对了,这种方法很有趣			
37	玩猜谜之类的游戏很有趣,因为我想知道结果如何			
38	我对机器有兴趣,很想知道它里面是什么样子,以及它是怎样转动的			
39	我喜欢可以拆开来的玩具			
40	我喜欢想一些新点子,就算用不着也无所谓			
41	一篇好的文章应该包含许多不同的意见或观点			
42	为将来可能发生的问题找答案是一件令人兴奋的事			
43	我喜欢尝试新的事情,只是因为想知道会有什么结果			
44	玩游戏时,我通常是因兴趣参加而不在乎输赢			
45	我喜欢想一些别人谈过的事情			
46	当我看到一张陌生人的照片时,我喜欢猜测他是怎样的一个人			
47	我喜欢翻阅书籍及杂志,但只想知道它的内容是什么			
48	我不喜欢探寻事情发生的各种原因			

表 2 - 1（续）

序号	测试题内容	完全符合	部分符合	完全不符
49	我喜欢问一些别人没有想到的问题			
50	无论是在家里还是在学校，我总是喜欢做许多有趣的事			
备注	在做完所有题目后，根据测试说明中每个选项的分数计算自己的最后得分，得分高说明创造能力强，反之说明创造能力弱			

4.测试说明

本测试表共有50道题，涉及冒险性、好奇性、想象力、挑战性四个方面。其中，正面题目"完全符合"计3分，"部分符合"计2分，"完全不符"计1分；反面题目"完全符合"计1分，"部分符合"计2分，"完全不符"计3分。

(1)冒险性题目

正面题目：1,5,21,24,25,28,36,43,44。

反面题目：29,35。

(2)好奇性题目

正面题目：2,8,11,19,27,33,34,37,38,39,47,49。

反面题目：12,48。

(3)想象力题目

正面题目：6,13,14,16,20,22,23,30,31,32,40,46。

反面题目：45。

(4)挑战性题目

正面题目：3,7,10,15,18,26,41,42,50。

反面题目：4,9,17。

5.结论

计算你的累积得分，得分高说明创造能力强，反之说明创造能力弱。

三、创新素质

创新是成为高新人才应具备的基础素质，也是新时代的一张通行证。缺乏创新就会缺乏竞争力，更谈不上自身价值的提升。因此，创新的重要性是每位高职学生都不可忽视的。

创新对高职学生个体品格的养成具有重要作用，它激发的是一个人最具价值的能力和向人生更高层次发展的直接动力。创新素质教育不仅是高职学生个体成长、成才的内在与长远需要，更是我国各项事业得以迅猛发展的前提和保障。

当今时代是知识经济时代，随着知识增长的加快和陈旧周期的不断缩短，知识的选择、整合、转换和操作要比知识的接受更加重要。高职学生最需要掌握的是那些涉及面广、迁移性强、概括程度高的"核心"知识，这些知识是不能靠言语传授得来的，只能通过发挥自身的创新能力，通过主动的"构建"和"再创造"获得。

随着高等教育规模的不断扩大，高等教育职能正在由精英教育向素质教育转化，学习也正在由阶段教育向终身教育转化，学习将成为个人生存、竞争、发展和完善的第一需要。

在知识无限膨胀、陈旧周期迅速缩短的情况下,高职学生的社会职业将变得更加不稳定。在创新意识的指引下,高职学生有能力在毕业之后利用各种有利条件,根据所从事的工作不断完善自身的知识和能力结构,完善自我和适应社会,为终身教育打下坚实的基础。

创新是人的综合能力的一种外在表现,是以深厚的文化底蕴、高度综合化的知识、个性化的思想和崇高的精神境界为基础的。创新思维的有与无将决定一个人的发展前景;创新能力的高与低将决定一个人的事业天地。古今中外,但凡在事业上有所建树、有所作为的人,都是创新思维能力很强的人。他们靠智慧、特色、创新、创意开拓出事业上的一片广阔天地。创新思维的水平决定着一个人的勇气、胆识以及谋略水平的高低。高职学生准确了解、把握自己创新思维能力的大小及表现形式,有助于自身的发展定位和目标设计。

同时,创新必须具备良好的心理素质。

首先,要有积极的人生态度。积极的人生态度是指一个人有健康的人生观和积极的处世态度,在追求进步和真理时,有一种坚定的信念并有为之做出贡献甚至牺牲的使命感。积极的人生态度有利于高职学生创造性人格的塑造,更是不断追求创新的动力。

其次,要有肯定的自我意识(良好的自信)。如果一个人没有肯定的自我意识,缺乏自信,就看不到自己的优势和能力,会将自己的创新思维扼杀掉。因此,在平日的学习和生活中,要树立良好的自信,积极地进行自我承认和自我肯定,充分肯定自我潜能的存在并最大限度地加以挖掘和利用。

再次,要有较高的动机水平。动机分为内在动机和外在动机,是一个人坚持去做某件事和不做某件事的直接原因。内在动机包括好奇心、求知欲和兴趣等;外在动机则由外部刺激引起。一个拥有创新能力的人必定具有较高的动机水平(高成就动机)。高成就动机的具体特征:把成就看得比任何东西(包括金钱)都重要;能克服困难取得成就并从中得到快乐;认为报酬仅仅是衡量自己成就大小的工具;有强烈的进取精神和事业心;敢冒风险;能与环境保持一种和谐关系(能及时摆脱不利于创造的负面影响);是积极进取的现实主义者。

然后,要有创造性的认知风格。创造性认知是创新的前提。创造性认知的特征:感知敏锐,善于发现问题,能够看出别人看不出的问题;好奇心、观察力、注意力集中;兴趣趋于强化;感知全面、客观;思维流畅,能够对信息迅速产生连锁反应,善于把握事物的内在联系,记忆准确、广阔;思维灵活,注意力与思路能够适时转换,不受常规答案左右,不循规蹈矩,和别人看同样的事物却能够看出不同;思维开放,宽容对待各种设想和不同的甚至对立的想法,从对立中看出新的价值,具有浪漫精神和超现实感,允许暂时实现不了的想法存在;认识具有独立性,有独立见解,不迷信书本和权威,认识的客观性强而社会性弱;富有想象力和幽默感,能够略去细节,抓住本质,异中求同,把两个相去甚远的东西联系在一起。

最后,创新过程需要保持积极的情绪状态。创新者需要经常保持快乐、良好的心境,对事物的高度热情,以及适当的情绪激活水平,等等。过分的紧张、忧愁、沮丧会导致记忆力、理解力、想象力和自制力的下降;反之,过分松弛也难以产生创新的成果。

任务二 培养创客精神

一、创客

"创客"一词具有丰富的内涵。从起源看,一是源于英文"hacker",指那些喜欢自己动手,努力把各种创意变为现实的人,国外很多创客空间实际上是"hacker space";二是源于安德森的《创客:新工业革命》一书标题中的"maker",国内把它译为"创客",随着国内创客运动的兴起,这一说法已得到更多人的认同。

英文"maker"一词在何时最早出现至今并无定论,但存在以下两种较多且较为可靠的说法。

一种说法是,"maker"一词源于硅谷。起初,有那么一群人出现在美国硅谷地区,他们的行为和方式引发了一些新的时代特征,人们通常用"硅谷人"崇尚"创客精神"典型概括他们的特征。其核心内容是,这些人本身具有对某些技术领域的狂热追求,崇尚创设新想法并敢于和致力于用其掌握的技术将想法在现实中立体化、实物化。他们不断追求新技术的学习、使用和创新,特别是他们总是在像地下室的车库这样的空间里将创意努力变成实际可被接受的新型产品。其中,最关键的环节是做东西,因此他们被称为"maker",意即"做东西的人",或者"自己造物",简称"自造者"。已逝的著名创新人物乔布斯就是这些人中的一个标杆,他在20世纪70年代就和其合伙人沃兹尼亚克等人在车库制作产品,后来逐步有了苹果公司。可见,"maker"的本义其实是"通过自己的尝试设计和制作新型物品的人",其中已涵盖了创新者的意义;而且它与"hacker"的概念内涵也有内在的融合,也包含了"hacker"的"开放、共享、分权和对技术的崇拜"的核心精神。

另一种说法是,"maker"一词源于美国麻省理工学院比特和原子研究中心(CBA)发起的一项新颖的实验 FabLab(个人制造实验室或微观装配实验室)——一个几乎可以制造任何产品和工具的小型工厂化实验室。发起者 Gershenfeld 教授认为,与其让人们接受科学知识,不如给他们装备相关的知识及工具,让他们自己发现科学。这可以通过"自己制造"来实现。

所以,FabLab 具有有别于传统大学实验室的功能和特征,最大的不同在于能够利用高水平的技术背景和条件引导不是非常有技术经验的人在其中"创造和制造出任何有新意的东西"。这一方式的本质是,无论是谁,只要具有一定的创新发明思想,或至少有制造一些新物的想法,都可以进入高水平和具备先进条件,特别是具有时代新技术条件的实验室,尝试将想法变为实物或者成品。其中最显著的特征是,很多不具备新技术和经验的人可以借由 FabLab 中的现代或时代技术与工具完成自己设想的某种创意,直至"制作"出新的实际物品。这一本质进一步演化,使得 FabLab 自发起之日便示范了一种理念,即制造和创造将不只是发生在拥有昂贵实验设备的大学或研究机构,也不仅仅属于少数专业科研人员,而是有机会在任何地方由任何人完成。这些"任何人"最后被形容为"maker"。

可以肯定的是,FabLab 的出现和广泛发展掀起了个人设计、个人制造的浪潮,这一点是不容置疑的。

如上文所述,"maker"的含义是复杂而广义的,很难用简单的语言完全表述出来。但是,可以看出,其中最为主要的是,狂热的爱好者和 DIY 是不变的。创客有以下共性:爱自己学、自己玩、自己做、自己欣赏技术;爱痴迷、爱钻研某些方面的知识;手艺和技术一般,很有个性、有造诣;爱走别人不走的路;爱思考如何做出新物品;爱试着造出独特的、自己设计的物品;爱和别人交流。总的来说,创客是指不以盈利为目标,有独立想法并把想法变成现实产品的人,是热衷于创意、设计、制造的个人设计制造群体。

通常创客有以下与众不同的理念。

（1）对创新顶礼膜拜

创客对创新的那种感情和执着的确是一种信仰,因为创新已融入创客的骨髓:创客即创新,创新即创客。

（2）学历不是问题

创客不以考试分数论高低,学校挡不住创客的脚步。例如,比尔·盖茨、扎克伯格从哈佛辍学,乔布斯辍学后去印度焚香拜佛,伟大的发明家爱迪生辍学做实验。

（3）不满足于现状

不满足是创客的性格,更是一种能力,是他们创造力的源泉。瓦特不满足于牛拉人扛的原始动力发明了蒸汽机;莱特兄弟不满足于行走于地面的速度,终于在天空中与鸟共同翱翔;马云不满足于做传统意义上的生意,让阿里巴巴成为世界电商巨头……

（4）爱动能"造"

这是创客的天性,乔布斯能"造",让无数果粉竞疯狂;爱迪生能"造",电灯改变了世界……创客之于现实,既是破坏又是创造。对于创客,就像联想创客大赛的活动所主张的那样,"创客时代,造起来"。

（5）"坐冷板凳"

创客们是技术迷,都很宅,因为宅有几大好处:一是减少外界的干扰,有更多时间"造";二是每天有大量时间学习;三是在网络时代,一台电脑可以遨游世界,并能获得帮助。此外,很多创客确实不善交际,因为大量脑细胞都耗费在了科技钻研上。

（6）开放分享

创客与研究员的最大不同是,他们的产品生产出来后从来不是第一时间去抢注专利或谋求利益,而是与人分享其中的乐趣,寻找知音。这可能恰恰是创客文化在全球蓬勃发展的最强动力。交流、学习、合作、共享,创客精神与互联网精神一样,虽然创造亿万财富,却从不功利。

技术的进步、社会的发展推动了科技创新模式的嬗变。传统的以技术发展为导向、以科研人员为主体、以实验室为载体的科技创新活动正转向以用户为中心、以社会实践为舞台、以共同创新及开放创新为特点的用户参与的创新 2.0 模式。而 FabLab 及其触发的以创客为代表的创新 2.0 模式,正是基于从个人通信到个人计算再到个人制造的社会技术发展脉络,试图构建以用户为中心的,面向应用的,融合设计、制造、调试、分析及文档管理各个环节的创新制造环境。

通常,很多很多的思想才会转化为一句语言,很多很多的语言才会变成一次行动,持续不断的行动会变为习惯,许多人长久的习惯成就文化,而对一种文化思想长久的坚守与实践最终成为信仰。如此看来,创客与其说是一种称呼,不如说是一种信仰。

创客的共同特质是创新、实践与分享,但这并不意味着他们都一个模子里铸造出来的人。相反的是,他们有着丰富多彩的兴趣爱好,以及各不相同的特长,一旦聚到一起,就会相互协调,并在发挥自己的特长时爆发巨大的创新活力。

创意者是创客中的精灵,他们善于发现问题并找到改进的办法,将其整理归纳为创意和点子,从而不断创造出新的需求。设计者是创客中的魔法师,他们可以将一切创意和点子转化为详细的可执行的图纸或计划。实施者是创客中的剑客,没有他们强有力的行动,一切只是泡影,而他们高超的剑术往往一击必中,达成目标。

创新是一个国家、一个民族、一个地区最核心的竞争力。如今的创客就是将创新、创意转化为现实,只有这样才能推进"中国智造",实现由"中国制造"向"中国创造"的转型升级。随着目前智能硬件产业的爆发式发展,可以预计创客将对各科技领域的创新创业发挥更大的作用。

2010年,李大维在上海创办中国第一个创客空间——"新车间",从此"创客"概念进入中国。起初,中国的创客主要集中在北京、上海、深圳等地,且各有特点。北京积累了众多的顶尖技术人才,同时高校云集也让北京拥有丰富的艺术和设计方面的人才资源,这里的创客更具跨界协同创新及创业精神,更会在追求跨界中寻找价值;上海的创客把创造当作一种兴趣爱好;深圳可以让创客完成从产品研发到做出样品、再到批量生产的整个过程,是国内创客产业链最完整的城市。

较为知名的创客空间有北京"创客空间"、上海"新车间"和深圳"柴火创客空间"等。其中,北京"创客空间"是目前亚洲规模最大的创客空间,影响人数超过10万人。深圳"柴火创客空间"资助者矽递科技与"新车间"紧密合作的上海智位机器人有限公司分别成为全球排名第二的开源硬件和排名第三的微型机器人制造商。这两家公司成功的原因:中国有强大的电子制造业基础;中国的创客文化开始蓬勃发展。

创客理念在中国的迅速传播还得益于我国实施"创新驱动发展"的国家战略,以及整个社会对创新的渴求。2015年1月4日,李克强总理在深圳考察"柴火创客空间"时,称赞创客的活力和创造会成为中国经济未来增长的不熄引擎。这并不是他第一次关注创客。他在2014年于杭州召开的首届世界互联网大会上就提到,互联网是大众创业、万众创新的新工具。近年来,我国一些地方政府也极为重视创客事业的发展,采取的主要措施包括出台支持政策、举办创客活动、搭建创客平台等。

随着可穿戴设备、智能硬件、3D打印、开源制造、物联网、互联网、新能源等一系列新技术和新模式的迅猛发展,创客运动在推动"中国制造"向"中国创造"转型升级的过程中发挥重要的作用。

创客运动促进创新模式的改变。传统的技术创新一般由高校院所、企业研究中心等的专业技术人员开展。而现代互联网技术的发展为创客在线分享、合作创造、材料供应等创造了条件,再加上3D打印技术的出现,技术创造的门槛降低,普通大众也可以低成本地获取、设计和生产工具,开展技术创新,这些都将激发普通大众中蕴藏的创新力。普通大众往往更了解市场和应用需求。因此,未来的技术创新主体将不仅限于少数专业人员,普通大众也将参与设计和制造新产品,成为社会创造和创新的新力量。

二、创客精神

创客精神即基于"DIY、创新、自组织、互联网+"四大基因,执着于创新创造信念,注重行动的实践能力且乐于开放共享的创新精神。它提倡创新思维民主化,创新属于任何人,而不是少数人。结合中外创客领袖的精神品质,创客精神可以被概括为"创新思维民主化、创新实践专业化、创新主体团队化"三大核心品质。无疑,在新形势下,创客精神对高职学生创新意识的培养有着重要的引领作用。

1. 创新思维民主化

随着信息技术的发展，"互联网＋"联通了世界，打破了传统社会壁垒。同时，数字技术的快速发展降低了创新的门槛。借助于网络，一群志趣相投的人可以跨界共享与发展自己的兴趣和特长。诸多创新创业成功的案例一再表明，"人人皆可创新"的时代已然来临。"人人皆可创新"的创新民主化思维转变了传统高职学生认为"创新只属于少数人"的旧理念。一方面，面对社会生活和学习上的一些难题，高职学生能够充分发掘和利用网络开源资源来为自己服务。在此基础上，组建自己志趣相投的"朋友圈"，结合社会生活和学习上的难点或痛点，亦可进一步激发自身兴趣点来解决新的难题，如此进行良性循环和营造创新氛围，高职学生在锻炼自身创新能力的同时，传统被动的创新思维在潜移默化中形成创新自觉意识。另一方面，创新能力的提升使高职学生发现创新不再是少数人的专利，创新型人才不再是少数人。创新思维民主化助推高职学生创新意识的自觉形成，而创新自觉是知识经济时代创新型人才培养的前提和基础，这就有利于促进校园创新氛围的营造。创新氛围一旦形成，就可以从根本上打破和扭转当前高校培养模式"重少数、轻多数"的现状。

2. 创新实践专业化

首先，勇于行动有利于培养学生树立敢于创新、勇于创新的实践意识和动手能力。实践是检验真理的唯一标准。实践是创新的关键，离开实践，创新只能成为水中月、镜中花。知识经济社会不同于传统社会，社会生活节奏加快，知识爆炸性增长，科技发展更是日新月异，人们越学习越感到自身知识的缺乏，越学习就越使创造力的实现成为可能。高职学生要敢于做"第一个吃螃蟹的人"。

其次，敢于质疑有利于培养大学生钻研科学的批判意识。常有所疑是创新的发端，勇于破疑是创新的能源。当前，我国处于错综复杂的国内外社会环境，网络舆论信息和诈骗信息的真伪，社会问题的改革，都需要学生敢于质疑，勤于思考，具备勇于创造的批判性意识和辨别真伪能力。国际格局悄然转变，国内思想与行动不协调，"钱学森之问"道出高职学生创新能力不足已经成为我国改革创新和社会发展的短板。

再次，高度专注有利于培养高职学生求真务实的敬业意识。当前我国高职学生普遍存在浮躁的学习和工作心态，代表传统教育内涵的工匠精神除了因商业价值被时代所呼唤外，对教育方面也有着重要意义。工匠精神代表坚定、踏实、精益求精，是对工作质量一心求真的专注素养。这也正是当代高职学生亟须具备的素质和精神。2016年12月2日，李克强总理在推进职业教育现代化座谈会上指出，加快培育大批具有专业技能与工匠精神的高素质劳动者和人才，深度融入大众创业、万众创新和"中国制造2025"的实践之中。这种百分百投入的专注精神说到底就是敬业精神，强调的是态度，注重的是细节和质量。当今时代，伴随创客空间、众创空间的快速兴建，创客专注钻研的精神正引领着商界和高校的核心价值观建设。一批学生创客的诞生势必对高校的学习氛围产生重要影响。

最后，持续创新有利于培养学生树立适应知识经济社会的竞争意识。在知识经济时代，不论是国家还是个人，都要拥有适应知识经济型社会的竞争能力，而这种能力就是持续创新能力。一方面，社会竞争的加剧，以及就业与创业的现状，能够使学生认清自己所处的时代充满挑战；另一方面，面对挑战和困难时，学生要有"长风破浪会有时，直挂云帆济沧海"的自信和豪迈。竞争要求学生目光敏锐，能及时抓住机遇而成就事业，要想安身立命，走向成功，就要利用时代赋予的条件，抓住时代提供的机遇，走在时代前列。所以，在知识经济社会,竞争已成为一种健康、开放的自然状态,要想始终立于不败之地,就要有持续创新的精神。

3.创新主体团队化

在知识经济社会,知识信息爆炸性增长促使终身学习理念的产生,互联网信息科学技术日新月异的发展拉近了人与人之间的距离,并催化了人与人之间的竞争。单枪匹马闯江湖已不符合时代生存生态,于是代表团队协作与信息共享理念的跨界合作愈来愈有竞争力。随着网络的发展,跨界合作闪亮登场,它诠释了一个又一个成功的案例。一个团队,不分性别,不分年龄,不分专业,不分民族,甚至不分敌我意识形态,直奔一个目标而去(即具有共同的问题与兴趣),协同创新,共同分享合作之快乐、合作之成果。

任务三　创新设计思维

创新思维是指以新颖、独到的方法解决问题的思维过程,这种思维能突破常规思维的界限,以超常规甚至反常规的方法、视角去思考问题,提出与众不同的解决方案,从而产生新颖的、独到的、有社会意义的思维成果。乔布斯讲过,"并不是每个人都需要种植自己的粮食,也不是每个人都需要做自己穿的衣服,我们说别人发明的语言,使用别人发明的数学……我们一直在使用别人的成果。使用人类的已有经验和知识来进行发明创造是一件很了不起的事情。"在原有商业思维和设计思维的基础上,将两者合并起来加以发扬光大,就有了新的思维模式——创新设计思维。

一、创新设计思维的特点

创新设计思维是从最终用户(客户的客户)的角度出发,利用创造性思维,通过观察、探索、头脑风暴、模型设计、讲故事等,对设计的产品、项目、流程、商务模式或者某个特定的事件等制定目标或方向,然后寻求实用的、富有创造性的解决方案。其主要目的是站在客户需求或者潜在需求的角度发现问题,然后解决问题。

创新设计思维与设计不同。设计是把一种计划、规划、设想通过某种形式传达出来的活动过程;而设计思维是一种思维模式,它不但考虑设计的产品、服务、流程或者其他战略蓝图本身,更重要的是"以人为本",站在客户的角度实现创新。例如,铁路总公司希望机车供应商设计一款舒服的、安全的高铁座椅,这时设计师从设计的角度出发,会考虑座椅的形状、质地、材料,以及不同乘客对座椅的要求,设计出让客人满意的座椅。而创新设计思维是从客人的需求出发,考虑如何让客人满意,关注的不仅仅是座位,还会考虑客人查询行程、买票、到达车站、停车场、检票、安检、在候车室等车、拖着行李进月台、登上火车和上车后的体验等一系列的流程,并且检查可否减少流程,让陌生的客人尽量方便,减少客户烦恼等。再如,万豪酒店认为登记入住是客户进入酒店后最重要的时刻,在此时给客户提供最佳的服务应该是给其留下良好印象的开始,也是让客人宾至如归的时刻。这就要求设计师设计一个登记入住的优质服务。设计师进行设计思维的步骤之一是观察:从客人在机场上车到进入自己的房间进行仔细观察,并且亲身体验,从机场上车到酒店门童接待,再到登记入住,最后乘电梯进入房间,脱下西服,摘掉领带,躺在床上,打开电视,开始休息。观察结果显示,客人对酒店的印象有一个关键时刻——登记入住和门童接待都不是关键时刻,而进入房间"舒口气",在像家一样的环境下将整个旅程的疲劳在这里"冲洗掉"才是关键时刻,所以设计重点应该放在这"舒口气"的时刻,设计出像家的氛围。这一思维模式就是创新设计思维。

创新设计思维是一种以解决方案为基础的,或者说以解决方案为导向的思维形式,它不是从某个问题入手,而是从目标或者要达成的成果着手,然后通过对当前和未来的关注,同时探索问题中各项相关因素的变化,找出解决方案。

二、创新设计思维的基本流程

创新设计思维的流程是一个由彼此重叠的空间构成的体系,而不是一系列秩序井然的步骤。创新设计思维会经历三个过程:启发(或者称为灵感)、构思和实施。启发是指激发人们寻找解决方案的问题或机遇,即从某些现象、问题和挑战中发现一些需要解决的问题。构思是产生、发展和测试创意的过程。而实施则是将想法从项目阶段推向人们生活的途径。

启发首先包括对某些现象的理解;然后是观察,获得第一手或者第二手资料,发现客户在产品、服务或者流程等方面的需求和存在的问题;最后是对问题进行总结,即大家进行分享、讨论、展示,将获得的信息进行分类、总结。构思包括在设计过程中利用头脑风暴,获得大家的各种想法,对想法进行分类,列出优先级,然后对想法进行原型设计,并进行测试,再将各个好的想法进行整合,循环这一过程慢慢地获得完善的原型。实施就是通过团队、用户、客户的沟通,实现设计产品的生产和推广。

【拓展阅读】

IDEO 公司的创新设计思维

IDEO 公司的创新设计思维不但适合于产品的设计,还适合于战略、流程、服务等的设计。其设计师由一个团队组成,团队成员来自不同的领域,在创意收集阶段被严格要求不允许批评、不允许说"你错了"、不允许说"不可能"、不允许解释、不允许辩论。另外,在这里,一个非常重要的武器就是便签。美国 ABC 电视台《夜线》栏目曾记录了 IDEO 公司创新设计的秘密武器——在 5 天内重新设计购物推车的全过程。这段经典影片和 IDEO 其他案例至今仍被全球各大商学院用于 MBA 课程。

手推车(购物推车)设计项目的团队由项目经理和 12 名团队成员构成,主要解决手推车的安全及丢失严重问题。在创意过程中,IDEO 严格要求没有领导和员工之分,没有上下级之分,人人平等,所有成员都先到商场亲自体验各种情境下手推车使用中出现的问题以及使用者的期望等一手资料,同时通过制造商及修理商了解建议和意见,然后重点与专家讨论。专家认为,原来的手推车设计并不安全,手推车上的儿童座椅需要改进。他们也发现人们在购物时不希望离开手推车……所有人员从调查场地返回公司,将获得的第一手资料进行汇报总结,每个小组都要汇报、沟通、分享、演示他们看到的、学到的、掌握的所有信息。

IDEO 公司的创新随处可见,所有人每次统一思想,聚焦主题,鼓励狂野的点子和想法,不急着批评或者指责人的观点。不批评指责别人的观点是很难的事情,一旦发现有人批评别人的观点,成员就摇铃警告,因为很多优秀的点子还没有落地就被批评、指责从而被消灭在萌芽阶段,这样将很难创新。成员们在别人的观点之上得到灵感,扩展自己的想法,将其发扬光大,提出自己的点子和想法——利用非常简单的便签,每张便签上只写一条想法,只写关键词,不超过 10 个字,写好点子,贴到墙上。人人都可以有自己不受他人影响的点子。

然后,大家用紫色的小圆点便签标记认为好的、比较可行的点子。如果有些点子偏离现实太远就放弃它。有时,主管们担心讨论偏离主题,会马上开会强调聚焦主题,要求在限定时间内完成任务。各种改良方案准备就绪后,成员们马上进行展示。设计方案可谓五花八门:分离式手推车可以将篮子拿出来和放回去;高科技手推车可以让客人避免排长队结账;手推车上有扫描器可以扫描货物的价钱;有人为小朋友设计了安全座椅;有人设计了可以和商场工作人员远程对话的对讲设备……

他们从各个小组的设计方案中选出较好的想法,组合起来实现最后的原型设计,将所有最好的原型部件组合起来得到最后的设计方案。IDEO 设计的手推车在成本上几乎没有增加,但是功能与之前的大不相同:车轮可以旋转 90° 横向前行,再不会出现碰到其他物品时无法移动的情景;客户的购物方式也完全改变了,袋子可以挂在手推车的旁边。商场的工作人员和最终用户对该手推车给予了高度的评价。

手推车设计的整个过程有一个懂得设计流程的设计团队,而不是行业的专家;另外具有一些鼓励团队充分发表建议的不批评、不评价、不议论、不把想法消灭在萌芽阶段的规则;加之不懈的努力和开放的心态,可以将想法建立在别人的想法的基础上而获得更好的想法,将头脑风暴中各种混乱的想法进行集中、分类、优化——这就是 IDEO 创新的秘诀。

从现状和出现的问题出发,可以找到解决方案,是解决问题的方法;从美好的未来出发,可以实现创新的解决方案,是获得与众不同的创新方案的方法。将两者结合起来,不但可以解决问题,满足客户的需求,而且可以帮助企业和客户获得美好的未来。创新设计思维的方式综合考虑了人的渴望需求、可行的技术及其大规模推广。创新设计思维还可以帮助未经历过专业设计培训的人运用创意工具来解决不同类型的问题和挑战。

创新设计思维是一种极为注重人性的科学,用来调动人们都具备但被传统的解决问题方式所忽视的能力。创新设计思维依赖直觉能力、辨识模式的能力、构建创意以实现情感共鸣和实用功能的能力,以及通过文字或符号之外的方式来表达自我的能力。仅凭感觉、直觉和灵感是无法管理企业的,但过于依赖理性和分析同样有风险。创新设计思维就是逻辑思维和设计思维的组合,是兼顾二者的第三条道路。

在西方,国家、企业、社会强调的是精细化的管理,按照流程、规范做事,强调的是西方精细化管理的"术"。在中国,很多企业相对缺乏精细化管理,更多的是采取人性化管理,强调的是中国传统文化下的"道"。改革开放以来,很多组织和企业学习、采用了西方精细化管理的"术",却丢弃了中国传统文化下的"道"。在中国,只有将西方精细化管理的"术"和中国传统文化下的"道"紧密结合起来,才会有战无不胜的企业,这就是"中国的商道"。这两者的结合正是创新设计思维的模式。"道"利用的是人的情感和心态,属于"右脑思维"的范畴,而"术"强调的是逻辑和推理,属于"左脑思维"的范畴。只有将左脑和右脑相结合,才会获得全新的思维模式。

三、创新设计思维的三要素

1. 开放且善于思考的方法

要创新,必须具有开放的思想和创造性,善于思考,以开放的态度面对新的可能性,对所有的事情都持有质疑的态度,充分发挥想象力,让思维迸发出创新的火花,萌生出真正具有颠覆性的创意。这两种方法都很重要,前者是解决问题型,后者是颠覆创新型。创新设计思维就是在恰当的时间、领域同时运用这两种方法。如果能够平衡地利用这两种思维模式,那么创新设计思维就会获得非常实用的效果,不但能解决问题,还可以获得出人意料的解决方案;不但能站在客户满意的角度考虑问题,还可以为企业自身的未来考虑设计方案,帮助我们更快、更好地解决问题和完成工作。

《创新者的基因》一书在对全球最具有创造能力公司的高管开展的一项调研中发现,这些公司的高管和其他公司的高管相比具有五项过人之处,即勤于思考、集思广益、放宽眼界、摸索前进、善于联想。在思考、交流、观察和探索的时候,他们喜欢多问"为什么""如果……将会怎么样""需要多少",等等。因此,遇到问题和现象要多进行思考,要将看似无关的事情联系到一起,做到以开放的态度对待新的可能性,并最终实现创新。

2. 以最终客户为中心

应重点关注解决方案真正影响到的群体,即客户的客户,也就是最终客户。在一般情况下,客户非常关注他们的客户需求,如果将重点放到客户的客户的需求上,和客户并肩战斗,那么就容易和客户建立战略合作伙伴关系,深入洞察客户的企业,发现客户尚未发现的问题并提供解决方案,为客户获得更多的机会,帮助客户成功。这个时候,客户可以获得全新的客户体验,就可以赢得其客户的信任,成为其客户运营的支持伙伴,并为其创造价值。

3. 相互关联的小型周期迭代流程

从采用大型直线型的独立流程(如一些大型软件工程)转变成采用小型周期型的关联流程,可以有效降低风险,加快执行速度。更重要的是,在小型周期中与客户建立互动,可以为客户带来全新的互动体验。客户始终以合作伙伴的身份出现,参与整个互动过程,不仅可以给客户带来非凡的体验,而且可以随时应对大型项目或者工程的充分准备工作。另一种思考小型周期的方法是思维实验——如果目标是正中靶心,应如何选择?凭直觉都知道,投掷多个飞镖比投掷一根长矛击中靶心的概率更大,所以可以先试着扔一个,然后慢慢调整目标,这就是非常著名的"原型法"。

任务四　互联网思维

树立互联网思维是互联网时代工作和生活的需要。关于这个时代的图景,国家主席习近平这样描述:"以互联网为代表的信息技术日新月异,引领了社会生产新变革,创造了人类生活新空间,拓展了国家治理新领域,极大提高了人类认识世界、改造世界的能力。互联网让世界变成了'鸡犬之声相闻'的地球村"。可以说,世界因互联网而更多彩,生活因互联网而更丰富。这样的时代客观上需要普遍树立互联网思维。

一、树立互联网思维是创新发展的需要

党的十八届五中全会提出创新发展的新理念,强调必须把创新摆在国家发展全局的核

心位置,让创新贯穿于党和国家的一切工作,让创新在全社会蔚然成风。这就要求我们必须把发展的基点放在创新上,激发创新创业活力,推动大众创业、万众创新,释放新需求,创造新供给,推动新技术、新产业、新业态蓬勃发展。这些创新离开互联网思维是难以实现的。可以断言,在互联网时代,没有互联网思维的发展创新很难称得上是真正的创新;一切发展创新都应当而且必须立足于互联网,充分考虑互联网因素,借助互联网力量,应对互联网的挑战。科技创新、产业创新、业态创新、管理创新,以及优化劳动力、资本、土地、技术、管理等要素配置是如此,理论创新、制度创新、文化创新等也要置于互联网时代的大背景下去构思。党的十八届五中全会提出的实施网络强国战略、实施"互联网 +"行动计划、实施国家大数据战略本身就是创新,它既是各种创新的时代背景、优越条件和活动平台,也需要各种创新去推动和体现。换言之,各种创新都要引入和借助互联网,而这样做的结果就是,在各自的领域实施网络强国战略,实施"互联网 +"行动计划,实施国家大数据战略。

二、互联网思维的八大核心思维

1. 用户思维

互联网思维中最重要的就是用户思维,即在价值链各个环节中都要"以用户为中心"去考虑问题,从整个价值链的各个环节,建立起"以用户为中心"的企业文化。只有深度理解用户才能生存,没有认同就没有合同。树立用户思维要遵循三个法则:一是得"宅男宅女"者得天下,成功的互联网产品都抓住了"宅男宅女""草根一族"的需求;二是兜售参与感,按需定制和在用户的参与中去优化产品;三是体验至上,用户体验从细节开始,让用户有所感知并超出用户预期,带来惊喜。

2. 简约思维

互联网时代信息爆炸,用户的耐心越来越不足,所以必须在短时间内抓住他。树立简约思维要遵循两个法则。一是专注。专注才有力量,才能做到极致。苹果公司就是典型的例子。1997 年,苹果公司接近破产,乔布斯回归,砍掉了 70% 的产品线,重点开发 4 款产品,使得苹果公司扭亏为盈,起死回生。二是简约。在产品设计方面,要做减法,外观要简洁,内在的操作流程要简化。Google 首页永远都是清爽的界面,苹果手机的外观和特斯拉汽车的外观都是这样的设计。

3. 极致思维

要把产品、服务和用户体验做到极致,超越用户预期,要打造让用户尖叫的产品。树立极致思维有三个方法:第一,"需求要抓得准"(抓住痛点、痒点或兴奋点);第二,"自己要逼得狠"(做到自己能力的极限);第三,"管理要盯得紧"。服务即营销,要为顾客制造惊喜,站在顾客的角度提供细致的个性化服务。

4. 迭代思维

这是一种以人为核心的反复、循序渐进的开发方法,允许有所不足,不断试错,在持续迭代中完善产品。树立迭代思维有两个要点:一个是"微",一个是"快"。"微"即小处着眼,微创新,要从细微的用户需求入手,贴近用户心理,在用户参与和反馈中逐步改进。"一个你觉得不起眼的点,可能用户觉得很重要"。"快"即精益创业,快速迭代。只有快速地对消费者需求做出反应,产品才更容易贴近消费者。

5. 流量思维

流量意味着体量,体量意味着分量。"目光聚集之处,金钱必将追随",流量即金钱,流量即入口,流量的价值不必多言。树立流量思维要遵循两个法则:一是免费是为了更好地收费;二是坚持到质变的"临界点"。对于任何一个互联网产品,只要用户活跃数量达到一定程度,就会开始产生质变,从而带来商机或价值。

6. 社会化思维

社会化商业的核心是网络公司面对的客户以网的形式存在,将改变企业生产、销售、营销等所有形态。树立社会化思维要遵循两个法则:一是利用好社会化媒体;二是众包协作。众包是以"蜂群思维"和层级架构为核心的互联网协作模式。要思考如何利用外脑,不用招募,便可"天下英雄入吾彀中矣"。

7. 平台思维

互联网的平台思维就是开放、共享、共赢的思维。平台模式最有可能成就产业巨头。全球较著名的企业里,多数企业的主要收入来自平台商业模式,包括苹果公司、谷歌公司等。树立平台思维要遵循三个法则:一是打造多方共赢的生态圈;二是善用现有平台;三是让企业成为员工的平台,让员工成为真正的"创业者",让每个人成为自己的 CEO。

8. 跨界思维

随着互联网和新科技的发展,很多产业的边界变得模糊,互联网企业的触角已无孔不入,如零售、图书、金融、电信、娱乐、交通、媒体等。树立跨界思维要遵循两个法则:一是挟"用户"以令诸侯;二是大胆颠覆式创新。一个真正厉害的企业一定是手握用户和数据资源,敢于跨界创新的组织。

三、高职学生互联网思维的培养路径

首先,创办有特色的校园文化活动,强化互联网思维意识。互联网思维的一大特征是用户思维,因此高校在举办各种创新创业的特色校园活动时,应重视强化高职学生"以用户为中心"的意识。

其次,通过实践锻炼学生的互联网思维。高校应该努力拓宽学生互联网创新思维的途径和空间。一是校内创业空间拓展路径:一方面,高校要积极争取政府、风险投资机构等方面的资金支持,设立互联网思维创新创业基金,鼓励高职学生自主创新创业;另一方面,结合高职学生的专业和特长,在校园公共服务区域内建设有针对性的学生创新创业体验中心,帮助学生实现线上、线下的全套销售模式,让学生真实体验到互联网思维下的创业和经营的全过程。二是校外创业空间拓展路径:高校应该积极争取政府和企业的资金支持,共同建设高职学生互联网思维创新创业孵化基地,为他们提供良好的实践场所和资金扶持,推动高校互联网思维、创新创业意识和能力教育的新发展。

最后,搭建"导师带徒"的教育模式。高校应充分利用校企合作带来的企业创新创业资源优势,不断优化考核和激励机制,进而带动更多的名家讲师编写教材、走上讲台、带学生;要紧跟互联网时代的发展步伐,增添创新创业岗前培训新内容,安排教师分期、分批到企业一线进行锻炼,以此提升教师的实践水平和创新素质;还可以聘请优秀的企业工作人员来校园担任创新创业导师,为学生提供有针对性的专业的创新能力指导,让每位学生都能最大限度地发挥运用互联网思维创新创业的潜能。

任务五　创新知识结构

一个人创新能力的大小并不完全取决于读书多少,知识的积累与创新有着独特的辩证关系。一般来讲,知识渊博的人的创造性智能发展程度相对较高,但知识基础并不绝对等同于创造性智能,创新需要在以往知识的基础上进行突破。

知识结构是指一个人所拥有的知识体系的构成情况与结合方式。合理的知识结构主要包括基础知识、专业知识和复合知识。创新知识结构模式主要有以下几种。

1. 塔形知识结构

塔形知识结构把基础理论、基础知识形象地比喻为塔的底部,然后从下往上依次为专业基础知识、专业知识、学科前沿知识,塔的顶部是创新目标——学科前沿知识,如图2-1所示。

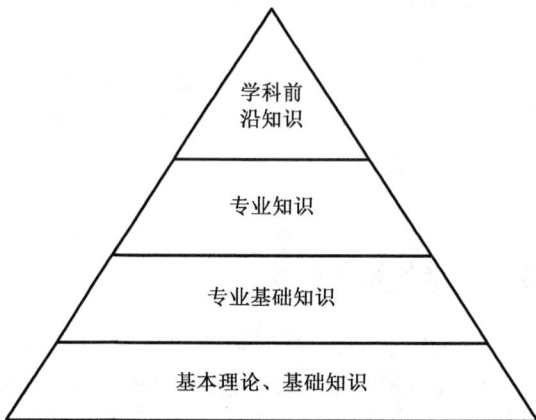

图2-1　塔形知识结构

这种创新知识结构有三个主要特点:一是侧重于基础知识的广博性和宽厚性;二是侧重于专业知识的精深性;三是强调创新目标的明确性。塔形知识结构容易把宽厚的知识集于一点,突破创新目标,取得创新成果。

2. T形知识结构

对于高职学生来说,学习是打基础的阶段,有别于一个有实践经验的创新者。由日本学者提出的T形知识结构是一种适应性较强、在创新领域有较广应用的知识结构。在T形知识结构中,竖杠是指专业知识,横杠是指一般知识和基础理论知识。其特点是既强调基础知识的宽厚,又强调专业知识的精深。这种知识结构对于高职学生来说是比较容易构建的。

3. 网形知识结构

网形知识结构由三部分组成:一是以自己本专业知识为网的中心;二是把直接与专业知识相关学科的知识作为网的结;三是把离专业知识较远、间接影响专业的基础理论、一般知识作为网的外围,如图2-2所示。其主要特点:一是侧重于专业知识的核心地位;二是侧重于广泛知识的互相联系,强调发挥整体知识的协调作用。这种知识结构模式比较形象、直观,易被人们理解,尤其有利于高职学生通过图解直观地发现自己知识结构的缺陷,以随时调整不同知识的学习时间和精力,保证专业知识的核心作用,能在较大范围内吸取营养,充分发挥其创新潜力。

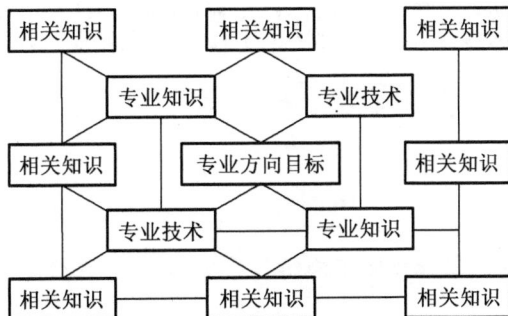

图 2-2　网形知识结构

4.飞机形知识结构

翟新华根据自己在实际工作中的经验和体会提出了飞机形知识结构。其中,机头部分是宏观创新知识理论;机身部分是宏观与微观创新活动的实践经验;机尾部分是微观创新理论。这三部分构成了创新人才知识结构的主体。此外,还有两翼部分,即专业知识和工具知识。这种知识结构的特点:它把宏观创新理论和创新活动的实践经验作为主体,强调理论和实践的结合,是一种新颖而全面的创新知识结构模式。

【评估练习】

1.美国经济学家熊彼特对创新的理解是什么?

2.创新意识的特征是什么?

3.创新知识结构有哪几种类型?

4.什么是创客,创客分为哪几类?

5.创客精神是由哪几个方面组成的?

模块三 创新思维训练篇

【创新创业格言】

一个人只要能不断地从创业体验中总结和反思，总有一天会爆发出来。

——戴志康

【创新创业者小传】

戴志康(1981—)，黑龙江人，2000 年考入哈尔滨工程大学。2001 年，他开发设计的自动生成社区的软件 Discuz! 以"个人免费＋企业收费"的模式在互联网上流传，并成立康盛创想公司，后被腾讯公司以超过 6 000 万美元(约 4.68 亿元)收购，成为腾讯公司的全资子公司。2012 年 5 月 3 日，《财富》(中文版)公布 2012 年"中国 40 位 40 岁以下的商界精英"榜单，31 岁的康盛创想(北京)科技有限公司 CEO 戴志康榜上有名，排名第 28。2014 年，戴志康放弃价值 7 000 万元的腾讯股票离职，专心做天使投资。

【学习目标】

通过学习，全面掌握创新方法和创意实践技法，把握创新设计思维的基本流程，了解创客空间。

【案例导入】

戴志康口述：我是如何创业成功的

我是一个非专业不知名投资人，投资只是我业余爱好的很小一部分，我正常的身份应该是一个创业者，我想和大家聊聊关于创业的事情。

之前，我经常想一个问题——人从哪里来，到哪里去？ 其实所有人都一样，从娘胎里来，到棺材里死掉，是人生最重要的开始和结果，中间的只是过程。我明白这个问题之后，创业就变成我人生中最重要的事情，最精彩的一场游戏。为什么说创业是游戏呢，因为它只有过程，没有结果。我们创业的时候往往把结果看得很重要，觉得一定要在三年之内达到上市，或者是在三年之内拿到融资，在五年之内上市，人们也经常用这样的方式去看自己的目标。

我坦率地告诉大家，我创业从来就没有这个目标。

无论是投资人来找我，要给我的企业投资，还是我投资的企业要上市，其实我都没有做什么事情，我也没有求着他哪一天要上市或者是卖掉。这个世界上很多事情的结果是自然而然发生的，只要我们做出过程就可以了。

我在创业的时候每天都在想，我真的把它当作打游戏一样！ 大学二年级的时候，我自己背着一个书包到北京，要开创一个什么样的公司我不知道，招什么人也不知道，租房子也要找半天，没有基本的生活能力。但是，我当时很开心，因为我觉得我自由了，我可以在一条路上自由地奔向前程，而不是受限于学校所设定的条条框框和对于所有人都一样的教育体系。

从那个时候开始，我就知道我其实是在一个什么都没有的状态下进行创业的，一想到这个我就很轻松，我觉得没有什么可输的，这种感觉非常棒。如果你是第一次创业，你能找到一种没什么可输的感觉，恭喜你，这个感觉就是最棒的创业状态。因为伟大的创新就是在你不惧怕、没有畏惧、没有担心、没有顾虑、没有纠结的状态之下完成的。

那个时候我很穷，真的没有什么可输的，两三年就把 Discuz! 软件的基本原型和商业化的步骤都做好了。

如果打一个游戏，从第一关打到第三关，输了怎么办？旁边有一个红色的按钮，点一下重新玩就可以了。我发现人生就是这样一个态度，人生就是这样的过程，只要自己不放弃玩这个游戏，则没有人让你去放弃，没有人宣判你的死亡。但是，创业者在创业的时候就不这么想，他们会想要是失败的话，就倾家荡产了，要是遇到什么竞争，自己的人生就会因此受到挫败，创业者普遍有对失败的恐惧。其实，这都是非常愚蠢的想法。

当年，为了做好 Discuz! 软件的产品，我每天写程序，回答客户的问题，学校一遍一遍地发给我通知，今天说我考试不及格，明天说我缺席考试，后天给我一个警告之类的处分，因为我很忙，没有空去考试。现在想起来，那时真的是没有任何惧怕的感觉，要知道，一个大学生毕不了业好像是很大的问题，这是人生的一大败笔。如果你有愿景和事业的话，那么你将听不见、看不见身边的其他事情，这种状态我在很多创业者身上都看见了，几乎每个创业者都会有一段时间是这个状态。

真正进入这个状态的时候就是真正投入去玩这场游戏的时候，此时，恭喜你，你的创业已经很靠谱了。每当我见到对自己的愿景和事业非常执着的、忘我的、投入的创业者的时候，我就非常兴奋——中国又有一个非常好的创业者要诞生了。

我创业的时候不要命。十年以来，我都把这个企业当成我的愿景。把公司卖给了腾讯，我觉得我快得心理疾病了，连续在床上躺了一个月，觉得人生失去目标了，失去愿景了，不知道该追求什么了，我对自己的现状不满意，对别人的成功又很羡慕，我真正成为内心世界的失败者，虽然拿了钱，但失败的感觉使我非常难过。那段时间，我自己思考了很多，当一个人有所成就的时候，该用什么方式对待未来的生活，就像一个游戏已经打到第六关了，这个时候突然结束了，该怎么办？

每当我遇到挫折和失败的时候，我就觉得可以重来，如果不重来就永远停滞不前，如果重来，则也许有机会进入下一关。对于创业者来说，需要无惧和无畏的精神。公司卖给腾讯之后，我在想之后要怎么做，我创业也不是很成功，但是我有很多经历，有了这样的经历，就可以帮助现在还在创业的人。

我之所以做天使投资，是因为我理解创业者。从 2011 年开始，天使投资的项目更多的是早期投资。当时真的没有想做投资，而是有点闲钱，也不知道干什么，放在银行利息也不多，本身的出发点就是这样，结果碰到几个合适的创业项目就投了。但是很幸运，我在这个过程中又找到了几个具有忘我状态的创业者，我就去支持他们成长。

我发现，其实所有人在成长过程之中都是在打一场游戏，要么真正沉迷在里面，去奔向自己的目标和愿景，要么患得患失，怕这个怕那个。如果走向创业的道路可能会成功，可能会失败,那么我们到底是为了一个功利的目标,还是为了一个自己内心所想要的东西?

当我看到这些创业者的时候,其实我也没有什么目标,我也没有学过到底怎么投资,我也不知道什么样的创业者能够成为好的创业者,只知道具有创业者的状态的人就可能是非常好的创业者,这是我觉得非常重要的。我又重新找到自己的人生理想,我觉得我的使命就是去帮助更多的创业者去实现他们自己的人生价值。

关于学习的问题,有一点很幸运,我从小学学习了之后,中学没有怎么学习,大学也没有怎么学习,我非常确定学的知识都是"死的"。"死的"是什么概念呢,即所学知识都是书本上的东西,在某一个特定的时空、特定的历史背景下、特定的机遇下才是成立的。真正在做事的时候,我们的时空、时间、背景、环境、人物都不一样,把所学知识生搬硬套往往行不通。我特别不愿意投资原来做过很多年游戏的人,因为他们有太多经验了,就导致他们在做手机游戏和移动互联网的时候生搬硬套这些经验,结果弄得新游戏四不像。

当需要用知识的时候,去学就可以了。我发现有一点是非常好的学习,就是在过程中的体验。我所有宝贵的东西都是在创业过程和投资过程中的体验,因为是自己亲身经历的挫败、成功、郁闷、迷茫。当遇到这些东西的时候,如果学会从体验中去学习,那么会学习到很多智慧方面的东西,而从书本上学到的永远是知识。

我的父母是非常开明的,他们是大学教授,相信大家也知道一般的大学教授是什么样的生活和状态。在我很小的时候,当我不太想学习和上学的时候,他们没有太反对。我从一个大学教授的孩子成为一个辍学生。这个世界是不断变化的,只会用过去的经验去应对现在的竞争和现场的话永远是过时的,不如做一个活在当下的人,看当下的市场有什么机会,当下有什么新的变化,能够从中学习到什么东西就够了。

我不太会投资,也不太会创业,但是这些事情都是被想得太复杂了,其实应该是很简单的。最近我在看一本书,我想把其中一段文字和大家分享:"我们往往都有一个伟大的梦想,希望去改造世界,去改善人类的生活,去改造我们自己的生活,我们创业的时候往往都会有这样的想法。但当这样的想法出现的时候,其实我们就已经成了一个离客观规律越来越远的人。"我看到这段文字的时候,才有了真正的人生目标和方向。在一个威斯敏斯特大教堂地下室的无名墓碑上写了一句话,"当我年轻的时候,我的想象力从没受到过限制,我梦想改变这个世界。当我成熟以后,我发现我不能改变这个世界,我将目光缩短了一些,决定只改变我的国家。当我进入暮年以后,我发现我不能改变我的国家,我最后的愿望仅仅是改变一下我的家庭,但是这也不可能。当我躺在床上行将就木的时候,我突然意识到,如果一开始我仅仅是改变我自己,然后作为一个榜样,我可能改变我的家庭,在家人的帮助和鼓励下,我可能为国家做一些事情,然后谁知道呢,我甚至可能改变这个世界。"这是我非常喜欢的一段话。

在这个世界上,最难改变的是别人、社会和环境,最容易改变的是我们自己。创业是一个非常精彩的人生游戏,游戏的目标就是改变我们自己。

【思考】

1. 戴志康的创业成功故事给了我们什么样的启发?
2. 你如何改变自己?

任务一   掌握创意实践技法

一、创新方法与技法

方法就是人们在做某种事情时所采取的方式和做法。引申到创新行为中,创新方法就是人们在创新过程中运用的方式与做法。创新技法是创新学家根据创新思维发展规律及创新实践总结出的一些创新发明的原理、技巧和方法。这些创新技法可以在其他创新过程中被加以借鉴、使用,能提高人们的创新力和创造创新的实现率。

二、创新技法的理论基础

创新技法的第一个理论基础是创新性思维规律。一种创新性思维形式就对应一种或若干种创新技法,如多向思维对应智力激励法,检核表法对应组合法,等等。

创新技法的第二个理论基础是人们对创新发明案例的分析、总结以及对创新规律的认识。人们从大量创新案例研究中将发现的规律性东西归纳、整理为可操作的技法,这样,技法的产生就有了实践基础,其有效性和可靠性程度就有了部分的保证。

创新技法的第三个理论基础是人们对创新障碍的研究。创新本身是相对障碍而言的,克服了障碍就会引发创新。因此,许多创新技法的设计主要是为引导人们有针对性地克服某种思维障碍,以使思维有所突破和飞跃。例如,特性列举法是为使人克服感知不敏锐、不全面的障碍而设计的;缺点列举法是为使人克服思维惰性以及感情上的障碍而设计的。

创新技法是创新方法与创新经验、技巧的总和,是完整创新活动的必要手段。由于创新过程既是一个宏观的社会实践过程,又是一个微观心理过程,其复杂性程度很大,因此如果没有正确的途径和良好的方法就难以成功。尤其是在当今科技水平突飞猛进、"知识爆炸"的时代,在人们没有足够的时间学习的情况下,要想很好地进行创新活动,掌握创新技法就更为重要了。科学社会学创始人贝尔纳说过,良好的方法使我们能更好地发挥和运用天赋、才能。创新成果的取得与一个人的创新性密切相关,主动利用各类创新原理来指导创新技法的实施则又是创新性表现的重要内容。

三、领悟创新技法

1. 智力激励创新法

智力激励法的英文是 brain storming(简称 BS 法),即头脑风暴之意,故也有人将其译作"头脑风暴法"或"智暴法"。它是由创造学的奠基人、美国学者奥斯本于 1939 年提出的,是借助于思想交流的力量激发人们创造性思维的一种方法。智力激励法一般采用会议的形式,让所有参与者围绕着一个中心议题在轻松愉快的气氛中大胆设想,无所顾忌地提出自己的意见,自由讨论,借此达到相互启迪、相互激励、相互修正、相互补充的效果,使各种创造性设想产生共鸣,进而诱发出更多的新见解、新观点,最终获得具有可行性的创造性设想。俗话说,"三个臭皮匠顶个诸葛亮",这就是奥斯本头脑风暴的最佳"中国式"释义,即集思广益,互相激励。智力激励法大致可分为准备和召开小型会议两步。

（1）准备

因为智力激励法是以召开小型专题讨论会的方式进行，因此在会前应先确定好所要攻克的目标，并将其事先通知与会者。如果要解决的问题涉及面太广，包含的因素太多，则宜先行分解，把大问题分解为若干小问题，然后逐个对每个小问题分别采用智力激励法。目标确立以后，还要物色好会议的主持人。对于主持人，除要求其必须熟悉该技法以外，还要求其能够在具体情境中适当启发和引导与会者，能与其共同、平等地分析和对待问题。

（2）召开小型会议

与会者以 5～10 人为宜，人多了很难使与会者充分发表意见。如果一定需要更多人参加，则可分别开几个会。会议除主持人外可另设 1～2 名记录员（现在则可使用录音或摄像技术）。除了吸收熟悉该问题的专家以外，还可适当吸收相近专业人员乃至外行参加。这样做不但能保证所提设想的深度，还可以突破专业习惯思路的束缚，往往可以得到一些意想不到的效果。会议时间大约为半小时到一小时，由主持人宣布议题后即可启发、鼓励大家提出设想。会议进行时一般应遵循下列原则。

①会议气氛自由奔放

解放思想是会议的精髓。会议提倡自由思考、开放畅谈、随意想象、尽量发挥、互相激励。想法越新奇越好，因为有时看上去很"荒唐"的设想却可能很有价值，所以与会者要善于从多种角度甚至反常角度去考虑问题，要暂时抛开头脑中已有的各种准则、规定、条条框框，甚至还可故意做一些违背传统、逻辑的大胆思考。

②严禁批判

在会议上对别人提出的任何想法都不能批评、不得阻拦，即使是对自己认为是幼稚的、错误的甚至荒诞离奇的设想，也不宜予以驳斥，同时也不允许自我批判。要真正做到这一点，就要切实在心理上调动每个与会者的积极性，就要彻底防止出现一些"扼杀语句"和"自我扼杀语句"，诸如"这根本行不通！""你的想法太陈旧了！""道理上也许行，但实际上行吗？""这不符合××定律！"以及"我提一个不成熟的看法！"等词句。只有这样做，才能保证与会者在充分放松的心境下、在别人所提设想的激励下，集中全部精力，开动脑筋，充分地拓展思路以形成新颖的设想。还应指出，在智力激励法的会议上，也不宜进行肯定判断，如"×××的设想简直棒极了！"等，因为这种恭维的话有时反而会使其他与会者产生一种被冷落感，从而妨碍其创造性的发挥，同时，这样做也容易使人产生一种"已找到圆满答案而不用再深思下去"的感觉。

③以谋求设想数量为主

在智力激励法的实施会议上，只鼓励和强调与会者提设想，越多越好。很多事实表明，高质量的设想方案往往多是在后期产生的，而且在同一期限内能比别人多提出两倍设想的人所提出的有实用价值的设想最终可能比别人多出 10 倍。

④善于用别人的想法开拓自己的思路

召开智力激励法小型会议的主旨是创造一种与会者互相激励的情境，与会者在这种氛围中善于向别人学习，接受启迪，这正是激励之关键所在。每个与会者均以他人的设想激励自己，或补充他人的设想，或将他人的若干设想加以综合后提出自己新的设想等。总之，要充分利用别人的设想诱发自己的创造性思维，使所有的与会者均可相互诱导、相互启发、相互激励，从而促使提出的设想数量在有限的会议时间内尽量增加。

为了保证上述原则的实施，一般还应对智力激励法会议做一些组织上的规定。比如，对与会者不论职务高低、不论权威新手、不论资历长短、不论外行内行等,都应平等对待:不允许有所选择和倾向;一般不允许与会者私下交谈,以免干扰他人的思维活动等。

智力激励法会议"严禁批判"的做法只是暂时的,会议结束以后总要对众多设想进行评议、分类和选择,并从中找出最有可能实施的设想。但是,在会议进行过程中则必须"严禁批判",只有这样做才会使人们充分发挥想象力,排除各种因素的干扰,以获得"心理安全"和"心理自由",这样不必担心会被人讥讽为疯子、狂人而框住自己的思路。例如,某次用智力激励法讨论如何改进饭碗时,很多人都提出了设想,后来,一位平时不干家务的人在他人激励下提出了一种"最好能生产一种不用清洗的碗以免除家务劳动"的设想,经过筛选,大家发现这种"不用清洗"的碗也是一种社会需要,如在缺水地区、旅游途中、野外勘测等环境中就很有意义。

【智力激励法应用实例】

解决电缆线积雪问题

美国北方冬天天寒地冻,常降大雪,传输电力的电缆线上常积满冰雪,大跨度的高压电缆线常被积雪压断造成长时间的断电事故,严重影响人们的正常生活。许多人试图解决这一问题都未能如愿以偿。某电信公司经理决定采用智力激励法来寻求问题的答案。他在做了一定的准备工作之后召开了智力激励法会议,与会人员在会上自由畅谈。开始,人们提出了一些设想:采用专用电缆清雪机,采用电热化解积雪,用振荡技术清除积雪,等等。好一阵子,大家陷入沉思中,似乎别无良方,突然有人开玩笑似的提出,能不能带上几把大扫帚乘直升机去扫雪。人们哄堂大笑,认为这是非常荒唐的想法,但有一位工程师却因此触发了灵感,他想,用扫帚扫不可行,但直升机螺旋桨旋转产生的风力不正可以起到扫雪的作用吗?于是一种简单可行、高效率的清雪方案诞生了。相关负责人会后对设想进行分类,最后确定了用改进的直升机扇雪的方案。为了使螺旋桨鼓起的风更适宜清除高空电缆线上的积雪,他们又召开了专题智力激励法会议,提出了特殊的螺旋桨结构。实践证明,改造后的直升机确实能有效地清除积雪。多年没能解决的问题用智力激励法会议的方式迎刃而解。

2. 题目问答法

"问题"是创造的源泉与起点,是激发思想火花的导火线。在发明创造中,对问题不敏感,看不出毛病,与平时不善于提问有密切的关系。对一个问题追根刨底,有可能发现新的知识和新的疑问。从根本上说,要发明创造首先要学会设问,善于设问。提出问题是发明创造的第一步,创造力开发较好的人,都具有善于提出问题的能力。有时,如果能够提出一个好的问题,往往就意味着成功了一半。但是,如何提出问题,如何通过提问题而达到发明创造的目的呢?设问法就是通过有关提问的形式去发现事物的症结所在,然后进行发明创造的一种技法。

设问的方法很多,经创造学家研究、总结,有4种比较著名的方法:5W2H法、七步法、行停法、八步法。其中5W2H法最为实用。此外,还有一种最具有代表性的设问法,即奥斯本的检核表法。

5W2H法:WHY(为什么)——为什么需要革新;WHAT(是什么)——革新的对象是什

么；WHERE（何处）——从什么地方着手；WHO（谁）——什么人来承担革新任务；WHEN（何时）——什么时间完成；HOW（怎么做）——怎样实施；HOW MUCH（多少）——达到怎样的水平。

检核表法：针对创造的目标（或需要发明的对象）从多方面用一览表列出一系列思考问题，形成检核表，然后逐个加以讨论、分析和判断，从而获得解决问题的最好方案或设想。一般所说的奥斯本的检核表法多是从以下9个方面提问题进行检核的。

①现有发明成果有无其他更多的用途，或稍加改变后有无别的用途？

奥斯本认为，创造有两种类型：一种是先确定目标，然后对准目标去寻找方法；另一种是先发现一种事实，然后想象该事实会有什么作用，即从方法着手引向目的。该项检核内容是符合后一种创造类型的，是人们常用的一种创造技法。比如，电熨斗还有什么用途呢？人们可以想象出它尽可能多的用途，有人发现可以用它烙饼，于是将外形稍加改变就发明了一种新烙饼器。此外，有人把理发用的电吹风用于烘干被褥，从而发明了一种新型的被褥烘干机。还有人将水果网兜在棒上绕几圈，便制成了一种洗瓶器。

②过去有无类似的东西，有什么东西可供模仿，能否在现有发明中引入其他创造性的设想？

这个提问有助于使某一发明向广度和深度发展，以形成系列发明产品。例如，从普通火柴到磁性火柴、保险火柴等，都是引入了其他领域的发明才形成的袖珍取火手段的系列产品；泌尿科医生引入微爆破技术消除肾结石，也是借用了其他领域的发明；山西一位建筑工人借用能够烧穿钢板的电弧机烧穿水泥板，打洞又快又好，后经改进发明了水泥电弧切割机。

③现有发明能否改变形状、颜色、声音、味道或制造方法？

从这些方面提出问题，往往会产生意想不到的发明创造。例如，将蜡烛的形状变为球形，放在玻璃杯中点亮非常好看；面包外面裹上一层芳香包装，能增加嗅觉诱惑力；一位制镜商将平面镜的形状改变成多种曲面，制成了哈哈镜；彩色大米、彩色棉花、彩色钢铁等，仅仅是做了颜色的改变，也都成了发明创造。

④现有东西能否扩大使用范围、增加功能、延长使用寿命，能否添加部件、增加长度和提高强度？

奥斯本指出，在自我发问的技巧中，研究"再多些"和"再少些"这类有关联的成分，可诱发大量构思和设想。比如，在两块玻璃之间加入某些材料，可制成一种防震、防碎、防弹的新型玻璃；在牙膏中掺入某些药物，可使牙膏增加治疗口腔疾病的功效；日本实业家石桥正二郎曾把袜式胶鞋鞋帮有胶的部位向上加长一些以防止泥水湿透鞋面，这项专利使他在7年内销售胶鞋超过2亿双，获得了很大的经济效益；美国电影《金刚》中的主角是一头比一般人体大几十倍的巨猩，这种"扩大一下"的创造满足了人们的好奇心，该影片曾风靡一时。

⑤能否将现有的东西缩小体积、减轻重量，能否省略一些部件，能否进一步细分？

许多产品都出现了由大变小、由重变轻的趋势，其结构也在不减少功能的基础上力求简化，出现了许多小型、微型机器。例如，袖珍收录机、微型计算机、折叠伞等都是以缩小体积为目标进行发明创造的产物；有的造纸厂把大捆的手纸改为小包装，这种"缩小"也打开了产品销路；用微型吸尘器做成的黑板擦也是一种"缩小"创新。

日本的奥赛罗围棋是一般围棋的缩小版，这种棋的玩法是在8×8（即64）个方格中填入一面白、一面黑的棋子，如果某一个棋子被包围，则该棋子就要翻过来，这种棋的发明费竟高达3亿日元。

我国留美学生李文杰于1992年在加利福尼亚大学发明了世界上最小的、只有在显微镜下才能看到的电池,其体积只有红细胞的百分之一。如果把这种电池用在集成电路上,则有望将其功能提升1 000倍。可见,以"缩小"为目标的发明创造往往有其独特的优势。

⑥能否用其他产品、材料或生产工艺、加工方法替代原有的产品或发明?

由于当前世界上某些资源相当紧缺,或其成本昂贵而不易得到,于是人们不得不寻找其他代用品,这也是一种创造发明。人造大理石、人造丝、生物汽油等都是很好的例子。此外,还有用汽车中的液压传动代替齿轮,用充氩气的办法代替为电灯泡抽真空,等等。通过取代和替换途径,可为想象提供广阔的探索领域。

⑦能否将现有的发明更换一下型号或更换一下顺序?

重新安排、更换位置通常也会带来许多创造性设想。例如,在飞机诞生初期,螺旋桨均装在飞机头部,后来装到了顶部遂发明了直升机;原来的汽车喇叭按钮多在方向盘的轴心上,每次按喇叭总要把手向上移动到轴心处,既不方便又容易失手肇事,后来有人把喇叭按钮改装在方向盘的下半个圆周上,只要手指轻按一下该半圆上的任何一处,喇叭就响起来;另外,工作时间的重新调整、城镇建设的合理布局等也都有可能产生更好的创新结果。

⑧能否将现有的产品、发明或工艺颠倒一下?

上下颠倒、内外颠倒、正反颠倒等都可能产生新的效果。例如,大炮一般是向上发射的,反过来发射行不行呢? 苏联发明的"大炮打桩机"就是用165 mm口径的大炮向地面发射"炮弹"(即钢桩),每炮可入地2.5 m,极大地提高了打桩工作效率。

(9)可否将几种发明或产品组合在一起?

组合通常被认为是创造性的动力源泉,如把几种部件组合在一起变成组合机床,把几种金属组合在一起变成种种性能不同的合金,把几种材料组合成复合材料,等等。

使用奥斯本检核表法解决一个技术问题时,通常可从几个提问中同时受到启发,综合后往往可形成最佳方案。创造学界一般认为,奥斯本的检核表法几乎适合于任何类型和场合的创新劳动,因此享有"创新技法之母"之称。正因为它是"母",就不宜再屈称其为创造技法了,从它所包含的9个方面内容考察,其中大多数均是创新原理。

【题目问答法应用实例】

当企业管理者对下属分配任务、制订计划、出台解决方案时,经常会遇到这种情况:自己明明觉得已经想得很周到了,可事后才发现遗漏了很多关键细节,有时候工作不得不重新开始或反复。比如,交给下属一个任务,下属领命而去,等他走后才发现没有规定下属什么时候完成,然后不得不再联系一下。这时候用5W2H法就能很好地解决这一问题:WHEN——这项任务什么时候开始,什么时候结束;WHO——这项任务由谁来负责;WHAT——这是一项什么任务,要做什么;HOW MUCH——这项任务要做多少,做到什么程度;HOW——有新任务或者新下属告诉他完成这项任务时的程序和方法;WHY——为什么要完成这项任务,告诉下属这项任务的重要性;WHERE——在哪里干,从哪里开始,到哪里结束。例如,企业管理者让下属小王复印材料,用5W2H法就会很明晰:"小王,请你将这份调查报告复印两份,于下班前送到总经理室交给总经理,请留意复印的质量,总经理要给客户做参考。"可以看出,小王是执行者,要做的是复印调查报告,时间是下班前做完,地点是送到总经理室,工作量是两份,任务的目的是给客户做参考。

3.联想创新法

发明和创新不是现实的简单复制,而是高于现实的再造,需要幻想、假设和超越现实的联想。可以说,创新和创造的每一个细节都源于现实,而总体构想却是现实中没有的。联想是由一个事物想到另一个事物的心理过程,即由此及彼的过程。根据古希腊的柏拉图和亚里士多德提出的联想三大定律(相似率、对比率、接近率),人们把联想的方式归结为8大类,即接近联想、相似联想、对比联想、因果联想、强制联想、离奇联想、质疑联想和审美联想。

联想创新法是以丰富的联想为主导的发明方法。其特点是创造一切条件,打开想象大门,提倡海阔天空,抛弃陈规戒律,发散无限空间。联想在创造过程中起到催化剂和导火索的作用,许多奇妙的新观念和主意常常先由联想的火花点燃。任何发明创造都离不开联想,它是孕育发明幼芽的温床。

联想思维的作用首先表现在,联想思维是打开记忆之门的"钥匙",它是人从头脑中提取信息的一种跳跃式的检索方式,能够挖掘出人脑深处的信息。其次,联想思维是创新思维的"万花筒",它能扩大创新思考的范围,使人们能多角度、多渠道、多侧面地思考问题,寻求问题的多种解决方法。在创新思考过程中,每进行一次新的联想,就好比把创新思维的万花筒又转动了一次,或者又放进了一块小玻璃。这样人们就能够得到越来越多、越来越好的新设想。

如果是因为现实生活中还没有出现就不敢联想、不敢说,甚至别人说了、想了还嘲笑他,那么这肯定会扼杀许多新的思想、新的观念或者新的产品和事物。人们常常把超越现实的联想叫作幻想,在科技发展史中,很多幻想变成了现实。例如,19世纪法国著名的科幻作家凡尔纳(Verne)设想的电视、直升机、潜艇、导弹、坦克等,今天已经变成了现实。在人的大脑中,联想点一经确定,便向储存库进行扫描,一出现亮点,神经元就接通。人们的联想思维往往并不是平面的,而是多层次的,即联想呈现的是立体思维。联想创新法就是基于联想思维的创新法则,常见的有类似联想创新法、类比联想创新法、对比联想创新法、连锁联想创新法和跨越联想创新法等。

【联想创新法应用实例】

颜氏燃烧器的发明

颜氏燃烧器是发明家颜孟秋发明的。它能烧出纯净度极高的火焰,具有点火易、不冒烟、升温快、火力强、雾化好、燃烧充分、高效节能等特点,性能大大超过老式工业燃烧器。颜氏燃烧器自问世以来,经过数百家企业使用证明,它既能高效节油、节电,又可以极大地减少环境污染,每年可节油300万吨以上,相当于一个中型油田的年产量。

在研制颜氏燃烧器的过程中,颜孟秋遇到了一个问题:怎样才能采用航空燃烧技术,让它去吃"粗粮",既能使用比汽油、柴油价格低得多的重油和油渣,而且还要消化得很好,产生很高的热效率呢?面对这个重大问题,颜孟秋整日愁眉不展,苦苦地思索突破的途径。

一天,颜孟秋骑着自行车,脑子里仍在想着自己的难题。这时,他听到有人说:"看,一只、两只、三只……"颜孟秋好奇地凑过去,只见一位大娘蹲在墙角,一边拖开一只老母鸡,一边用手拨开破壳而出的毛茸茸的雏鸡。不一会,大娘又拿着一个鸡蛋唠叨起来:"温暖得不够就育不出来了。""温暖得不够?"颜孟秋似乎有所感悟,立即俯下身去,问道:"大娘,什么叫温暖得不够?"大娘指了指破了壳的鸡蛋,解释道:"鸡婆子孵蛋,小鸡只有先在蛋壳中温暖充分才能破壳而出。"大娘的一席话激起了颜孟秋的灵感。是啊,油的燃烧过程也有三部曲:第一步是雾化,将油变成雾;第二步是汽化,把油雾变成油汽;第三步是氧化燃烧。传统烧油装置是将油和空气从烧嘴中直接喷进炉膛进行燃烧,其雾化和汽化时间短,没有适当的温度使其完成,也就是"温暖得不够",所以燃烧得就很不充分。如果改变传统的燃烧装置,先用足够的条件把前面的二部曲——雾化和汽化优化好,"温暖"成熟,不就既能吃"粗粮",又能充分燃烧实现高能高效吗?

夜晚,颜孟秋伏在桌前,手握着笔沉思着:"我用什么方法、采用什么结构才能充分进行雾化、汽化呢?"想来想去,几乎一夜无眠。第二天早上,颜孟秋骑车上班,通过一条小巷时,突然被堵住。他下车看,原来是一位农民正在赶着一群鸭子从狭巷通过,而行人、板车、自行车也要通过,把路挤得严实。嘎嘎叫的鸭子突然又启发了他的联想:传统式的燃烧器是油与空气以同等速度从同一个方向在火焰筒中急速流过,因此油料雾化、汽化不好,就像行人、板车、自行车、鸭子在狭巷里以同等速度挤出去一样。那么,如果让他们分开走,自然就畅通无阻了。颜孟秋将这两件生活小事有机地结合在一起设计出一个没有先例的圆筒形燃烧器,并且在火焰筒上又安了许多"环隙",让空气分别从不同的方向、不同的角度逐步进入筒壁。这样,油气混合均匀,油料的雾化、汽化也"温暖"成熟,很差的油也能变得像汽油一样好烧,从而达到高热、高能的效果。颜孟秋利用孵小鸡、小巷堵车的联想,解决了燃烧研制过程中许多重大的难题。这正是跨越学科联想创新的一个好范例。

由这个例子可以看出,联想创新法是在广泛联想的基础上,按照创新提出要求,寻找与这一要求差异最小的事物,并把该事物运用于发明创新。

(1)类似联想创新法

类似联想创新法又叫类比联想创新法,是指运用物与物之间的近似点进行联想,开发性地重新组合既有设计,能够根据实际情况和具体需要加以调整、改造、完善,构成一种崭新的创新设计。在任何事物之间,甚至是风马牛不相及的两个事物之间,往往存在着相近或相似之处,人们可以利用这些相似点,从这一事物联想到另一事物,又能从另一事物联系到这一事物。运用类比联想思维方式,可以借助构成两个事物的具体对象的某种同构关系,直接从一个对象的已知属性推导出另一个对象对应的未知属性,只涉及两个同构事物组成元素以及与它们所包含的基本关系并列的对应关系。这种同构对应关系不是指表面形态的简单相似,而是指事物深层联系的结构相似。该方法是一种由个别的具体事物推导到另一个个别事物的思维方法。类似联想的步骤可以如下:

①任意选择一种实物(如一幅图、一种植物或者一种动物),所选择的项目与要解决的问题相差越远,激发出创新观念或独特见解的可能性就越大。

②详细列出你所选择的项目属性。

③想出问题与所选择项目的属性的相似之处,用新观念、新见解去打开禁锢头脑创造力的枷锁,使思想得以自由、奔放。

在运用类似联想创新法时,需要注意以下几个方面:第一,要全面分解和综合不同事物之间的种种联系与区别,找出相近或相似之处;第二,要从实际出发,或以异质同化为主,或把异质同化和同质异化结合起来;第三,运用矩阵排列组合,优化各种类似联想设计方案。

【类似联想创新法应用实例1】

爆破技术能够将一幢高层建筑物炸得粉碎,而且不影响旁边的其他建筑物。聪明的医生由此联想到,人体内的多种结石都需要摧毁,能不能也用爆破的办法将体内的结石炸碎而又不损伤人体内其他器官呢?经过精确地计算,医生们把"炸药"的分量减小到恰好能炸碎病人体内的结石而又不致影响人的其他器官。这在医学上叫作微爆破技术。医生们的这种类似联想给结石患者带来了福音。

天然牛黄是一种珍贵的药材,许多医疗单位都曾设法解决牛黄供应不足的问题。一个药品公司的职工发现,牛黄不过是由于牛的胆囊内混进了异物,然后在它的周围逐渐凝聚起许多胆囊分泌物而形成的一种胆结石。他联想到珍珠也是由于沙子进入河蚌,河蚌分泌出黏液将沙子层层包住而形成的,既然可以人为地将沙子放进河蚌里"人工育珠"那么可否用相似的办法将异物放进牛的胆囊内而培育出"人工牛黄"呢?后来他们用培育珍珠的方法培育出了人工牛黄。

【类似联想创新法应用实例2】

方黎在上体育课时看到全班同学共用一个篮球架练习投篮,想设计一个可供几个同学一起练习投篮的球架。有一天,她和同学去吃早点,四个人各坐方桌的一边。突然,她有了一个好主意——做一个东南西北四个方向都有篮球筐的球架。她回家后和妹妹说起来,妹妹建议她设计一个低年级用的篮球架,她在确定球架高度上又为难了。她无意中看到落地扇能够调节高低,于是得到启发。这样,一个可升降的供多人投篮的篮球架发明出来了。

(2)对比联想创新法

对比联想创新法是指在头脑中根据事物之间在形状、结构、性质、作用等某个方面存在着的互不相同或彼此相反的情况进行联想,从而引发某种新的设想。在客观事物之间,普遍存在着相对或相反的关系;事物的内部普遍存在着既统一又对立的两个方面。利用客观事物之间的这种相对或相反关系进行联想,可以帮助人们由一个事物很快地联想到与之相对或相反的另一个事物,由事物的一个方面很快地联想到与之相对或相反的另一个方面。例如,由大想到小,由长想到短,由黑暗想到光明,由温暖想到寒冷,由宽想到窄,由厚想到薄,由手想到脚,由金属想到非金属,等等。对比联想具有悖逆性、挑战性。逆向思维有时能得出荒谬的结论,例如,吸食鸦片有害健康,但正确地使用鸦片也能给人治病,这二者也是对比联想关系。

【对比联想创新法应用实例】

铜的氢脆现象使铜器件产生缝隙。铜发生氢脆现象的机理是:铜在500 ℃左右处于还原性气体中时,铜中的氧化物会和其发生反应,产生缝隙。氢脆无疑是一个缺点,人们想方设法去克服它。可是有人偏偏把它看成优点并加以利用,从而发明了制造铜粉的技术。用机械粉碎法制造铜粉相当困难,在粉碎铜屑时,铜屑总是变成箔状。若把铜置于氢气流中加热到500~600 ℃,时间为1~2 h,使铜屑充分氢脆,再经球磨机粉碎,则合格铜粉就制成了。

(3)连锁联想创新法

连锁联想创新法是指在头脑中按照事物之间的这样或那样的联系,一环紧扣另一环地进行联想,使思考逐步前进或逐步深入,从而引发某种新的设想。在思考许多问题的解决办法时,常常需要根据事物之间所存在的环环相扣的衔接关系进行连锁联想,否则就可能打乱、破坏自然或社会本应具有的平衡与和谐,造成某种损失或灾祸。

【连锁联想创新法应用实例】

美国昆虫学家卡拉汉(Callaghan)在解答飞蛾扑火的原因时用了连锁联想的方法。首先,卡拉汉列出了最容易想到的原因,从飞蛾扑火联想到可见光,即有可能是可见光的吸引。但是,他反问为什么飞蛾对点燃的木材没有多少兴趣,经过分析他认为,在烛焰之中除了可见光外,必定还有其他的东西。他推测吸引飞蛾的是红外线,经过试验他发现,有70%的飞蛾受到红外线的吸引,而且是清一色的雄蛾。他又进一步联想到为什么飞蛾会对蜡烛感兴趣。经过研究他了解到,蜡烛中有一种叫蜂蜡的成分是飞蛾也具有的物质,同时由试验的结果联想到雄蛾这一事实。于是他推测,可能是蜂蜡这种物质能够对雄飞蛾产生性刺激,也许飞蛾扑火是为了求偶而做出的反应,后来他通过试验证实了他的推断。由现象到本质,由猜测到证实,卡拉汉通过连锁联想的方式得到了最后的结论。

(4)跨越联想创新法

跨越联想创新法是指在头脑中可以从一个事物的形象联想到表面上看起来与之似乎没有任何联系的另一个事物形象,从而使思考活动大跨度跳跃,以引发某种新设想。利用这种联想方式,往往可以在一般人认为纯属风马牛不相及的事物形象之间建立某种联系,从而使人的视野得到扩展,奇迹般地引发令人惊异的奇特设想。进行大跨度的联想,往往可以把看似独立无关、大相径庭的不同事物联系起来。日本东芝公司运用跨越联想创新法将原本看似毫无关联的X射线透视机、电视、摄像机、可调节手术台等进行组合,设计出旋转万能X射线电视透视台,可以360°遥控任意选定病人的体位,在起、倒或其他任何角度上,X射线管、增强器、电视装置和病人紧密地联系在一起。

4.组合创新法

组合创新是指把两种或两种以上的产品或技术方法进行适当地结合形成新的产品或新的技术的创新方法。日本创造学家菊池诚博士说过,"我认为搞发明有两条路:第一条是全新的发现;第二条是把已知原理的事实进行组合。"

组合是任意的,各种各样的事物要素都可以进行组合。例如,不同的功能或目的可以进行组合;不同的组织或系统可以进行组合;不同的机构或结构可以进行组合;不同的物品可以进行组合;不同的材料可以进行组合;不同的技术或原理可以进行组合;不同的方法或步骤可以进行组合;不同的颜色、形状、声音或味道可以进行组合;不同的状态可以进行组合;不同领域、不同性能的东西可以进行组合;两种事物可以进行组合,多种事物也可以进行组合;可以是简单的联合、结合或混合,也可以是综合或化合;等等。

(1)组合创新的规则

好的组合创新是将事物进行有机的结合,才能够创新出受到消费者广泛欢迎的新事物、新产品。在进行组合思考的时候,不应局限于事物的某一个方面,或局限于某一个事物,而应从多方面、多种事物中寻找各自的优、缺点,保留优点,剔除缺点,即取长补短的组合才是好的组合。比如,电视机和录像机组合起来形成能够播放录像的电视机,但这种产品并没有受到广大消费者的欢迎。将两个或者多个事物进行有机组合,使得各个事物能够互相补充,能够开发出一种新型的、被消费者广泛接受的产品。由于组合创新牵涉到至少两个以上的事物,因此在进行创新设计时,需要进行通盘考虑,具体应考虑以下几个问题:在对物品的功能、特点和性能进行分解的过程中,要注意分解的因素和特点应能够进行重新组合;在设计中如果从部分、局部出发,则要充分考虑创新目标的整体性,就有可能获得较好的创新结果;在进行整体思考的时候,不仅要把某一事物的各个要素作为整体来思考,而且要将思考的各个要素进行有意识的优化,只有最优化的组合才能发挥整体思考的作用。

另外,在进行组合创新的过程中,要尽量找到事物之间的联系,也就是说,事物之间的关联度越高,创新产品的价值越好。这是由于世间万物无论强弱,都有自己的长处、特点,如果将不同事物的特点、优势拿出来进行重新组合,则所开发出来的产品的价值将成倍增长。总的来说,组合创新有以下特点。

①发散性

组合创新的过程中通常需要使用发散性思维,以探求新的多样性的结论,因此需要具有广阔的思维空间,可以采用正向、逆向、纵向和横向的思维方式。比如,"收录机"就是利用了发散性思维的结果——将收音机和录音机结合起来。

②选择性

组合创新的过程中并不是将两个事物原封不动地、不加选择地捏合在一起,而是选择二者具有独特价值的部分,根据其内在联系将他们有机地组合起来。若有多种组合方式,则往往需要进行比较、选择。

③综合性

组合创新重在如何"合",因此就要对组合对象进行深入分析,把握他们的个性特点,再从这些特点中概括出规律,进行综合,最后形成设计方案,进而进行"组合"。如果没有综合阶段,则所谓的"组合"往往是很难成功的。

(2)组合创新的方法

①主体附加法

该方法是先选定某一特定的对象为主体,然后置换或插入其他附加事物,从而引发创新的一种组合技巧。它是对材料、元件、原理和方法等组合方式活用的结果。该方法常采用两种方式。一种是不改变主题要素与结构,采用纯粹的附加方法。比如,汽车车锁开关不方便,有人在车锁上添加了遥控开关锁的功能;有人在自行车上附加里程表、后视镜、打气筒、车筐等,每加一个附加功能,自行车的性能就会加强。另一种方式是,附加前,主体内部结构要适当地加以改变,以便使主体与附加物之间更加协调、紧凑。比如,冷热水两用开水器就是在原来的开水器上附加了提供凉开水的功能,在设计时需要将原来的开水器的结构进行重新设计;多功能健身手杖就是通过对普通手杖进行改装,利用主体附加,使其具有拄杖助行、照明、按摩、磁疗、报警、健身和防卫等多项功能。

②同类组合法

同类组合法是指将同一种功能或结构在一种产品上重复组合,以满足人们对此功能的更高要求,这是一种常用的创新方法。使用多个气缸的汽车,使用多个发动机的飞机,多节火箭,等等,这些采用同类组合的运载工具都是为了获得更大的动力。

③异类组合法

异类组合是指两种或两种以上不同领域中的技术思想或物质产品的组合,如日历笔架、日历圆珠笔、带日历的收音机等。异类组合的特点是被组合的物品来自不同的方面,一般没有主、次之分;参与组合的对象能从意义、原则、构造、成分、功能等任何一方面或多方面互相进行渗透,从而使整体发生变化;异类组合实际上是异类求同,在创新中有非常重要的意义。

④仿形组合法

模仿一种东西的外形并加以组合,以达到创新目的的方法叫作仿形组合法。日本市场上有一种"长嘴"的收音机,它的袖珍正方形机身正中有一张凸出的、呈肉红色的嘴唇,优美的声音从中出来,使人倍感亲切,各种开关全在收音机的背面。这种收音机一问世便立刻受到青少年特别是儿童们的欢迎,成为他们的宠物。中国市场上常常看到印有"福、寿、吉、喜"字样的果品,令人赏心悦目。馈送亲友、探望病人、逢年过节时,这种"印字"的果品销量都极好。

⑤重新组合法

重新组合法是指将一个事物在不同层次上分解后,将分解的结果按新方式重新组合。例如,螺旋桨飞机的螺旋桨一般在机首,稳定翼在机尾,而美国飞机设计师卡里格·卡图(Carig Cartu)根据空气动力学原理对飞机进行重新组合设计,将螺旋桨放在机尾,而将稳定翼放在机首。重组后的飞机具有更加合理的流线型机身,提高了飞行速度,排除了失速和旋冲的可能性,大大提高了飞行的安全性。

5. 列举法

世界上最早的创新技法"特性列举法"经过几十年的完善与发展,已形成一种常用的、成熟的创新技法——列举法。列举法作为一种创新技法,是以列举的方式把问题展开,用强制性的分析寻找创新的目标和途径。列举法的主要作用是帮助人们克服感知不足的障碍,迫使人们将一个事物的特性细节都列举出来,挖掘熟悉事物的各种缺陷,思考希望达到的具体目的和指标。这样做有利于帮助人们抓住问题的主要方面,强制性地开拓有的放矢的创新思维。根据所依据基本原理的不同,可以将列举法划分为特性列举法、缺点列举法、希望点列举法三类。下面重点从列举法的基本原理和操作程序两个方面来进行讨论。

(1)特性列举法

特性列举法是20世纪30年代初,美国内布拉斯加大学教授R·克劳福特创立的一类创新技法。运用该技法时,首先要把研究对象的主要属性逐一列出,并进行详细分析,然后探讨能否进行改革或创新。一般来说,要着手解决的问题越小,越容易获得创新的成功。特性列举法依据的基本原理是,将事物按名词特性、形容词特性、动词特性化整为零,有利于集中精力思考创意。例如,要改革烧水用的水壶,可以把水壶按名词、形容词、动词特性化整为零。名词特性——整体:水壶;部分:壶嘴、壶柄、壶盖、壶身、壶底、气孔;材料:铝、铁皮、铜皮、搪瓷等;制造方法:冲压、焊接。形容词特性——颜色:黄色、白色、灰色;重量:轻、重;形状:方、圆、椭圆、大小、高低等。动词特性——装水、烧水、倒水、保温等。对这些特性分别进行研究,只要革新其中一个或几个部分,就可以导致水壶整体性能的改变。

特性列举法的操作程序如下:

首先,确定研究对象。应当选择一个比较明确的革新课题,课题宜小不宜大,如果课题较大则应将其分解成若干小课题。例如,革新自行车这个课题的涉及面就太大,难以把握。

如果将自行车分为若干部分(车胎、钢圈、钢丝、轴承、链条、齿轮、车身、车把、刹车、车座、车铃、车灯等)予以分别研究,则只要革新其中一个或几个部分,就可以导致自行车整体性能的创新。

其次,列举研究对象的特性,一般包括三个方面:名词特性——性质、材料、整体、部分、制造方法等;形容词特性——颜色、形状、大小等;动词特性——机能、作用、功能等。

最后,分析、鉴别特性,提出革新方案。从各个特性出发,分析、鉴别本质与非质特性,通过提问,形成革新或完善本质特性的方案。比如,前面提到的要革新烧水用的水壶,根据名词特性可以提出:壶嘴是否太长? 壶柄能否改用塑料? 壶盖能否用冲膜压制? 怎样使焊接处更牢固? 是否能用更优良、更廉价的材料? 气孔能否移到别处? 根据形容词特性可以提出:怎样使造型更美观? 怎样使重量更轻? 如果在动词特性上想办法可以提出:怎样倒水更方便? 怎样烧水更节能? 怎样改进更保温? 现有一种鸣笛壶就是通过"气孔能否移到别处?"这一思路的革新成果:这种壶的气孔设在壶口,水烧开后产生蒸气会自动鸣笛,而壶盖上无孔,提壶时不会烫手。

(2)缺点列举法

缺点列举法是积极地寻找并抓住甚至挖掘事物的缺点(不方便、不得劲、不美观、不实用、不省料、不轻巧、不便宜、不安全、不省力等),以确定创新目标的一种创新技法。列举缺点就是提出创新课题,可以直接从社会需要的功能、审美、经济、实用等角度研究对象的缺点,提出切实有效的改进方案,因而简便易行且见效快。在群众和工商企业中最容易普及、最容易出成果的创新技法就是缺点列举法。

缺点列举法的操作程序如下:

①确定改进对象。缺点列举法的创新根据在于充分利用某个已有的物品,出发点是消费者对物品的求优需求。因此,对已有物品求优需求的调研是确定改进对象的基础。例如,对家用洗衣机改进前先得了解消费者对洗衣机的求优愿望。

②列举改进对象的缺点。列举缺点时,应正确运用检核思维,把重点放在四个方面:一是列出核心缺点,即现有物品的功能或职能是否能满足消费者的基本愿望,挑出功能性缺点;二是列出形式缺点,即现有物品的质量水平、设计风格、包装和品牌等方面的不足,挑出形式性缺点;三是列出延伸缺点,即现有物品进入市场变成商品后,在销售服务等方面存在的问题,挑出影响消费者利益的延伸性缺点;四是列出隐性缺点,即现有物品不易被人觉察的非显性缺点。在某些情况下,发现隐性缺点比发现显性缺点更有创新价值,因为针对隐性缺点改进设计所产生的市场价值更大。

③分析、鉴别缺点,提出改进方案。这一步骤一般有两种思路:一种是针对某种缺点进行改进设计;另一种是应用逆向思维思考某种缺点能否成为另一种优点(缺点逆用法)。

日本人荒井针对长筒雨靴"夏天穿闷脚,易患脚气"这一缺点提出了改进制造方法的方案,设计制成了前后有透气孔的雨靴;野口文雄针对雨靴"后跟容易磨损"这一缺点,设计出了一种浇模时在后跟部位埋进一种鞋钉的新式雨靴,大大提高了其耐磨损性能。

(3)希望点列举法

希望点列举法是从社会需要出发提出各种希望设想,列举希望新的事物具有的属性,以寻找发明目标的创新方法。市场上许多新产品都是针对人们的希望研制出来的:人们希望洗的衣服容易干,于是发明了甩干机;人们希望伞可以放进提包,于是发明了折叠伞;人们希望旅游物品轻便实用,于是发明了录像手机。

特性列举法和缺点列举法大多围绕原来事物的不足加以改进,通常不触及原来事物的本质和总体,它们都属于被动型创新技法,一般只适用于对老产品或不成熟的新设想的改造,从而使其趋于完善。而希望点列举法很少或完全不受已有事物的束缚,为人们使用这一方法提供了广阔的创新思维空间。

希望点列举法的操作程序如下:

①确定创新目标。希望点列举法的出发点是人们的需要和希望,应以满足社会的某种需要为依据来确定创新目标,如钢笔创新、雨伞创新、洗衣机创新、手机创新、空调创新、电脑创新。

②列举创新目标的希望点。为了获得创新目标的希望点,可以召开希望点列举会,每次邀请5～10人参加。会前由主持人确定探讨的创新目标;会上围绕既定目标尽可能地思索各种希望;会后分类整理出希望点。可以按希望点的特征将其分为理想型、超前型和幻想型三类。理想型希望是指希望现有事物尽可能完善,能达到人们心目中的理想化模式,如电灯饱使用寿命长、节能、价格低廉;超前型希望是超越现实的潜在欲望,如工薪阶层对家用轿车、别墅的期待;幻想型希望则钟情于某种大胆的向往与寄托,如开发返老还童的药品、不耗能的机械等。

③分析、鉴别希望,形成研制课题。分析、鉴别希望点的作用主要是形成发明创新的课题。许多希望并不是一种明确的研制任务,只有将它转化成研制课题后,运用希望点列举法实施创新的实质性工作才算开始。比如,希望有使用寿命长的灯泡,这种希望并不是实际课题,将这种希望转化为开发电子灯泡,使其达到使用寿命长的性能要求,希望才成为明确的创新课题。将希望转化为研制课题是运用希望点列举法的实质。

理想型希望、超前型希望、幻想型希望都有产生灵感和创意的可能,但获得的结果各有不同。列举理想型希望点一般形成现实性课题,即对已有事物的改进、完善和优化,实施起来目标明确,借用的信息、资料较多,容易达到预期的目的。列举超前型希望点实际上是瞄准潜在的需要,它可能是一种客观存在的但人们尚未提到议事日程的潜欲望,也可能是人们已经意识到但可望而不可即的企盼。在一定的条件和时机下,潜在需要会凸显为现实需要。针对潜在需要进行发明创新要有远见卓识,风险也较大。企望抢占市场制高点和成为领头羊的人往往对这种方法情有独钟。对幻想型希望冥思苦想,得到的创意也是十分诱人的,但能否发展成现实成果则是个疑问。幻想能帮助人们解放思想,但也常常让人种下只开花不结果的智慧之树。

运用希望点列举法的创新性集中表现在两个方面:一是将希望转换为具有开发价值的新课题;二是设计出切实可行的新技术方案。一般的创意只具备前一种创新性,而获得过发明创新成果的人通常是两种创新性兼而有之。

例如,有一家制笔公司用希望点列举法产生了一系列改革钢笔的希望:希望出水顺利;希望绝对不漏水;希望一支笔可以写出两种以上的颜色;希望不沾污纸面;希望书写流利;希望所写线条能粗能细;希望小型化;希望笔尖不开裂;希望不用打墨水;希望省去笔套;希望落地时不损坏笔尖;等等。这家制笔公司从中选出"希望省去笔套"这一条,研制出一种像圆珠笔一样可以伸缩的钢笔,从而省去了笔套。

6.逆向创新法

沿着事物的相反方向,用反向探求的思维方式解决问题,运用逆向创新法,许多靠顺向思维不能或难以解决的问题就迎刃而解,使复杂转变为简单。在创新活动中,有时从事物的反面去思考问题,通过对现有产品或课题设计进行反方向的思考,往往能打开思路,从而提出新的课题设计或完成新的创新。逆向创新法的特点是不断打破思维定式,进行多向思维,不迷信权威,把熟悉的东西视为初识,持陌生的态度、从新的角度、用新的观点去看待这些司空见惯的事物、习惯、原则和方法。

运用逆向思维进行创新时,应注意掌握事物内部各要素之间的因果关系。当沿着常规思路不能有效解决问题时,要善于从相反方向思考和处理问题,常常会获得意想不到的成功,产生许多未曾想到的新事物。例如,"虹吸原理"能让水由下而上流动,这与"水往低处流"的常规思维是逆向的。运用逆向创新原理还要有意识地从正、反两个方面去思考。采用反过来想一想的思维方式,有可能激活大脑的潜能,捕捉到一般人不曾想过的创意。

逆向思维有 4 种类型。

(1)原理逆反

将事物的基本原理(如机械的工作原理、自然现象规律、事物发展变化的顺序等)有意识地颠倒过来,往往会产生新的原理、新的方法、新的认识和新的成果,如制冷与制热、电动机与发电机、压缩机与鼓风机。伽利略设计的温度计的原理是,水的温度变化引起水的体积变化,反过来,水的体积变化能体现出温度的变化。

(2)属性逆反

一个事物的属性是丰富多彩的,有许多属性是彼此对立的或者是成对的,比如软与硬、滑与涩、干与湿、直与曲、柔与刚、空心与实心等。属性逆反就是有意用某一属性的相反属性去尝试取代已有的属性,即逆化已有的属性进行创造活动。例如,1924 年,德国青年马谢·布鲁尔(Maroel Breuer)产生了用空心材料替代实心材料做家具的想法,并率先用空心钢管制成了名为"瓦西里"的椅子,在社会上引起轰动并一直风靡至今。从那以后,马谢·布鲁尔又用这一空心取代实心的属性逆反原理完成了包括日内瓦联合国教科文组织大厦在内的许多著名设计,终于成为新型建筑师和产品设计师的杰出代表。

(3)方向逆反

由完全颠倒已有事物的构成顺序、排列位置或安装方向、操作方向、旋转方向,以及完全颠倒处理问题的方法等而产生新颖结果的创造,都属于方向逆反的范围。例如,有一场奇特的骑马比赛,不是比快,而是比慢,谁的马慢谁就是胜利者,于是,参赛的两匹马慢得几乎停止不前。眼看天要黑了,比赛仍没有结果,大家都很着急。这时,有人想出了一个什么样的办法呢?他让两个骑手换骑对方的马,只有让对方的马快些,自己的马才能相对地慢。这样,比慢变成了比快,比赛就能很快结束。

(4)大小逆反

对现有的事物或产品,即使是单纯地进行尺寸上的扩大或缩小,亦常常会导致其性能、用途等发生变化或转移,从而实现某种意义上的创新。

7. 模仿创新法

模仿创新法的优势在于可节约大量研发及市场培育方面的费用,降低投资风险,回避市场成长初期的不稳定性,降低市场开发的风险,但是同时难免在技术上受制于人,而且新技术也并不总是能够轻易被模仿的。随着知识产权保护意识的不断增强及专利制度的不断完善,要获得效益显著的技术显然更不容易了。模仿创新法的实施有以下原则:

(1)模仿创新要坚持合法性

模仿创新本身并不是一种不合法行为,但模仿创新通常会涉及专利技术、商标权、著作权等各类知识产权,因此模仿创新一定要坚持合法性。国外企业的创新优势可以分为两大类:一类是没有专利、商业秘密等知识产权保护的;一类是有相应保护的。对于无保护或已经超出保护期限的,可以进行自由模仿;对于有保护的,可以通过合法的途径与方法进行开发利用。后者具体来说主要有:对已获得权利人转让或许可的知识产权产品进行仿创;对合法购买的产品进行分解剖析和综合研究,通过反求工程来进行模仿创新;通过"改进专利"方式进行模仿,即在他人现有的专利的基础上进行一种完善或改进,从而获得一种新的专利;利用专利权利要求和说明书文字上的漏洞进行模仿。不过此种模仿需要注意专利法上"等同原则""多余指定原则"的适用等。

(2)要适时准确地选取模仿与跟随的对象

模仿创新的重要特点在于最大限度地吸纳率先创新者成功的经验与失败的教训。这就要求企业选取合适的对象,把握模仿跟随的步调,巧妙地利用跟随和延迟所带来的优势,使其为我所用,从而发展自身。在相关技术层面,选择、钻研那些时下较新的、对本企业至关重要的有价值的新技术,择机模仿创新;在市场和管理等层面,主要利用率先者所开辟的市场并学习其相关的经验和方法。

(3)要适时准确地把握模仿创新的时机

对于模仿创新的进入时机往往较难把握。如果模仿创新行动过早,则产品的生产技术还不成熟,市场需求还不稳定,风险较大,并且技术壁垒较高,模仿的难度高且成本和代价也可能较高;而模仿创新行动太晚,则产品技术已趋于成熟,市场开始饱和,模仿改进的空间有限。一般较为合适的时机是在产品的成长期,因为此时产品功能开始被消费者认可,市场容量迅速扩大,消费需求稳步增加,而产品功能的创新、技术的改进仍具有较大空间,新工艺的开发和设计将成为竞争的主要手段,此时是模仿创新者进入的适当时机。

(4)要在模仿中迅速提高自身的创新能力

模仿创新不是一种简单的照搬行为和拿来主义,而属于一种渐进型的创新行为,因此它需要大力进行研究开发。其研究开发投入要具有高度的目的性和针对性。其投入的研发力量一部分用于消化吸收或反求率先者的核心技术,包括对该产品的技术原理、结构机制、设计思想、制造方法、加工工艺和原材料特性进行研究,从而从原理到制造、由结构到材料全面、系统地掌握产品的设计和生产技术;另一部分用于对率先创新技术的改善和进一步开发。当然,模仿创新仅是经济发展过程中的一个阶段和一种创新方式,企业通过模仿创新中的学习和模仿,逐步实现由模仿创新向率先创新的转换,提高自主创新能力。只有这样才能在竞争中处于不败之地,才能使我国在相关技术领域有话语权,才能提升我国整体的技术层次和技术实力。

模仿的目的不是更像别人,而是发展自身。我国企业的模仿创新只是技术创新发展的一个过渡阶段,并不是技术创新的目标。因此,我国企业要在技术模仿创新阶段充分利用技术模仿创新的优势,加快技术能力的积累,力争在未来的技术转换时期实现技术跨越,达到自主创新,在新一轮技术竞赛中成为技术市场的领导者。

20 世纪 60 年代的机械电子领域出现了一个学术名词"反求工程"。与一般的先有图纸,然后根据图纸制造实物的过程不同,"反求工程"是先有实物,然后根据实物数据作图,最后再进行生产制造。这就是在无法获取产品专利的情况下,通过对实物的分析、模仿来进行制作、生产的一种方法。在韩国的电子领域也曾经大规模地运用了"反求工程"的手段,最后通过从模仿到创新诞生了三星等国际知名品牌。韩国正是通过模仿创新,使自己从一个战后民生凋敝的国家成长为发达国家。

8. 仿生创新法

通过对自然生物系统进行分析以及类比启发从而创造新方案的方法,是模仿生物的特殊本领的一门学问。仿生创新则是在社会及市场需求指引下,通过有效的创新组织观察、研究和模拟自然界生物以及生态的各种特殊本领(包括生物及生态本身的结构、原理、行为、各种器官功能、体内的物理和化学过程、能量的供给、记忆与传递等),从而为技术发明、产品设计提供新的思想、原理和系统架构,为系统管理提供新的分析思路与工具,能够产生有用的新技术、新产品与新方法,并能产生实际效益的科学。

仿生创新是为满足人类社会及市场需求,集成自然科学、系统科学、心理学、社会学、管理学、军事学等学科知识以及仿生学与创新科学等方法,创造高价值技术产品及方法的整合性学科。仿生创新的研究范围从类型看包括基于市场需求的理念仿生创新、技术仿生创新、产品仿生创新、系统方法仿生创新、管理仿生创新等;从创新途径看则包括结构仿生创新、原理仿生创新、行为仿生创新、功能仿生创新、信息与控制仿生创新、系统仿生创新等的机理、途径、策略及管理等。它与仿生学的关键区别在于,仿生学属于科学技术范畴,而仿生创新属于管理学范畴,它是探索利用仿生学原理进行创新的规律及管理策略的学科。

近年来,计算机技术已经取得了重大进展,但再强大的超级计算机也无法像猫那样能够识别出人类的面部。密歇根大学的科学家们决定研究猫的大脑以研制一台智能计算机。现有的计算机以线性模式执行代码,而哺乳动物的大脑则完全相反,它们可以同时处理许多事务。科学家们正在研制一种电路元件,这种设备可以像仿生神经键一样处理事务。它可以记住通过的电压数,这与动物大脑中的记忆和学习功能相似。密歇根大学计算机工程师卢韦认为,这种创意比仿生人类大脑更具现实意义。

9. 观察方法

观察方法是通过感官或者借助仪器,有目的、有计划地考察及探索客观对象的方法和活动。观察方法在科学研究、技术发明与日常生活中有广泛的运用,它可以用来发现一些新的现象或揭示事物的一些新的功能。发现青霉素的是英国细菌学家亚历山大·弗莱明(Alexander Fleming)。1928年,弗莱明在检查培养皿时发现,在培养皿中的葡萄球菌由于被污染而长了一大团霉,而且霉团周围的葡萄球菌被杀死了,只有在离霉团较远的地方才有葡萄球菌生长。他把这种霉团接种到无菌的琼脂培养基和肉汤培养基上,发现在肉汤里,这种霉菌生长得很快,形成一个又一个白中透绿和暗绿色的霉团。通过鉴定,弗莱明知道了这种霉菌属于青霉菌的一种,于是他把经过过滤所得的含有这种霉菌分泌物的液体叫作"青霉素"。接着弗莱明又把这种霉菌接种到各种细菌的培养皿中,发现葡萄球菌、链球菌和白喉杆菌等都能被它抑制。这极大地鼓舞了正急于找到一种治疗化脓性感染药物的弗莱明。经过一系列试验和研究,弗莱明认为青霉素可能成为一种可以全身应用的抗菌药物。1929年,弗莱明发表论文报告了他的发现。

10. 试验方法

试验方法是在有目的的变革事物的过程中观察事物、探索规律的科学研究方法。试验方法打破了一般科学观察在自然发生的条件下获取经验知识的被动局面,体现了人类探索世界奥秘的能动性。正如俄国生物学家巴甫洛夫所说的,"观察是收集自然现象所提供的东西,而试验是从自然现象中提取它所愿望的东西。"因此,可以说,观察是科学之父,试验是科学之母。例如,公元前245年,为了庆祝盛大的月亮节,赫农王给金匠一块金子让他做一顶纯金的皇冠。做好的皇冠尽管与先前的金子一样重,但国王还是怀疑金匠掺假了。他命令阿基米德鉴定皇冠是不是纯金的,但是不允许破坏皇冠。在公共浴室内,阿基米德注意到他的胳膊浮出水面。他的大脑中闪现出模糊不清的想法。他把胳膊完全放进水中,全身放松,这时胳膊又浮出水面。他从浴盆中站起来,浴盆四周的水位下降;再坐下去时,浴盆中的水位又上升了。他躺在浴盆中,水位变得更高了,而他也感觉自己变轻了。他站起来后,水位下降,他则感觉自己变重了。一定是水对身体产生向上的浮力才使他感到自己变轻了。他把差不多同样大小的石块和木块同时放入浴盆,浸入水中。石块下沉到水里,但是他感到木块变轻了,他必须向下按着木块才能把它浸到水里。这表明浮力与物体的排水量(物体体积)有关,而不是与物体的质量有关。物体在水中感觉有多重一定与水的密度(水单位体积的质量)有关。阿基米德由此找到了解决国王问题的方法,问题的关键在于密度。如果皇冠里面含有其他金属,则它的密度会有所改变,在质量相等的情况下,这个皇冠的体积是不同的。他把皇冠和同样质量的金子放进水里,发现皇冠排出的水量比金子排出的大,表明皇冠是掺假的。更为重要的是,阿基米德发现了浮力原理,即液体对物体的浮力等于物体所排开液体的质量大小。

11. 机遇捕捉方法

在科学研究与发明创造过程中,人们往往由于某个偶然的事件或机会遇到出乎意料的新现象、新事件,并由此导致科学新发现或技术新发明,这就是机遇捕捉方法。历史上许多重要的科学发现和今天日常生活中的技术发明都与机遇捕捉方法有关。例如,1834 年 9 月,一位名叫查尔斯·古德伊尔(Charles Goodyear)的五金商人从费城到纽约出差。在曼哈顿的一家小店,他发现了很多的生橡胶制品——救生衣、雨衣、雨鞋……这些神秘的物质将古德伊尔深深地迷住了。此时他已经破产,还欠下了几千美元的债务,但是古德伊尔还是全身心地投入研究怎样提高橡胶的性能。经过两年对原始橡胶的研究,古德伊尔仍然毫无成果,迫于生活压力,他只好领着一家老小搬到一个废弃的工厂居住。在这个工厂中,古德伊尔采用酸性物质消除橡胶的粗糙表面,使其变得坚实耐用,研究终于有了眉目。政府向他征订 150 个由这种橡胶制作的邮袋,但由于袋子存在不同程度的缺陷,都没有卖出去。于是,古德伊尔又陷入孤立无援的绝境。1839 年的某一天,古德伊尔不小心将有些橡胶和硫黄的混合物撒落在火热的炉子上,在清理烤焦的橡胶残骸后,他惊奇地发现,这种混合物虽然仍很热,却很干燥。突然,古德伊尔意识到,也许这就是自己一直寻找的制造耐用、不受气候影响的橡胶的方法。于是,他又将一些橡胶和硫黄的混合物加热并冷却,发现它既不会因加热而变黏,也不会遇冷而变硬,始终柔软而富有弹性。这个无意中的失误使古德伊尔魔术般地制作出了硫化橡胶。后来人工合成橡胶对人类生活越来越重要,古德伊尔被尊称为"硫化橡胶之父"。

【团队练习】

设计理想钱包

让我们想出一些点子来设计理想的钱包,请把一种你认为更好的钱包的创意画出来(3分钟)。

感觉如何?我猜是不太理想。这是一种典型的面向问题提出解决方案的方法,针对一个给定的问题,基于你自己的观点和经验开展工作,按你自己头脑中的解决方案做设计。

让我们试试另一种方法——一种以人为中心的设计思维方法。

为你的队友设计实用的、有意义的钱包,从换位思考开始。

请大家两两一组进行下列练习:

1. 访问你的队友(4 分钟)

针对你的目标对象进行换位思考。交谈是换位思考的良好开端。作为起点,你可以要求你的队友向你逐一介绍钱包中的东西。例如,对方在什么时候会带钱包? 为什么其中有特定的卡? 钱包中的哪些东西让你了解到对方的生活?

2. 深入发掘(每人 3 分钟)

深挖那些在第一次访谈中引发你注意的东西。例如,尝试去发掘故事、情感和情绪。要经常问为什么。忘掉钱包,去寻找对你的队友来说什么是重要的。为什么他还带着前女友的照片? 什么时候他会带上大量现金? 关于她第一次获得的工作报酬,她还能说些什么?

用笔记记录你感兴趣的和感到惊讶的地方,并填写下列访谈和需求发掘笔记。

目标(goals)和希望(wishes):

你队友的目标和希望是什么? 用动词描述。

换个角度考虑问题。

3. 提炼你所发现的 (3 分钟)

将你所发现的东西综合为两类:你队友的目标和希望,以及你的洞察。使用动词表述目标和希望。这是和对方的钱包、生活相关的需求。请同时考虑身心方面的需求。例如,对方可能想尽可能带着最少的东西或者需要有能支持当地社区和经济的感觉。

洞察是你将来在实施创造性的解决方案时可以借助的某种深入的发现。例如,你可能洞察到,携带现金让对方更清楚购买时的价值,并更谨慎地做出购买决定。或者说,她将钱包看作一个提醒之物和组织归类的系统,而不是携带装置。

4. 从对方的立场考虑 (3 分钟)

选择你的队友最迫切的需求和最有趣的洞察,在对方立场上进行陈述。这是一段陈述,你将用它来说明你的设计,所以请确保其中言之有物并且是可操作的。它应该看起来像一个值得认真对待的问题。

可以像这样陈述:雅尼斯需要一种方法,让她能随时拿到自己的东西并随时准备采取行动。但令人吃惊的是,带着钱包更让她觉得没有准备好采取行动。

队友的名字和描述:

需要(用户需求):

因为(洞察)：

酝酿提出多种可选择的方案,用于测试。

5. 边画草图边酝酿 (5 分钟)

请将问题的陈述重新写一遍(这将是你面对的新的挑战),并为它创造解决方案。想出尽量多的不同的创意,并画出大量的创意草图。现在是创意产生的时间,不做评估,你可以之后再评估这些创意。现在你设计的不是一个钱包,而是针对陈述问题的解决方案。记住,请尽可能用图形表达,在需要说明细节时才用文字。用草图画出至少 5 种方案,以满足对方的需求。

问题陈述：

6. 向对方介绍你的方案,并听取反馈（每人 5 分钟）

现在,请轮流把草图给你的队友看。记下对方喜欢/不喜欢什么,并在创意的基础上拓展,同时注意倾听,以获得新的洞察。花时间倾听你队友的反应和疑问。这一过程不仅是为了证明你的创意有多合理,而且是为了在讨论中解释你的创意,并为你的创意作辩护。这是你了解队友的情感和动机的另一个好机会。

7. 回应反馈并听取一个全新的方案 (3 分钟)

现在,让我们花点时间来思考一下你从队友那里学到的东西,以及你所设计的这些解决方案。

基于这些对你队友及其需求的新理解,请画出一个新的创意。这个解决方案可以是对之前创意的完善,也可以是全新的东西。可以仍然基于原来的问题陈述进行工作,也可以基于他们发现的新的洞察和需要构造一个新的问题陈述。设法围绕你的新创意尽可能地提供更多细节、色彩,完善创意方案。

思考:这一解决方案如何能适合你队友的生活情境,对方会在何时、如何使用你所设计的东西?

请将你的方案画出来,如果需要的话,请在其中注明一些设计的细节。

8. 实现方案(7 分钟)

将你刚才在草图上画出的创意作为一个设计蓝图,将解决方案制作成一个实物原型。为了说明你的创意方案,你制作的可能不仅仅是一个等比例的模型,应创造出能让队友与之互动的一种体验。如果你的解决方案是一种服务或一个系统,请设计一个情境来让你的队友体验这一创新方案。可以使用手头的任何材料,包括空间环境。保持斗志旺盛,要快一些——你只有几分钟的时间!

9. 介绍方案并听取反馈(8 分钟)

现在,你有机会拿这个原型与队友分享,要点不是验证原型的正确性——它是一个人工制品,用来推进一次新的、有针对性的谈话。

在测试的时候,请不要纠结于你的原型,无论是物理上的还是情绪上的。你的原型不重要,它所引发的反馈和新的洞察才是重要的!请别试图捍卫你的原型,相反,请仔细观察你的队友怎样正确地或错误地使用它。请记下解决方案中你的队友喜欢的、不喜欢的部分,浮现的疑问,以及产生的新创意。

哪些特性是有效的、需要保留的(+):

哪些是需要改进的(-):

问题(?):

新创意(!):

项目设计中你有怎样的体会?

刚刚我们体验的是经过反复完善、优化的斯坦福大学 D. school 标志性的"钱包项目"。钱包项目是一项完全融入性的活动,让大家在尽可能短的时间内体会设计思维(design thinking)流程的一个完整循环。该项目为大家提供机会接触 D. school 的基本价值原则:以人为中心进行设计,积极行动,循环迭代优化的文化,以及快速实现原型。

斯坦福大学的设计思维和"设计师"职业没有直接关系,可被看作一整套解决问题的方法论,是一种思维方式,是一套培养创新思维和方法的实践流程。

任务二 训练创新设计思维

训练创新设计思维共有六大步骤。

1. 制定设计主题的研究

在创新设计思维的整个过程中,最重要的环节是设定主题。主题就是需要解决问题的方案或者需要设计的产品。

首先,设定合适的主题。在设定主题的时候,一定要遵循主题既不能太大、太宽泛,也不能太小、太狭窄的原则。在宽泛的主题下,大家往往找不到明确的思路,很难在有限的时间内完成设计任务,也难以产生合适的想法和解决方案。对太宽泛的主题加以适当的限定,就能产生被广泛使用的想法,而且往往这些想法会远远超过原先划定的范围。而太狭窄的主题就没有足够的探索空间来思考新的可能性,也不能很好地反映讨论的整体性。机会空间被限定得过窄,真正探讨问题的机会会受到一定的阻碍。有一种误解——创新设计思维意味着没有任何限制,没有任何边界,完全天马行空。但是任何事物的研究都不应该完全偏离事实。设计人员清楚,只有深入地探究,提出有效的问题,划定适当的范围,制定合适的讨论主题,才能有助于产生被广泛使用的创造性想法。所以在设计主题的时候,需要给太宽泛的主题加上适当的限制条件,或者将一个太宽泛的主题分解成若干个子主题。主题的设定就是先给大家规划一个目标,设定一个范围。

其次,充分理解分解主题:"3－12－3"头脑风暴。让参与者充分理解讨论的主题。为了解决某一特定的、清楚的问题,讨论参与者必须清楚讨论的主题和目标,从而进一步利用头脑风暴带来更多的想法和点子。在了解了现状、背景,制定了一个讨论的主题之后,在对主题开始讨论之前,希望大家对讨论的主题、背景有充分的理解,并在一些基本想法形成的时候对主题有充分的理解,在有限的时间内明确主题,了解这次活动主要解决的问题及其目标。

持续时间:30 分钟。

参与人数:每个小组 8～10 人。

道具:每小组一个小盒子,每人一支黑色双头小记号笔,每人 10 张小空白卡片。

步骤:将用来进行头脑风暴讨论的主题写在白板上,比如主题为"如何有效利用资源";然后将主题用两个关键词来描述,诸如"能源－有效性",主题也可以是一些期望发明、制造的新产品,比如"明天－电视""云端－医院"等。

3 分钟:在练习的前 3 分钟产生特征池。给参与者每人发一支黑色双头小记号笔和 10 张空白卡片,要考虑该主题,尽最大努力在卡片上写出该主题尽量多的特征,并将写下特征的卡片放到每组的小盒子里。在头脑风暴的过程中,任何特征都不能被过滤掉。其目标是在 3 分钟内针对主题列出尽量多的各个维度的特征来。

12 分钟:在此段时间内获得概念。将小组分成两个人一队,每队从特征池盒子中随机抽出 3 张卡片,通过这 3 张卡片对主题特征的描述形成一个有关主题的概念。每队有 12 分钟来获得这个概念,然后向小组汇报。如果每队的 3 个特征词可以充分解释需要讨论的主题,则这时计时开始,团队开始游戏。每队进行 12 分钟的头脑风暴,可以利用粗糙的草图、原型或者其他媒介,准备一个不超过 3 分钟的短时间概念汇报。3 分钟汇报应该是一个"有血有肉"的聚焦主题的版本,比如"下一个季度,我们如何将能源变得更有效"。

3 分钟:陈述概念。当给整体小组汇报时,每队可以揭示他们抽到的特征卡是什么,并且这些卡是如何影响他们的想法的。时间非常紧张,最多用 3 分钟时间汇报。在将主题的概念汇报给整个小组之后,每个团队可能需要做几件事情:他们可能需要更深层次地挖掘一个单个的概念,或者需要将所有的概念进行整合;可能需要选出重点概念,或者对概念进行排序,来决定哪个概念需要花费更多的时间进行研究。

每个小组汇报完成后,整个小组可能获得讨论主题的整体视图和一个主题的整体描绘。

2. 主题相关信息的探索

首先,了解获得主题相关信息的方法。在对信息进行观察时,一定要从整体出发,从每个维度进行观察,了解整个过程的每个细节,体验每个步骤,不带任何偏见地理解问题的本质。在观察时,在很多情况下,大家会片面地、带有偏见地观察问题,将自己固有的认识带到观察过程中,这样就会带来很大的偏差,脱离事情的真实情景。只有从事物或者环境的各个不同角度看,才能掌握整体全局的信息,所以在所有的体验或者观察中,一定要以客户的身份,从头到尾地将整个流程体验一遍,就会发现很多没有发现的细节和潜在的问题。除了全面地观察问题,还需要消除偏见,不要带着个人的感情或者判断进行观察。

如果每个小组对设计主题的背景比较清楚,这时候就可以直接进入训练创新设计思维的第三步,同时回顾一下该主题的背景、出现问题的原因,以及解决问题所需要的条件等;如果参与人员对背景不完全了解,就需要对主题设计的前因后果做充分了解,要对主题相关信息进行探索。

其次,掌握合适的工具。

(1)了解客户的盈利模式:商业模式画布

利用商业模式画布进行引导,探索企业的整体盈利和运营模式,从各个不同的角度出发,充分理解客户的产品、服务、运营、成本、利润、合作伙伴等,进行深层次的探索。

使用时机:做销售项目规划的时候;在研究讨论主题的客户背景的时候;在制定企业商务模式的时候;在探讨客户的企业战略规划主题的时候。

持续时长:30～60分钟。

参与人数:每个小组210人。

道具:每个小组5张大白纸,9种颜色的便签贴每人最少10张,每人一支黑色双头小记号笔。

步骤:为了对客户的盈利模式做充分了解,需要对客户的九大结构模块做详细的了解。

①利用提供的说明,在模块上进行直观的表示并收集客户商务模型,从而建立直观的客户理解。

②每组在墙上贴5张大白纸,纵向放置,按照表3-1画出涉及9个方面的商业模式画布。

③每个人拿一支双头小黑色记号笔和9种便签贴各10张。

表3-1　商业模式画布

重要伙伴		关键业务		价值主张		客户关系		客户细分	
		核心资源				渠道通路			
成本结构				收入来源					

从右到左、从上到下对客户企业进行充分的理解。对于每个模块利用不同颜色的便签贴,每张仅写一个观点,字号尽量要大,每张不超过10个字,然后贴到对应的模块中。

商业模式画布按照一定的顺序被分成9个方格,内容如下:

①客户细分——客户细分构造模块用来描绘一个企业想要接触和服务的不同组织,这里是指客户的群体。

②价值主张——价值主张构造模块用来描绘为特定客户细分创造价值的系列产品和服务,这里主要指企业的产品、服务或者解决方案。

③渠道通路——渠道通路构造模块用来描绘公司是如何沟通、接触其客户细分群体并传递其价值主张的,也就是公司的销售或者服务的渠道。

④客户关系——客户关系构造模块用来描绘公司与特定客户细分群体建立的关系类型,包括战略合作伙伴、联盟客户、普通客户、渠道客户、直接销售客户等。

⑤收入来源——收入来源构造模块用来描绘公司从每个客户群体中获取的现金收入(包括一次性收入和经常性收入),比如产品销售费用、服务费用、投资理财、第三方业务等。

⑥核心资源——核心资源构造模块用来描绘让商业模式有效运作因素,比如产品、专家、原材料、专利等。

⑦关键业务——关键业务构造模块用来描绘确保其商业模式可行的最重要的事情,比如不同业态、分公司、机构等。

⑧重要伙伴——重要伙伴构造模块用来描绘让商业模式有效运作所需的供应商与伙伴的网络,比如战略供应商、销售渠道、分销商、物流、人力资源外包等。

⑨成本结构——成本结构构造模块用来描绘运行一个商业模式所引发的所有成本,比如销售成本、人力资源成本、服务成本、运营成本、物流成本、消耗成本等。

(2)探讨优势、劣势、机会和挑战:SWOT分析法

讨论现状,发现机会,找到解决方案,详细讨论主题的几个关键点,考虑外部、内部条件,也从机会挑战开始,研究其主题落地的可行性。

使用时机:在研究主题的现状和挑战的时候;在希望对讨论的主题提出想法、建议之前;对已经产生的想法进行落地可行性检查的时候。

持续时长:30~40分钟。

参与人数:每个小组3~10人。

道具:大白纸每组4米,黑色双头小记号笔每人一支,4种颜色的便签贴每人最少10张,宽透明胶带一卷。

步骤:利用SWOT分析法分析所讨论主题的优势、劣势、机会和挑战。S是英文strengths的首字母,表示优势;W是英文weaknesses的首字母,表示劣势;O是英文opportunities的首字母,表示机会;T是英文threats的首字母,表示威胁。优势和劣势是指企业内部的;挑战和机会是指企业外部的。

①用宽透明胶带或大头钉将4张大白纸贴到或钉到墙上,大白纸横向贴,上面两张、下面两张,拼成一个大的长方形。

②在中间画一个坐标轴,4个象限分别表示优势、劣势、机会和挑战。

③讨论优势。

④讨论劣势。

⑤讨论机会。

⑥讨论挑战。

⑦利用SWOT分析法理解、讨论问题的整体视图,找到可行的机会,给出相应的解决方案。

⑧汇报模板:对于SWOT分析可以采用如上的汇报,将讨论的结果罗列到SWOT的4个象限,使讨论的结果一目了然。这个整理的过程也是对其结果的一个总结和认识。

3.设计创新想法的构思

首先是头脑风暴将发散思维和逻辑思维相结合。头脑风暴需要的是发散思维,需要人

人参与,贡献各种各样的思想,可以有天马行空的想法,也可以有脚踏实地的点子。如果仅考虑天马行空的想法,仅考虑发散思维的点子,可能会跑题,可能缺乏聚焦,可能考虑的问题不全面,必须将左脑和右脑相结合,将民主和集中相结合,将发散和聚焦相结合,这就是中国传统文化的"阴阳太极"。阴阳太极的组合并不一定是黑白各占50%,在不同的情况下需要的是平衡,也许黄金分割点是一个很好的平衡点。

这些工具在不同的情况下,根据讨论的主题不同,可以任意组合和拆分,也可以在充分理解所讨论主题相关业务的前提下自行设计。

创新的关键是要有创意,创意源于想法。传统的想法是按照逻辑推理的方法得出点子,而创新的想法是利用右脑思维,跳出问题的表面现状,朝着其他的方向思考而得出新的想法。新想法可以按照如下维度思考,即不占空间,不用电,不需材料,不花钱或者少花钱,简单不需维修,不会坏,不需要现在的资源、新的技术,等等。

其次是设计创新想法的激荡。例如,从研究鸟的飞行到飞机的制造就是一个借鉴创新发明的过程,飞机的设计主要是从小鸟滑翔时翅膀的状态得到启示。约在公元1800年,气体动力学创始人之一的英国科学家凯利曾深入地研究过飞行动物的形态,寻找最具流线型的结构。他模仿鸟翼而设计了一种机翼曲线,与现代飞机机翼截面曲线几乎完全相同。法国生理学家马雷曾写过一本研究鸟类飞行的名为《动物的机器》的书,介绍了鸟的体重与翅膀负荷(即单位翅膀面积所负的重力)的知识。后来,俄国科学家茹可夫斯基在研究鸟类飞行的基础上,提出了航空动力学的理论。正是通过对鸟类的一系列的研究,终于找到了人类飞天的关键所在。在人们模仿鸟类翅膀采用大功率轻便发动机带动螺旋桨之后,美国莱特兄弟终于在1903年发明了飞机,实现了人类梦寐以求的飞天愿望。这就是利用仿生学进行创新的最有名的案例之一。

最后是掌握合适的工具。可以通过行业借鉴的模式获得行业的创新,将不同行业的运营模式移植到其他行业,就可获得另一类创新。现在的工业4.0的核心之一就是通过互联网和物联网实现大规模定制,这是值得其他行业借鉴的很好的案例。小米将戴尔的营销模式搬到手机营销上,并且将"饥饿营销"法发扬光大,这些都是行业的借鉴。可见,行业借鉴是一个非常好的创新工具。此外,还应掌握以下两种工具。

(1)行业互换

将其他行业的先进经验和奇特的运营模式等借鉴到自己的企业,将会产生巨大的创新;将其他人的优秀做法借鉴到自己的工作中,会得到创新的结果;将其他完全不同的行为或模式借鉴到自己的企业或个人身上,就会得到另一番创新。

使用时机:讨论主题特别是讨论企业的战略规划或者运营模式的时候;看到一个客户或者行业发生巨变且希望将这种模式运用到自己的企业的时候;希望将其他行业的先进经验运用到自己的企业来探索方法和业务模型的时候;帮助一个企业客户在其他领域寻找新的增长点的时候。

持续时长:10～30分钟。

参与人数:8～10人。

道具:大白纸每个小组两张,两种不同颜色的便签贴每人每种颜色最少6张,黑色双头小记号笔每人一支,胶带或者双面贴若干,A4纸每人一张。

步骤:

①任意挑选一个行业或者一个著名品牌的企业,讨论这个行业或者企业的运营模式。

探索如果采取这种运营模式将会发生什么。

②选定一个行业或者著名品牌,然后给参与者安排作业,要求其对这个行业或者品牌事先做充分了解,查阅资料。

③每组将两张大白纸并排贴到墙上,每张大白纸以纵向贴。

④在左侧大白纸的左上角写上"参照行业",在右侧大白纸的左上角写上"我们对应的做法"。

⑤挑选一个有着非常优秀表现的行业,辨识出其相对先进和相对落后的两方面经验。

⑥小组每个人将3张同颜色的便签贴横向贴到A4纸上,然后将这个行业的做事方式,以及自己认为先进的做法、体验等写到便签贴上,写时不讨论、不商量,每人贡献3条,完成后,将A4纸以顺时针方向传递给下一位,下一位在3张便签贴下面再贴上3张同样颜色的便签贴。首先认真读上面的3条体验,然后受到启发,再在下面的3张便签贴上写下3条对于参照行业的体验,要求不能和自己原来的3条重复,也不能和上面的3条一样。这样每个人就贡献了6条体验。

⑦全部写完后,每个人将自己手上的6条体验贴到参照行业的大白纸上,并且大声念出来,使得小组成员都可以听到。其他人在贴时,可以按照某种分类分别贴到大白纸上。

⑧组长带领大家每个人拿着笔和另一种颜色的便签贴贡献自己的点子,将其贴到右边的大白纸上。

⑨做完后讨论,看看是否还有其他的做法,最后小组汇报自己获得的结果。

上述行业互换是将一个公认优秀且指定行业的先进的经验、盈利模式、运营流程等互换到自己的企业而得到的创新。也可以将各个不同品牌的先进经验和模式移植到自己的企业得到一个混合的创新型的企业,下述品牌借鉴就是这个目的。

(2)品牌借鉴

将其他著名品牌的优势借鉴到自己的企业会产生有别于本行业其他企业的创新,也可以将本行业还没有出现的、大家公认的著名品牌的优势移植到自己的公司来使用。

使用时机:在研究企业的盈利模式及运营流程、做某些方面的改进、进行产品创新设计的时候;在期望寻找自己行业在某个具体主题下创新的时候;为了获得创新想法而需要受到启发的时候。

持续时长:10~30分钟。

参与人数:8~10人。

道具:每个小组3张大白纸,3种不同颜色的便签贴每人每种颜色最少6张,黑色双头小记号笔每人一支,胶带或者双面贴若干,A4纸每人一张。

步骤:

①每组将3张大白纸并排贴到墙上,每张大白纸以纵向贴。

②在左侧大白纸的左上角写上"品牌",在中间大白纸的左上角写上"原因",在右侧大白纸的左上角写上"建议"。

③小组每个人在A4纸的上面贴一张便签贴,然后在下面贴上另一种颜色的3张便签贴。在上面的便签贴上写上自己最喜欢的品牌,在下面3张便签贴上写上为什么喜欢,列举3条自己认为最重要的原因。要求整个小组统一颜色,写品牌的是一种颜色,写原因的是另一种颜色。

④写完后,大家统一在大白纸的品牌和原因相应的空间贴上便签贴,并且大声念出来,

让小组的人员都可以听到。

⑤贴完后,将品牌和原因分类。著名品牌之所以这样著名,是因为大家喜欢他们很多的特征,比如"苹果的客户体验特别好""京东的物流跟踪实时""小米的客户参与度高"等,现在考虑能否将这些特征复制到自己的公司或者个人。

⑥用第三种颜色在 A4 纸横向贴上 3 张便签贴,针对著名品牌出色的特征写出 3 条建议;写完后以顺时针方向将你的建议交给下一位,下一位再贴上同样颜色的便签贴 3 张,要求在看到上面建议的基础上,启发获得更好的建议,同时不能和自己已提的建议和上一位所传建议完全相同;最后贴到大白纸对应建议的位置,大声念出来,让所有人听到。

⑦将建议分类,投票,整理出哪些建议是重要的、可行的。

⑧做完后,大家讨论,看看是否还有其他遗漏的建议,在别人建议的启发下是否还有更好的建议,最后小组汇报自己活动得到的结果。

从著名品牌处获得灵感,将其移植到自己的企业,获得有别于本行业其他企业的想法和解决方案。在创新方面,已广泛运用行业互换和品牌借鉴。利用这种方法最有用的就是类比创新法,即将该行业已经做得非常好的流程或者模式搬到自己的企业中进行使用,这样既可以很容易地学到,还可以有别于本行业的其他企业。这样的创新的风险相对会低一些。所谓的"最佳实践法"就是将自己行业中佼佼者的模式借鉴到自己的企业中。但是这经常是"经验介绍",而很难获得真正有别于其他企业的创新,企业只能做"跟随者"而非"领跑者"。

4.创新想法的可行性分析

首先,确定创新想法的分类与优化专用工具。有了想法是创意的第一步,将想法变成创意还需要考察想法的可行性,想法是否比较完善。在大量的想法中淘到"金子"就是"数据挖掘"的过程。从中找到最有价值的想法就需要将所有的想法进行分类,找到每个类的特征,发现有用的及重要的想法和点子,然后加以完善,进行排序,找到重要的、可行的想法,获得实用的、创新的解决方案。

将大量的想法进行聚类时,其中有些想法是非常狂野的,现在不一定马上可以实现,但是随着科技的发展,人类的进步,可能迟早有一天这样的想法会实现。人们经常讲"不怕做不到,就怕想不到",凡是想到的就可能有机会通过奋斗去实现,如果没有想到,根本就不会有可能去实现。太狂野的点子属于梦想家,需要较长的一段时间做项目研发和技术发明等;有一些点子可能属于批评家,怀疑现状,批评守旧。应得到一些既不太狂野也不完全现实的想法,这些想法可以通过一些努力实现。当然还有一些是朴实的想法,现在只要去做,就可能实现,这属于现实家的想法。

其次,掌握合适的工具。

(1)创新想法狂野度分类:梦想/批评/现实分类法

对于所有的想法或想法的聚类,将其按照想法的狂野度进行分类,划分出哪些想法是需要很大的努力可以实现的,哪些想法是难度相对较小的,哪些想法是现在就可以实现的,为实现下一步活动计划做好准备。

使用时机:当大量的想法产生以后,需要检查哪些想法是狂野的、比较超前的,哪些想法是脚踏实地的、现在就可以实现的,哪些想法是需要一段时间的努力可以实现的时候;在准备行动计划之前,需要确定对想法实现所需要的努力,以及进行成本划分的时候;想法太多,需要将想法进行筛选,找出最希望实施的想法的时候。

持续时长:20~30分钟。

参与人数:2~10人。

道具:大白纸一张,粗记号笔一支,黑色双头小记号笔每人一支,两种颜色的便签贴各一包,圆点贴一张。

步骤:

①将所有的想法按照狂野度进行分类,为行动计划做好准备。

②在墙上横向贴上一张大白纸,画好表头,然后标上"想法""阻力""克服阻力需要的努力""克服阻力难易程度"及"归属类别"。

③将关键的想法从原来的想法中揭下来,重新贴到大白纸左边的"想法"下面,比如"在未来手机"主题讨论时提出的想法:"人体直接具有智能手机的功能""老年手机""电热宝手机""立体声控放大屏幕"等。

④将实现想法的阻力写到一种颜色的便签贴上,然后贴到对应"想法"与"阻力"的栏目中。这里的阻力是指现在实现这个想法的最大瓶颈是什么。比如,对于"人体直接具有智能手机功能",最大的阻力就是"人体没有这个功能或者还没有发现这个功能"。

⑤在对应这个想法的"克服阻力需要的努力"一栏中贴上需要实现哪些技术或者工作才可以克服这一瓶颈。接下来在便签贴上写下如何克服这些阻力,贴到对应的栏目中,比如"转基因""大脑植入芯片""研发这样的设备"等。

⑥再根据所需要的人力、物力、技术等判断自己的能力(包括国际上是否具有这样的技术,是否需要购买,或者是否这种技术根本不存在,等等),来判断实现这些"技术"的难易程度,按10分制打分,写到对应的栏目中,难度越大,分数越高。

⑦在"归属类别"中用笔或者用三种颜色的圆点贴作标识,比如红色的圆点贴表示"梦想"的想法("难易程度"得分非常高的),黄点表示"批评"的想法("难易程度"得分适中的),蓝点表示"现实"的想法("难易程度"得分较低的)。

通过梦想/批评/现实分类法将想法分为三大类:需要长时间或者大量的成本可以实现的梦想家想法成本高,但是创新性也非常高,风险相对也最大;现在就可以着手去做现实家的想法;经过一些努力可以实现的想法——批评家的想法(总是挑战现实,但是相对比较务实的想法),可以为下一步的行动计划做好准备。

注意:梦想/批评/现实分类法是按照实现的"难易程度"将想法进行线性排序,然后将其结果分成三段,变为梦想家/批评家/现实家三类想法。这些都属于"模糊"分类法。如果这些想法(样本点)太多,就可以采用计算机模糊聚类来实现。

(2)分析决策分类:鱼骨图方法

当通过头脑风暴获得了很多的想法和点子时,可以通过"聚类法"进行分类,然后再用优化的方法进行完善;也可以利用"鱼骨图"方法直接讨论一个主题来获得方案,或者将想法利用"鱼骨图"进行聚类,然后优化。

鱼骨图由日本东京大学的管理大师石川馨博士所发明,故又名"石川图"。鱼骨图一般有三种模式:第一种是整理问题型鱼骨图;第二种是因果关系型鱼骨图;第三种是分析决策型鱼骨。为了简单好记,不论哪种"鱼骨图"都采用同样的模式(为了区分,可能会将因果关系型鱼骨图的鱼头画在右边,而将分析决策型鱼骨图的鱼头画在左边)。

鱼骨图方法围绕需要解决的问题,按照几个不同的鱼骨(维度)来考察,获得每个鱼骨的相对解决方案,从而获得整体的解决方案;或者将问题分解成几个不同的维度,然后找出每个维度的因果关系。

使用时机:寻找一个主题的解决方案,这时的问题可以拆分成很多不同的层级,每个层级都具有很多不同的子解决方案的时候;通过头脑风暴,已经获得了很多的想法,希望将想法分类,然后考虑每个类的解决方案及其优化方案的时候。

持续时长:30~50分钟。

参与人数:2~10人。

道具:大白纸两张,黑色双头小记号笔每人一支,6种颜色的便签贴若干,宽大胶带一卷。

步骤:

①将两张大白纸接在一起贴到墙上。在纸的右边画上一个右箭头,写上需要讨论的主题,然后在箭头的中部从右向左画一条线,代表"主骨"。

②通过头脑风暴,找出所要讨论主题相应的瓶颈(比如"销售方法"比较单一,产品式销售,人才不够,等等),然后考虑为什么会产生这些瓶颈,从而找到相对的维度(边骨)。

③整理这些维度,将主题分解成若干个维度,比如主题"如何改变销售模式"可能会分为"方法""人员""方案""服务""竞争""投标"6个维度来考虑(一般不要超过6个维度,除非问题层次非常多)。

④在主骨上面分别以60°角向左上角和左下角画分解维度线(线代表"边骨"),接着在"边骨"旁边贴上维度的名称,每个"边骨"用一种便签贴来完成。

⑤针对每一个维度进行头脑风暴,可以在每个"边骨"找到很多对应的解决方案。

⑥将每个维度完成,就获得解决问题的整体视图。

注意:在一些情况下,可以用鱼骨图方法将已经讨论获得的很多点子进行分类,然后贴到对应的鱼骨图的各个"边骨"上,做成层次化的可视效果。检查"边骨"(维度)是否真正覆盖了整个主题,如果不够,可以增加"边骨"(维度)来实现,用这样的方法可以优化整个讨论的结果。

可以使用鱼骨图方法实现对一个主题的讨论,找到解决方案。它就像梦想/批评/现实分类法一样,反复做获得问题的解决方案。但是其缺点是利用左脑太多,缺乏右脑思维,缺少创新,所以建议在找解决方案想法时,可以和"未来/现状/瓶颈/想法"一起来获得有创意的解决方案。

根据具体讨论的问题选出"边骨",如果是现场作业,一般从"人机料法环"着手;如果是管理类问题,一般从"人事时地物"展开,应视具体情况而决定。

5. 创新设计思维的行动计划

首先,将创新设计思维进行聚类、整合、优化、完善、可行性分析以后,需要针对这些方案进行行动计划、实施设计、模型制作、样品生产等。

对于行动计划常常采用目标导向的方法,首先制定愿景目标,然后从目标向回推——要达到目标需要什么样的资源,需要什么样的技术,围绕着这些技术和资源,现在存在哪些瓶颈,如何突破这些瓶颈……再向前推,直到得出具体的行动计划。

其次,掌握合适的工具。

(1)目标方案的实施:目标导向的行动计划

为了按时、按要求完成想法的实施,需要按目标导向的行动计划来落实具体的行动;目标导向的行动计划需要极大的努力,因为时间是从前向后倒推出来的。目标导向的行动是从目标向回倒推的,执行时从现在向未来执行,要严格按照制定的解决方案和行动计划执行。

使用时机:将具体的任务进行分解,落实到具体的人、时间和交付物的时候;将想法或者解决方案落实到具体的行动计划的时候;要决定谁做、什么时候做、做到什么地步、检测的标准是什么的时候;所有的想法和点子聚类后,已经按照优先级划分好,特别是按照时间序列(流程)划分好行动的具体任务的时候。

持续时长:20~40分钟。

参与人数:2~10人。

道具:大白纸一张,黑色双头小记号笔每人一支,5种颜色的便签贴每人每色最少10张,宽胶带一卷。

步骤:由目标任务倒着向回推,在每个节点发现最大的瓶颈,围绕瓶颈制定相应的方案,保证每个节点可以完成任务,在每个节点准备相关的几套解决方案来应对不测风险。

①将大白纸纵向贴到墙上。将所有的想法和点子聚类后,按照优先级划分,特别是按照时间序列(或者流程)划分具体节点的行动。

②在大白纸中间划上一条横线,右边标上箭头,表示时间方向;将讨论的任务完成时间节点写到最右端;在"做什么""谁来做"栏贴上最终任务和责任人;将完成任务的验收标准贴到对应栏目;接下来要从前向后推,将完成任务需要做什么写在便签贴上,然后贴到"做什么"栏目,并且估计什么时候可以完成;接下来考虑实现节点处的任务有哪些条件,由谁来做,什么时候做,验收标准是什么,等等,一层一层分解,就可以推出从现在开始必须在各个节点完成的任务。

③做完之后,可以画一个表格,按照完成任务的角色分配给相关人员,其中包含责任人、任务、时间及验收标准等;有时还需要有人负责检查,在每个节点临近时检查任务的完成情况,是否存在风险,如果工作量较大是否可以增加人员一起来完成,等等。

在很多情况下,需要分析每个节点的阻力(瓶颈)是什么,以及如何克服这些阻力,要有哪些人力、物力、技术、资金、设备等来支持这个项目的实现。

在执行行动计划的过程中,在每个时间节点都要检查任务的完成情况,为避免存在任何风险,需要有后备方案来支持。

(2)创新想法行动计划:图解行动计划

将想法付诸执行时,需要制订行动计划;对项目目标的各个阶段、完成的任务、谁来完成制订一目了然的计划;将项目流程视觉化,方便对结果进行追溯。

使用时机:当设计思维工作坊制订行动计划的时候;当需要结束当前讨论的主题,追踪后续行动的时候。

持续时长:30~60分钟。

参与人数:2~10人。

道具:大白纸两张,最少6种颜色的便签贴每种各一包,黑色双头小记号笔每人一支,宽胶带一卷。

步骤:

①将两张大白纸接在一起贴在墙上,在上面画一个带小格子的大箭头。

②向参与者讲解活动目的:围绕主题讨论的想法,定义出需要完成的任务,达成共识。把第一个任务的名字写在便签贴上,然后贴在左边第一列第二行格子里。请组长把所有相

关的任务继续贴在下面,或者由组员们讨论添加或者减少需要关注的相关任务。无论哪种方法,最后你都应该把需要讨论的相关任务列在最左边一列。

③基于列出的任务,向组员明确指出完成每项任务的时间周期。把日、周或者月作为时间节点,写在另一种颜色的便签贴上,贴到最上面一行,也可以根据讨论制定的时间节点贴到第一行。

④大家讨论完成每项任务的时间周期的可行性,达成共识,最后制定出完成每项任务的具体时间,将修改好的时间写在便签贴上,再贴到最上面一行。

⑤每人拿一些便签贴,对于第一个任务,就对第一个时间周期内需要完成的事项达成一致。将事项贴到相应的时间和任务对应的栏目中,然后分配谁来做、做什么,每人在自己需要完成的事项上标注上自己的名字或者贴上代表自己的颜色圆点贴。

⑥以此类推,与组员们一起完成第一个任务的后续表格,直到组员们完全认领写出来的所有用于完成该项任务的所有事项。重复后两个步骤,直到完成所有任务。

通过图解行动计划,可以将需要完成的目标分解成若干个不同的任务,然后按照时间节点将任务分解,分配给不同的人,制订好行动计划。

注意:以小组为单位完成行动计划有两个主要的好处:一是将一个复杂的任务分解成可管理的工作区块,以激发大家对任务的责任感;二是由团队合作建立行动计划,可以提升项目管理流程的质量,避免忽视重要步骤,使项目管理更加具有条理性和战略性。

图解行动计划最大的缺点是,每个行动是自己讨论提出的,更多的是"民主",缺少"集中",由于人一般会有一些惰性,因此大家可能希望完成任务的时间长一些,相对压力小一点,而且没有更多地考虑完成各个任务的阻力和瓶颈。在这种情况下,"目标导向的行动计划"可能较好,其所需时间周期短,会给大家一些压力,逼迫大家想办法,努力完成任务。目标导向是指从目标导出来,从目标检查每个节点需要完成的任务所需要的条件,这样在每个节点,大家就会想尽办法克服瓶颈,保证项目的顺利完成。

根据情况的不同,行动计划有详细的行动计划,也有需要审批或者检查的简单的行动计划,按照利益相关者分配谁来做,做什么,什么时候做,完成后检验的标准是什么。有些情况下,仅仅需要知道谁来做、做什么即可。

6. 原型设计与价值推广

首先,要描绘草图。很多离散的想法经常会是一个个抽象的概念或者文字描述,会导致大家不在同一个"频道"讲话,当让大家很快有一个共识,理解想法的真正含义,或对想法进行磋商、矫正的时候,需要将想法利用视觉艺术描绘出来(即描绘草图),直观地理解想法所代表的实体、情景、流程等。

描绘草图不仅应用在原型设计阶段,在设计思维的任何一个阶段都会利用视觉艺术直观地表达自己的想法或者点子。设计思维并不是一个线性的研发过程,而是以"想一想/看一看/做一做"这样的方式一直循环,而且每个环节中都会贯穿这一方式。

描绘草图的过程也是对想法、点子、解决方案的全面审视,加之经常利用积木、橡皮泥等制作模型,会带来很多的创新灵感。戴维·凯利把模型制作称为"用手来思考",并将它与规范引领、逻辑推动的抽象思维相对比。二者都有价值,但是在创新设计思维过程中,模型制作会更有效。

其次,掌握合适的工具。

(1)快速原型法设计:棉花糖游戏

在固定的时间、有限的资源下,利用给定的道具完成指定的任务。

每4人一个小组的道具:棉花糖一只,棉线1米,细胶带1米,意大利面条20根,剪刀一把。

工作坊导师道具:白板一个,1米皮尺一条,黑色记号笔一支,任意奖品三份,棉花糖游戏录像一段(最好有)。

游戏要求:将所有参与者分成4人一个小组,每组利用道具,在18分钟内不借助任何外力建成一个最高的棉花糖塔。棉花糖必须放在塔的顶部,塔的高度按从塔的底部到棉花糖的顶部计算。棉花糖不能有任何破坏,不能变形,不能吃掉一块。意大利面条可以剪断,但是如果是不小心折断的,可以带着全部"残骸"兑换相应数量的意大利面条。不借助任何外力的意思是不能将塔座粘到桌子上,也不能用绳子从天花板吊下来挂上棉花糖计算高度。

导师在整个过程中,每隔5分钟提醒大家一次时间,15分钟后,每分钟提醒一次。时间一到,让所有人坐下来,将所有小组的棉花糖塔的高度记录下来,写在白板上,最高的前三个小组获奖。

(2)形象场景演示:故事画板法

用纸张、笔、剪刀和胶水来制作创新想法、场景、故事、愿景、目标、未来等模型,把需要讨论的创新想法通过连环画的形式清晰地展示出来。整个故事线是有时间序列的,可以看到想法的整体视图。

使用时机:已经将小组的想法浓缩成一个或者几个故事情节的时候;需要帮助客户充分理解或者投资在一个可能实现的"概念"想法的时候;采用直观的、可以看到故事情节的设计结果来说服客户或者投资者的时候。

持续时长 :20~45分钟。

参与人数:2~10人。

道具:大白纸、A4纸、各种彩色纸、各种彩色笔、剪刀、胶水等。

步骤:

①小组长首先和大家讨论小组的想法,将其构成一个故事线,再将小组人员重新分配成几个小组,比如需要画6幅画,就分成6个小组。

②给每个小组一张A4纸,再分发各种大小的彩色纸、彩色笔、剪刀等。

③每个小组用手上的彩色纸将分配的创新想法画成一幅草图,争取在10分钟内完成。

④所有的小组聚集到一起,将每个小组的画贴到一张大白纸上,再用便签贴等进行补充、说明。

⑤每个小组都要向其他组汇报展示,确保展示的内容是对创新想法内容的完整说明。

⑥记录展示的内容,最好将汇报过用手机或者录像机录下来,同时为原型拍摄照片。

⑦利用连环画的形式直观地、可视化地表现出想法、未来等,一步一步进行想法的创新迭代,从而获得更深层次的狂野想法。

注意:在做故事画板的时候,不应将一些看起来狂野的、荒谬的想法扼杀掉,而应该动员大家对狂野的想法进行讨论,将其实现。这样实现的是不断创新,而不是对现实的修修补补。

任务三 创客空间写实

一、创客空间的模式

"创客"一词来源于英文单词"hacker",它并非指电脑领域的黑客,而是指不以赢利为目标,努力把各种创意转变为现实的人。

创客是一群喜欢或者享受创新的人,追求自身创意的实现,至于是否实现商业价值、对他人是否有帮助等,不是他们的主要目的。而创客空间就是为这些创客们提供实现创意和交流创意、思路及产品的线下和线上相结合、创新和交友相结合的社区平台。

创客空间是创客文化发展的重要载体,它为创客活动提供物理空间和硬件平台。同时,线上虚拟社区的技术共享及讨论也大大拓展了创客空间的物理边界。

归根溯源,这类以兴趣驱动的爱好者群体其实很早就已经出现,人们曾把他们从事的活动称为 DIY(do it yourself,自己动手做)。随着海外创客运动(maker movement)的逐渐兴起,国内新兴的一批兴趣团体也逐渐以创客空间、创客社团等身份为人们所熟悉。这些新兴创客群体具有不同的特点,其功能定位与运行模式也不尽相同。

创客群体已成为引领全球新工业革命的新助推器。在互联网的助推下,个人创客又逐渐汇聚成一个个社群,从而形成创客空间。

2007 年,一位计算机安全专家与一位发明专家在美国旧金山成立了噪音桥(Noisebridge)创客空间。随后的数年中,在两位创始人之一米奇·奥特曼(Mitch Altman)的推动下,全球范围内的创客运动愈发兴盛。在我国,早在 20 世纪 80 到 90 年代,DIY 的风潮就已开始掀起。从组装桌椅板凳、半导体"话匣子",到修理家电、汽车,人们热衷于自己动手制作而非购买成品。随着计算机产业在我国的发展,DIY 很快进入了新的领域。计算机配件的充足供应及其便捷的购买渠道,使得"攒电脑"从北京、上海、广州、深圳等一线城市迅速流行开来并遍及全国。数十年来,以"自己动手做"这种形式进行设计、开发、制作的人群越来越多,虽然所在领域不同,制作对象千变万化,但他们有一个共同的特点,就是都凭借兴趣或爱好,依靠个人或小团队的力量来实现。同时,这类人群往往也能够通过制作产品、加以应用、创造价值,来赢得周围人们的了解、尊重和崇拜。

近年来,互联网已经渗透到第一、第二、第三产业中,正在推动一场大规模的产业变革。而有一类群体,带着他们对新技术的敏锐嗅觉和快速响应能力,借助网络资源不断聚合的能量,引领和影响着这场变革。曾经提出 Web 2.0 概念的美国著名科技媒体人 Dale Dougherty 将这类群体定义为"maker"(中文译为"创客")。美国《连线》杂志前主编、《长尾理论》作者 Chris Anderson 更是顺应潮流,辞去工作,以创业家的新身份创办新型科技企业 3D Robotics。在他看来,创客群体已经成为引领全球新工业革命的新助推器。

近几年国内创客群体的涌现一定程度上缘于我国电子元器件和信息化产业的空前发展。尤其在我国南方,电子元器件和当年的计算机配件一样,在各类电子市场可以以接近成本价的低价大量采购。这就为那些喜爱拼插组装又十分善于将不同功能、特性的元件进行组合的人们提供了无限的可能性。加之全球持续流行的开源软件社群,以及刚刚出现就迅速成长的开源硬件社群的发展,热衷于自己钻研、开发的人们在全球范围内互相启发,他们不再满足于简单的机电产品制作,更多的是利用各种不同电子元器件之间相对开放的接口尝试不同的组合,创造不同的新产品和新应用。

在互联网的助推下,个人创客逐渐汇聚成了一个个社群。为了让更多的人知道自己的作品,这些 DIY 发烧友们借助互联网将各自的成果展示其上并互相学习,形成一个个社交群体。创客个人水平的提升逐渐汇集成了整个社群在技术水平和规模上的优势,这也就是现今各地所涌现的各类不同定位的创客空间的雏形。当然,受到地域、产业结构、社区属性等因素的影响,不同的创客空间在功能与定位上都或多或少存在着差别。

商业化最成功的创客空间当属美国的 Tech shop。2000 年,依靠从 Maker Faire 上筹集的资金,第一家 Tech shop 在硅谷中心的 Menlo Park 成立。从 2000 年到 2012 年,Tech shop 的收入增长高达 798%。Tech shop 的收入主要来源于两方面:一是超过 4 000 位注册会员所贡献的每周 125 美元的会费;二是每月逾 150 次课程,每次课程收取 50 美元到 100 美元不等的课程费。其他的收入来自售卖工具和材料,以及向个人及小微企业提供定制服务。

孵化器是创客空间的另一种典型模式,代表性机构是设立于硅谷和深圳华强北的 HAXLR8R。HAXLR8R 每年在全球招募 10 个左右的创客团队,为每个团队提供 2.5 万美元的种子基金,并在深圳华强北提供免费办公空间和技术、创业方面的指导,帮助团队将想法变成产品。经过 111 天的孵化,团队从深圳回到硅谷向天使投资人和科技企业展示他们的成果。一些团队可能获得资助成为初创企业,一些则可能以 Kickstarter 作为新的起点。

图书馆创客空间是 2015 年下半年才开始陆续出现的。其主要特点如下:

①以合作共建为主,创业色彩浓厚。我国新建的几个高校图书馆创客空间,都是与社会创客空间或企业联合建立的,与国外高校图书馆创客空间着重创新实践和兴趣培养有所不同。

②与高校教学、科研的结合不足。我国高校图书馆创客空间在重视创业的同时,在与教学的结合、对科研的支撑等方面明显着力不足,未充分发挥高校图书馆创客空间的功能和潜力。

③软、硬件系统配置还不够健全。我国高校图书馆创客空间的发展时间尚短,先进的工艺、齐备的工具、专业的管理人员等创客空间的必备要素还不健全,需要加快完善。

二、创客空间样板

1. 图书馆创业空间样板

(1)三峡大学图书馆的"大学生创客空间"

"大学生创客空间"成立于 2015 年 9 月 2 日,由三峡大学图书馆和库 X 咖啡众创空间合作建设。该空间的宗旨是打通"创业－投资"产业链,为该校的学生创业者提供专业的创业服务平台。同时,该空间还举办多种主题活动,如承办"全国大众创业万众创新活动周"路演活动;举办"创业初期的资本思维"创业分享会;在新生入学季举行"引航人生,伴行成长"主题沙龙会,引导新生做好大学期间的学习安排和远期人生规划。

(2)天津大学图书馆的"长荣健豪文化创客空间"

"长荣健豪文化创客空间"于 2015 年 10 月落成,由天津大学图书馆和天津长荣健豪云印刷科技有限公司共同组建。首先,这里是一个"云印刷"体验馆,用以展示"云印刷"个性化、低成本和周期短的优点;其次,这里也是一个综合性的创客空间,创客们的点子和创意在这里可以很方便地变成产品。这个一体化、开放式的自主服务平台,融合了线上与线下、创新与创业、投资与孵化等诸多元素,使学生不仅能充分享受"云印刷"的便捷,更能利用线上平台为创意作品寻找市场。

（3）上海交通大学图书馆的"交大－京东创客空间"

2015年11月24日成立的"交大－京东创客空间"，凭借上海交通大学强大的科研实力和优质的师资力量，以及与京东的品牌资源衔接，创建了高校与企业相结合的"产学研"生态链。该空间的活动项目包括：定期邀请杰出的创客代表举办各种创客讲座；联合企业进行创业宣传及初创推广；举办各种创新领域的技能竞赛；等等。此外，该空间对于鼓励创业有制度化的建设，如聘请"创业导师"来为学生们的创业项目提供指导等。

2. 社会创业空间样板

（1）上海"新车间"

中国第一个创客空间"新车间"成立于2010年10月1日，为非营利性组织，为硬件高手、电子艺术家、设计师、DIY爱好者和所有喜欢自己动手制作各种东西的人提供了一个开放式社区和实验空间。上海"新车间"立志于为创客打造一个充满机遇和国际化的在线和离线社区。"新车间"实行会员制，会员可以随意使用这个空间里的机械、电子工具和网络，免费参与新车间举办的兴趣小组、活动、会谈和谈论。

（2）深圳"柴火创客空间"

"众人拾柴火焰高"，2010年，深圳"柴火创客空间"正式成立。作为深圳第一家创客空间，深圳"柴火创客空间"也是一个不以营利为目的的组织。它由深圳矽递科技有限公司牵头成立，依靠第三方赞助和会员捐赠，以及工作坊寄卖创客作品和场地对外租借来获取经费，维持自身运营。"柴火创客空间"为创客们提供3D打印机、激光切割机、电子开发设备、机械加工设备等基础硬件支持，以及国内外的创客产品和矽递科技的开发套件。同时，它还发挥平台作用，定期举办各种聚会和知识分享会。

（3）"天津创客空间"

"天津创客空间"是天津第一家众创空间，注册为民办非营利机构。2015年3月1日，"天津创客空间"举办了首次正式见面会。当时，这个机构已经拥有会员400多名，涉及领域包括智能硬件、计算机、科技教育、电子、结构设计、环保节能、人文艺术等，并有成员自建的专业体验馆、工作室4个，累计推出50多项创新作品，并组织过几十场各种规模的活动。

（4）"成都创客空间"

"成都创客空间"是我国西部第一个创客空间，是一个以分享知识、交流创意、协同创造为主的非营利性组织。"成都创客空间"既为创客们提供工作空间，也举办包括电子、嵌入式系统、编程、机器人等不同主题的研讨会和培训班。同时，作为一个融资和管理平台，它积极支持创客实现自己的作品和项目。"成都创客空间"的目标是支持、创建并推进3D打印、移动计算、开源硬件和物联网。为此，"成都创客空间"积极举办讲座、研讨、项目、初创推广、工坊竞赛并参与国际竞争。其长期目标是在中国各地传播创客空间的理念及创客文化。

任务四　TRIZ 理论

一、TRIZ 理论的由来

TRIZ 理论是由苏联发明家根奇·阿奇舒勒（G. S. Altshuller, 1926—1998）创立的。

1946年,在苏联海军的专利局工作的阿奇舒勒通过对4万份来自世界各国著名的发明专利的研究发现,任何领域的产品改进和技术的变革、创新与生物系统一样,都存在产生、生长、成熟、衰老、灭亡,是有规律可循的。之后的数十年,阿奇舒勒领导苏联的研究机构、大学、企业组成了TRIZ的研究团体,分析了世界近250万份高水平的发明专利,建立了一个由解决技术及实现创新开发的各种方法、算法组成的综合理论体系,并综合多学科领域的原理和法则建立起TRIZ理论体系。

TRIZ理论是一种创新方法,它使创新思维从发散走向收敛;利用创新的规律,使创新走出了盲目的、高成本的试错和灵光一现式的偶然。TRIZ的英文全称是"theory of the solution of inventive problems",缩写为"TSIP",其意义为发明问题的解决理论;中文取谐音"萃智"或者"萃思",取其"萃取智慧"或"萃取思考"之义。

二、TRIZ 理论的基本框架

TRIZ 理论的基本框架如图3-1所示。

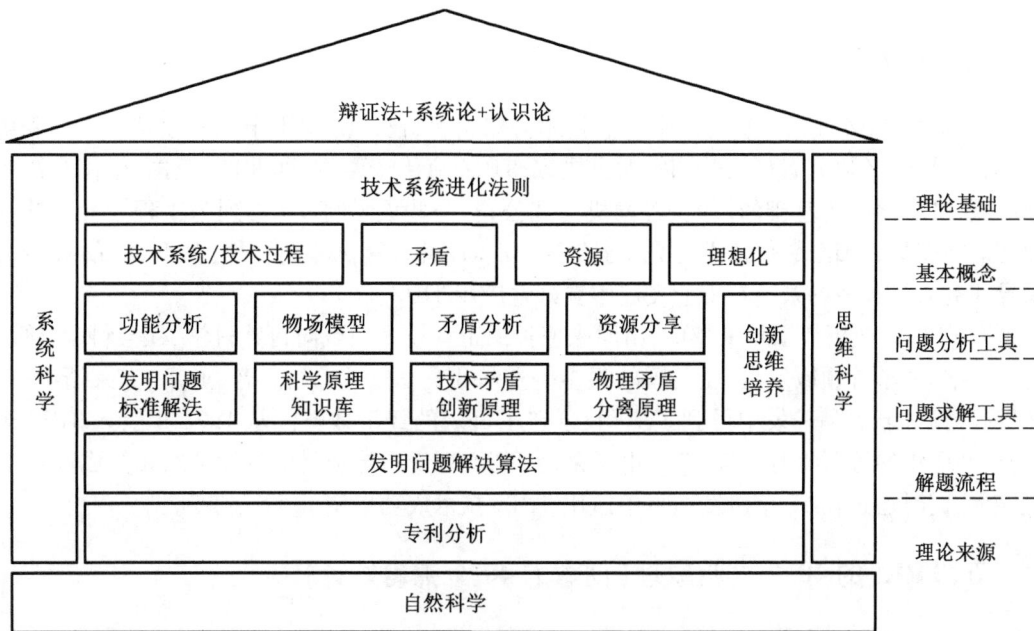

图3-1 TRIZ 理论的基本框架

三、TRIZ 的九大理论体系

1. 八大进化法则

预测技术系统进化模式和产品成熟度。

2. 最终理想解(IFR)

系统的进化总是向着更理想化的方向发展,如果将创造性解决问题的方法比作通向胜利的桥梁,那么最终理想解就是这座桥梁的桥墩。

3. 40 个发明原理

浓缩 250 万份专利背后所隐藏的共性发明原理。

4. 39 个工程参数和矛盾矩阵

为解决问题直接提供化解矛盾的发明工具。

5. 物理矛盾的分离原理

分离原理是针对物理矛盾的解决而提出的。

6. 物场模型分析(Su – Field)

用于建立与已存在的系统或技术系统问题相联系的功能模型。

7. 76 个标准解

发明问题的标准解法,包括 5 级共 76 个标准解法,可以将标准问题在一两步内快速解决。

8. 发明问题的标准算法(ARIZ)

针对非标准问题而提出的一套解决算法。

9. 物理效应和现象知识库

将物理现象和效应应用在问题解决过程中。

四、TRIZ 理论应用

在苏联,TRIZ 理论一直是大学专业技术必修科目,已广泛应用于工程领域中。苏联解体后,大批 TRIZ 研究者移居美国等西方国家,TRIZ 流传于西方,西北欧、美国、中国台湾等地出现了以 TRIZ 为基础的研究、咨询机构和公司,一些大学将 TRIZ 列为工程设计方法学课程。在美国,TRIZ 专家们开发了基于 TRIZ 知识库的计算机辅助软件(如 Pro/Innovator),指导研究人员和咨询人员在工业发展中更好地应用 TRIZ。

TRIZ 理论应用范围越来越广,由原来擅长的工程技术领域向自然科学、社会科学、管理科学、生物科学等领域发展,在美国的很多企业特别是大企业(如波音、通用、克莱斯勒、摩托罗拉等)的新产品开发中得到了应用,创造了可观的经济效益。从 1997 年引入 TRIZ 理论到 2003 年的近 7 年时间里,三星电子采用 TRIZ 理论指导项目研发而节约相关成本约 15 亿美元,同时通过在 67 个研发项目中运用 TRIZ 技术成功申请了 52 项专利。

五、TRIZ 的 40 个发明原理(创意的 40 个锦囊妙计)

在 TRIZ 理论的创建过程(1946—1969 年)中,研究团队通过对约 250 万件发明专利进行详尽地研究、分析、总结,提炼出了 TRIZ 中最重要的、具有普遍用途的 40 个发明原理,见表 3 – 2。40 个发明原理开启了一道发明的天窗,将发明从魔术推向科学,让那些似乎只有天才才可以从事的发明工作成为一种人人都可以从事的职业,使原来被认为不可能解决的问题可以获得突破性的解决。

表 3 - 2　TRIZ 的 40 个发明原理

序号	原理	序号	原理	序号	原理	序号	原理
1	分割	11	事先防范	21	快速作用	31	多孔材料
2	抽取	12	等势	22	变害为利	32	颜色改变
3	局部质量	13	逆向作用	23	回顾/反馈	33	均质性
4	增加不对称性	14	曲面化	24	借助中介物	34	抛弃或再生
5	组合	15	动态性	25	自服务	35	物理或化学参数改变
6	多功能	16	未达到或过度作用	26	复制	36	相变
7	嵌套	17	空间维数变化	27	廉价替代品	37	热膨胀
8	反重力	18	机械振动	28	机械系统替代	38	强氧化剂
9	预先反作用	19	周期性作用	29	气压和液压结构	39	惰性环境
10	预先作用	20	有效作用的连续性	30	柔性壳体或薄膜	40	复合材料

　　当前,40 个发明原理的应用已经从传统的工程领域扩展到工业、建筑、微电子、化学、生物学、社会学、医疗、食品、商业、教育等当今社会的各个领域。40 个发明原理的广泛应用产生了不计其数的专利发明和创新的产品服务。

　　为此,本节将 TRIZ 的 40 个发明原理作为激发创意、创新的重要工具进行详细讲解,共同激发大家的奇思妙想。

　　如果大家对 TRIZ 理论比较感兴趣,希望详尽地了解,可以先从阅读《TRIZ 理论全接触》《TRIZ 入门及实践》《TRIZ 创造性解决问题的理论和方法》等书籍开始学习。

【评估练习】

　　1.什么是设计思维?

　　2.创新设计思维模式有哪些?

　　3.创新设计思维的三要素是什么?

　　4.创新设计思维的六大步骤分别是什么?

　　5.什么是创新技法?

　　6.在运用智力激励创新法(头脑风暴)的过程中应遵循哪几个原则?

　　7.美丽风景线

　　请同学们一笔连接图 3 - 2 上所有的点,看谁连接出来的图形最富有意义。

　　注意:你可能画出一个五角星,但是富有的创意远远超出人们的想象。

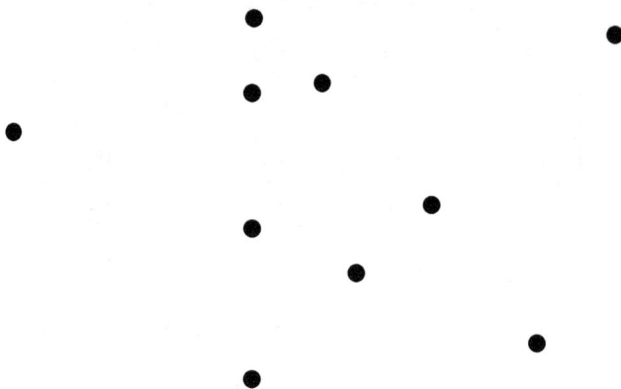

图 3 – 2 美丽风景线

8. 与众不同

从图 3 – 3 中的五个图形中挑出一个与众不同的,请说明理由。

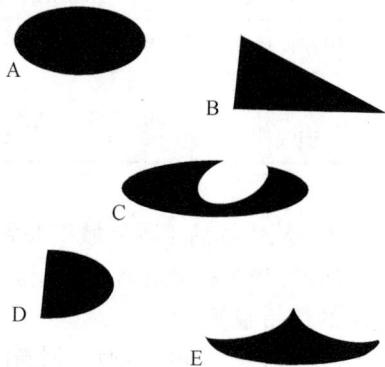

图 3 – 3 与众不同

　　如果你选择 B,恭喜你,你答对了,因为图形 B 是唯一一个全部由直线构成的图形。有些同学可能选择 C,你也答对了,因为图形 C 是唯一一个不对称的图形。图形 A 也是唯一的,因为图形 A 的每一点都是连续的,因此 A 也是正确答案。至于图形 D 呢? 它是唯一一个由直线和圆弧组成的图形,所以 D 也是正确的。图形 E 呢? 它是唯一的非几何图形,因此也是正确答案。换句话说,基于不同观点,它们都是正确的答案。

模块四　创业基础篇

【创新创业格言】

　　只要努力就有舞台。

——高忠强

【创新创业家小传】

　　高忠强(1991—　　),渤海船舶职业学院毕业生。盛凯隆门业有限公司董事长。

【学习目标】

　　深刻理解创业内涵;掌握提升创业能力的有效途径;培育良好的创业心理品质;储备创业基础知识。

【案例导入】

只要努力就有舞台

　　高忠强,1991年5月出生于辽宁省绥中县的一个寻常家庭,却有着不寻常的经历。他从小就不安分,总有和别人不同的想法,在其他孩子还在满街嬉戏的时候,他已经像个小大人似的,在父母身边谈自己以后的梦想,对未来充满希望。他喜欢创新,勇于挑战,善于表达,生活中不断给人意想不到的惊喜。从高中毕业的那一刻起,高忠强暗暗地下定决心,以后不会向父母伸手要一分钱,大男儿顶天立地,吃苦受累都是在为以后美好的生活打下坚实的基础。

　　高中时期紧张的学习生活并没有影响他奋斗的心。他试着去做摄影,推销婴幼儿用品,对各种赚钱养家的行当都去研究、琢磨。高中毕业那年,高忠强到处找工作,到处碰壁,年少的心总是那么血热、知难而上。最后,他终于找到一份在酒店做保安的工作,工作虽然不累,但工资不高,对于刚步入社会的孩子来说是个很大的挑战。让人们都想不到的是,一个"90后"的高中毕业生在劳碌了一天后,晚上要做第二份工,拖着疲惫不堪的身体在拉三轮车!

　　考入渤海船舶职业学院动力工程系汽车维修与管理专业后,新的生活开始了。大学是锻炼人的地方,他当然不会错过这个平台,一颗执着的心依然那么坚定。创业的想法也越来越清晰了。那时候他最喜欢的一句诗是"路漫漫其修远兮,吾将上下而求索"。于是,他开始创业,把自己变得更优秀。

　　大一刚开始,他从中介开始做起,在做好自己兼职的同时,还带领百余名同学一起做兼职,累计销售925台手机,创造了10万元的业绩。高忠强感到格外充实,对创业、对生活怀有满腔的热情。

大学毕业后,高忠强选择做门业销售。他在工作中的出色表现得到了老板及同事的很大认可,参加工作四个月就被任命为销售经理,屡次成为公司的销售冠军,成为公司的传奇人物。他心中一直有一个梦想,那就是自己做老板,自己给自己打工,带领大家一起实现梦想。工作了十个月后,他选择离开原来的公司,出去创办自己的企业——盛凯隆门业有限公司,带上自己的专利产品,携手他的朋友们开启了创业之门。

创办公司不是一件容易的事。他坚信,只要敢想、敢做、肯吃苦,就会有好结果。公司成立之初,他亲自跑市场,拉业务,每天回家后都是将疲惫的身子摔在床上,虽然很累,不过他依旧很幸福。公司创办两年后,工厂占地面积达 20 亩,员工达 57 人。其商品覆盖整个东北地区,月销量达到百万以上,销售额达到 1 200 万元,盛凯隆门业有限公司已经成功成为集生产及销售于一体的综合性企业,成为建材行业当中的佼佼者。

2015 年 10 月,高忠强为扩大工厂规模,提高公司的整体素质,扩招人才,回到母校招聘应届毕业生。他是学弟、学妹们的榜样,为母校提供了良好的就业平台。他给高职学生创业的建议:如果想创业,想想自己真的准备好了吗?无论选择什么行业,必须对自己的选择负责,让自己时刻保持饱满的精神状态,相信自己,敢想敢做。同时,不能急于求成,要一步一个脚印地走好,相信自己是这个社会的主宰者。

【思考】

1. 高忠强的经历告诉我们什么道理?
2. 列举高忠强的创业资源。

任务一 理解创业内涵

创业与创新密不可分。创新孕育着创业,创业充满着创新,创新是创业的最强动力,创业是创新的最佳土壤。

一、创业的定义

何谓创业,众说纷纭。以下是与创业有关的一些解释。

机会价值说:创业是识别并捕捉商业机会从而实现潜在价值及创造价值的过程。

核心要素说:创业是利用人力、资本、机会、资源等要素进行经营管理的活动。

财富目的说:创业是以进行有偿经营、通过开展商业活动而实现赢利目的的经济活动。

风险管理说:创业是一种高风险的创新活动,因此要合理地进行风险防范和管理,从而规避和化解风险。

组织创新说:创业是创建新企业、新团队,并通过组织创新而实现新业务的过程。

创业是不拘泥于当前资源条件的限制,将不同的资源组合,以利用和开发机会并创造价值的过程。创业是渗透于人们生活中的一种思维方式和行为模式,是一种创造性的活动,是对现实的超越,意味着创新和突破。

上述定义容易使创业概念泛化,容易把一般的经营活动都纳入创业的范畴。创业是一个过程,通过投入必要的时间和努力创造有价值的新事物。创业伴随着财务、精神和社会风险,最后获得金钱、个人满足感和独立性。创业是指某个人发现某种信息、资源、机会或掌握某种技术,利用或借用相应的平台或载体,将其发现的信息、资源、机会或掌握的技术以一定的方式转化、创造成更多的财富、价值,并实现某种追求或目标的过程。创业并不只是开办一家企业,创业活动普遍存在于各种组织和个人活动中。创业活动侧重经营活动的前段,在机会导向的程度、创新的强度、创造价值及对社会的贡献等多方面表现得更突出。

创业的关键是创业者对机会的发现和捕捉。创业者的素质对于创业的成功与否起着决定性的作用,不同的创业者面对相同的条件,其结果可能是完全不同的。高职学生创业是指高职学生中的创业者发现机会、整合资源、最终实现自己创业目的的一系列创业活动。

概括起来,创业是必须承担风险的创业者通过捕捉商业机会,投入已有的技能知识,配置相关资源,为消费者提供产品和服务,为个人和社会创造价值与财富的过程。

二、创业的基本要素

1. 创业者

创业者是指置身于创业过程的核心个人或团队(创业主体)。创业者应有梦想:自由、财富和自我实现。创业的核心是富有创业精神的个体与机会的结合,发现并将机会转变成有利可图的企业。

2. 商业机会

商业机会是指提供创造有商业价值的新事物(新产品/服务、新市场、新原材料、新生产方法和新生产经营方式)的可能性情境。商业机会来源于由当前服务于市场的企业留下的市场缺口,是指存在于某种特定的经营环境条件下,可以通过一定的商业活动发现、分析、选择、利用,并创造利润和价值的市场需求。商业机会有以下识别策略:

（1）市场细分策略

市场细分就是指按照消费者欲望与需求的差异性,把一个总体市场划分成若干个具有共同特征的子市场的过程。

（2）市场渗透策略

市场渗透策略是一种立足于现有产品,充分开发其市场潜力的企业发展战略,又称为企业最基本的发展战略。

（3）产品开发策略

企业为了保持市场活力、扩大市场份额,持续不断地利用别人的优势开发新产品,挖掘顾客需求,挖掘产品功能,开发边缘产品。

（4）差异化策略

差异化策略体现在四个方面:①产品差异化,如特点、性能、款式和设计;②服务差异化,如配送、安装、修理服务和顾客培训服务;③渠道差异化,如销售渠道的选择和中间商的选择;④人员差异化,如雇用比竞争对手更优秀的员工并注重培训。

3. 资源

资源包括人力资源、人际关系、创业物资、信息、资金、技术、生产手段和社会网络。

（1）人际关系

人在社会上不是孤立的个体,而是生活在与他人的关系中,需要与他人互相支撑。创业过程中人际关系的因素除了创业者外,还包括企业内部的人际关系以及与外部的供应商、客户、当地政府和社区的联系。

（2）资金

新创企业首先需要注册资金，同时技术（或专利）、生产设备、原材料的购买以及人员的招募等也需要大量的资金。

（3）技术

新创企业中，产品技术含量的提高已经成为一个趋势。从硅谷到中关村，在新创企业推出的产品中，高技术产业所占的比例越来越高。

（4）创业物资

对生产型企业而言，创业物资包括原材料和产品。对于从事其他事业的企业来说，同样存在一个由投入到产出的过程。

（5）生产手段

包括设备、工艺以及相关人员。

4.组织

组织是指资源的系统集合——形成创意，构建模式。人是所有管理因素中唯一具有能动性的资源，这种能动性要通过组织来实现。具体到创业活动中，组织因素具有以下功能：

（1）正确决策

决策包括对创业目的的规定，也包括对实现目的的手段的选择，决定着创业活动的方向。

（2）创建组织

创业通常是由一个团队来进行的，因此需要对团队进行组织和管理，通过分工与协作，有条理地完成创业的相关活动。创建组织包括组织结构的构建和沟通体系的形成。

（3）加强领导

创业者在创建企业的过程中需要扮演多个不同的角色，承担不同的职能。其中，领导的作用无疑是最重要的，因为它能够创造价值。只有这样才能维持协作体系的内部和外部的均衡。

（4）激励员工

创业需要最大限度地发挥现有的人力资源的作用，必须以科学的人才观为指导，创新人才管理制度与机制，努力激发员工的潜能与活力，充分调动人的积极性，增强创业团队的凝聚力。

曾有一位美国学者将创业的要素归纳为9个"F"，并命名为"成功企业的9F要素"。这些要素分别是创办人（founders）、抓住重点（focus）、决策迅速（fast）、机动灵活（flexible）、不断创新（forever innovating）、精简机构（flat）、精打细算（frugal）、待人友好（friendly）和充满乐趣（fun）。

三、高职学生创业类型

高职学生创业大多属于个体创业范畴，可分为生存型创业者和机会型创业者。

因为没有其他合适的工作而选择创业的个体就是生存型创业者。生存型创业者以满足生存需要（如养家糊口或关系需要，当老板有面子，等等）为创业动机，很少考虑其创业是否进入了新市场，或企业扩张等可持续发展的公司经营战略。由于生存型创业主要是在现有的市场或小市场中寻找机会，具有简单、创业成本低、对创业者素质要求不高等特点，因此从就业和稳定等社会角度看,生存型创业更适合目前的经济发展水平,也适合大多数未经历过创业实践和未接受过系统创业训练的高职学生。

因为发现有吸引力的机会而选择创业的个体就是机会型创业者。机会型创业是为了寻求更好的发展机会或者寻求更多的财富。从经济角度看,机会型创业要比生存型创业更有价值,因为机会型创业具有创造新产品和新市场的功能,特别是能够开辟大市场,形成新产业,能够带动经济发展,被誉为经济发展的引擎。因此,有能力、有条件的大学生可以利用所学知识成为机会型创业者。

生存型创业和机会型创业有一定区别:一是创业动机不同,生存型创业者的创业动机是没有合适的工作所以创业,机会型创业的动机是发现有吸引力的机会所以创业;二是发现商机市场不同,生存型创业是在现有市场中捕捉机会,机会型创业是发现新需要与新市场;三是进入市场不同,生存型创业是进入现有的小市场,机会型创业是面向大市场;四是出发点不同,生存型创业是根据自己拥有的资源选择机会,机会型创业是对开辟大市场有把握。

按照高职学生参与创业的时间可将高职学生创业划分为兼职创业、休学创业和毕业后创业。这三种模式是高职学生创业实践的选择结果。

(1)兼职创业

高职学生不放弃或中断自己的学习,在课余时间从事创业活动的创业模式。我国目前的大学生创业者对于这种模式倾向性很强,学生在创业的同时不能影响课程学习。选取此种模式的创业者在创业活动中所涉及的行业通常都是对创业者时间投入要求较灵活的行业,创业者本人对于学习和创业的时间、精力安排必须合理,否则将会一事无成。选择此种模式主要有以下几种情况。

①创业的目的是为学习服务,是为了更好地完成学业而开展创业活动,通常可以分为两类:一是为了筹集上学费用开展创业;二是为了锻炼自己的实践能力开展创业。

②创业的风险性太高,为了给自己创业失败后多一种选择而进行兼职型创业。

③迫于社会、家庭的压力,学生对于家庭、社会的依赖较强,在对创业模式进行选择时,往往征得家庭、社会的同意。

(2)休学创业

为了创业而申请休学从事创业活动。创业学生中采用此种模式的比例很小。选择这种模式的高职学生不仅要面对创业的风险和挑战,还要应对周围环境的压力。虽然创业者在创业失败后可以回校继续读书,但是在创业过程中,要有充分的应对风险和困难的准备,否则容易半途而废。创业学生在休学期内,通过自己的实践和创业企业的发展,能更有针对性地对创业模式做出选择。

(3)毕业后创业

创业者在接受高等教育的过程中,其实践能力、自身知识水平等各方面素质有较大提高,毕业后创业直接面对市场经济的机遇和挑战,创业企业的组织形式、经营模式相对稳定。

【测试】

工作创意测试

下面是 10 个题目,请在括号中的备选答案中选择一个。

(1)你在接到任务时,是否会问一大堆关于如何完成任务的问题?(肯定计 0 分,否定计 1 分)

(2)你在完成任务过程中,是否不善于思考,而习惯于找他人帮忙,或者不断问别人有关完成任务的问题?(肯定计 0 分,否定计 1 分)

(3)任务完成得不好时,是否会找出一大堆理由来证明任务太难?(肯定计 0 分,否定计 1 分)

(4)对待多数人认为很难的任务,你是否有勇气和信心主动承担?(肯定计 1 分,否定计 0 分)

(5)当别人说不可能时,你是否就放弃?(肯定计 0 分,否定计 1 分)

(6)你完成任务的方法是否与他人不一样?(肯定计 1 分,否定计 0 分)

(7)完成任务时,领导针对任务问一些相关的信息,你是否总能回答上来?(肯定计 1 分,否定计 0 分)

(8)你是否能够立即行动,并且工作质量总能让领导满意?(肯定计 1 分,否定计 0 分)

(9)工作完成得好与不好,你是否很在意?(肯定计 1 分,否定计 0 分)

(10)对于做好了的工作,能否有条理地分析成功的原因和不足?(肯定计 1 分,否定计 0 分)

评价:

如果受测试者能够得 10 分,则其具备很好的工作创意;如果能够得 7 分以上,则其工作创意过得去;如果低于 7 分,则其工作创意就不尽如人意了;如果低于 5 分,则受测试者的工作创意较差。

任务二　提升创新创业能力

一、培养创业精神

"创业精神"和"企业家精神"来源于同一个英文单词"entrepreneurship",由于国内一开始将"entrepreneurship"翻译为企业家精神,所以习惯上使用"企业家精神"一词。创业精神是发现和把握商业机会,无论当时如何受资源的制约,都要努力通过创新满足需求并创造价值的活动过程。创业是一个过程,更是一种挑战,如果没有创业的决心和信心,就算是建立了自己的企业,经营过程中也很容易失败,如图 4-1 所示。

自信是指对自己充满信心。自信心能赋予人主动积极的人生态度和进取精神——不依赖,不等待。要成为一名成功的创业者,必须坚持信仰如一,拥有使命感和责任感,信念坚定,顽强拼搏,直到成功。信念是生命的力量,是创立事业之本,信念是创业的原动力。要相信自己有能力、有条件去开创自己未来的事业,相信自己能够主宰命运,成为创业的成功者。

1、资金可以积累。

2、技术可以学习。

3、人脉可以建立。

4、性格可以改变。

5、能力可以培养。

创业是一个过程，更是一种挑战，如果没有创业的决心和信心，就算是建立了自己的企业，经营过程中也很容易失败！

图 4 - 1 创业精神

自强是指在自信的基础上不贪图眼前的利益，不依恋平淡的生活，敢于实践，不断增长自己的能力与才干，勇于使自己成为生活与事业的强者。

自主是指具有独立的人格，具有独立性思维能力，不受传统和世俗偏见的束缚，不受舆论和环境的影响，能自己选择自己的道路，善于设计和规划自己的未来，并采取相应的行动。自主还要有远见，有敢为人先的胆略和实事求是的科学态度，能把握住自己的航向，直至达到成功的彼岸。

自立是指凭借自己的头脑和双手，凭借自己的智慧和才能，凭借自己的努力和奋斗，建立起自己生活和事业的基础。青年人应该早立、快立志向，自谋职业，勤劳致富，建立起自己的事业。

二、提升创业能力

创业能力是一种特殊的能力，影响创业活动的效率和创业的成功。创业能力包括决策能力、经营管理能力、专业技术能力与交往协调能力等。

1. 决策能力

决策能力是创业者根据主、客观条件，因地制宜，正确地确定创业的发展方向、目标、战略，以及具体选择实施方案的能力。决策是一个人综合能力的表现，一个创业者首先要成为一个决策者。创业者的决策能力通常包括分析、判断能力和创新能力。高职学生要创业，首先要从众多的创业目标及方向中进行分析、比较，选择最适合发挥自己特长与优势的创业方向和途径、方法。在创业的过程中，要能从错综复杂的现象中发现事物的本质，找出存在的真正问题，分析原因，从而正确地处理问题，这就要求创业者具有良好的分析能力。所谓判断能力就是能从客观事物的发展变化中找出因果关系，并善于从中把握事物的发展方向。分析是判断的前提，判断是分析的目的，良好的决策能力等于良好的分析能力加果断的判断能力。创业实际是一个充满创新的事业，创业者必须具备创新能力，有创新思维，无思维定式，不墨守成规，能根据客观情况的变化及时提出新目标、新方案，不断开拓新局面，创出新路子。可以说，不断创新是创业者不断前进的关键环节。

2. 经营管理能力

经营管理能力是指对人员、资金的管理能力。其涉及人员的选择、使用、组合和优化，也涉及资金聚集、核算、分配、使用、流动。经营管理能力是一种较高层次的综合能力，是运筹性能力。经营管理能力的形成要从学会经营、学会管理、学会用人、学会理财几个方面去努力。第一,学会经营。创业者一旦确定了创业目标,就要组织实施,为了在激烈的市场竞争中取得优势,必须学会经营。第二,学会管理。创业者要学会质量管理,要始终坚持质量第一的原则。质量不仅是生产物质产品的基础,也是从事服务业和其他工作的基础,创业者必须严格树立牢固的质量观。创业者要学会效益管理,要始终坚持效益最佳原则,效益最佳是创业的终极目标。可以说,无效益的管理是失败的管理,无效益的创业是失败的创业。做到效益最佳要求在创业活动中,人、物、资金、场地、时间的使用都要以最佳方案运作,做到不闲人员和资金,不空设备和场地,不浪费原料和材料,使创业活动有条不紊地运转。学会管理还要敢于负责,创业者要对本企业、员工、消费者、顾客和整个社会都抱有高度的责任感。第三,学会用人。市场经济的竞争是人才的竞争,谁拥有人才,谁就拥有市场、拥有顾客。一个学校没有品学兼优的教师,这个学校必然办不好;一个企业没有优秀的管理人才、技术人才,这个企业就不会有好的经济效益和社会效益;一个创业者不吸纳德才兼备、志同道合的人共创事业,创业就难以成功。因此,必须学会用人,要善于吸纳比自己强或有某种专长的人共同创业。第四,学会理财。学会理财首先要学会开源节流。开源就是培植财源,在创业过程中除了抓好主要项目创收外,还要注意广辟资金来源。节流就是节省不必要的开支,培养节约每一滴水、每一度电的思想。很多百万富翁、亿万富翁都是从几百元、几千元起家的,都经历了聚少成多、勤俭节约的历程。其次,要学会管理资金。一是要把握好资金的预决算,做到心中有数;二是要把握好资金的进出和周转,对每笔资金的来源和支出都要记账,做到有账可查;三是把握好资金投入的论证,每投入一笔资金都要进行可行性论证,有利可图才投入,大利大投入,小利小投入,保证使用好每一笔资金。总之,创业者心中要时刻装有一把算盘,每做一件事、每用一笔钱都要掂量一下是否有利于事业的发展,有没有效益,会不会使资金增值,这样才能理好财。第五,要讲诚信。就创业者个人而言,诚信乃立身之本,"言而无信,不知其可也"。创业者在创业过程中如不讲信用,就无法开创出自己的事业;失去信誉,就会寸步难行。诚信,一是要言出必行;二是要保证质量;三是要以诚信动人。

3. 专业技术能力

专业技术能力是创业者掌握和运用专业知识进行专业生产的能力。专业技术能力的形成具有很强的实践性。对于许多专业知识和专业技巧,要在实践中摸索,逐步提高、发展、完善。创业者要重视在创业过程中积累专业技术方面的知识经验,训练职业技能,对于书本上介绍过的知识和经验,在加深理解的基础上予以提高、拓宽;对于书本上没有介绍过的知识和经验要探索,在探索的过程中要详细记录、认真分析,进行总结、归纳,上升为理论,形成自己的经验特色积累起来。只有这样,专业技术能力才会不断提高。

4. 交往协调能力

交往协调能力是妥善处理与公众(政府部门、新闻媒体、客户等)之间的关系,以及协调下属各部门成员之间关系的能力。创业者应该做到妥当地处理与外界的关系,尤其要争取政府部门、工商及税务部门的支持与理解。要善于团结一切可以团结的人,团结一切可以团结的力量,求同存异,共同协调发展,做到不失原则,灵活有度,善于巧妙地将原则性和灵活性结合起来。总之,创业者只有搞好内外团结,处理好人际关系,才能建立一个有利于自己创业的和谐环境,为成功创业打好基础。协调交往能力在书本上是学不到的,是一种社会实践能力,需要在实践活动中学习,不断积累、总结经验。这种能力的形成一是要敢于与不熟悉的人和事打交道,敢于冒险和接受挑战,敢于承担责任和压力,对自己的决定和想法要充满信心、充满希望。二是要养成观察与思考的习惯。社会上存在着许多复杂的人和事,在复杂的人和事面前要多观察、多思考。观察的过程实质上是调查的过程,是获取信息的过程,是掌握第一手材料的过程,观察得越仔细,掌握的信息就越准确。观察是为思考做准备,观察之后必须进行思考,做到三思而后行。三是处理好各种关系。可以说,社会活动是靠各种关系来维持的,处理好关系要善于应酬。应酬是职业中的"道具",是处事、待人接物的表现。心理学家认为,应酬的最高境界是在毫无强迫的气氛里把诚意传达给别人,使别人有所感应并产生共识,自愿接受自己的观点。搞好应酬要做到宽以待人,严于律己,尽量做到既了解对方的立场又让对方了解自己的立场。协调交往能力并不是天生的,也不会在学校里就形成了,而是走向社会后通过慢慢积累社会经验、逐步学习社会知识而形成的。

【测试】

创业能力测试

1. 测评说明

① 这个测试可以帮助你判断自己是否适合创业,具有多少创业者潜力。当然,这个测试结果仅供参考,因为一个人创业能否成功受到很多因素的制约。

② 本测试由一系列陈述句组成。请认真阅读题目,根据你的实际情况来选择最符合你的描述。

③ 在选择时,请根据你的第一印象来回答,不要做过多的考虑,并在符合你的情况的括号里画"√",见表4-1。

表4-1 创业能力测评表

序号	内容	结果
1	你是否曾经为了某个理想而制订两年以上的长期计划,并且按计划进行直到完成?	
2	在学校和家庭生活中,你是否在没有师长和亲友的督促下就自动完成分派的任务?	
3	你是否喜欢独自完成工作,并做得很好?	
4	当你与朋友在一起时,你的朋友是否寻求你的指导和建议?你是否曾被推举为领导者?	
5	在你以往的经历里,有没有赚钱的经验?你喜欢储蓄吗?	
6	你是否能够专注地做自己感兴趣的事连续10小时以上?	
7	你是否习惯保存重要资料,并且井井有条地整理,以备需要时可以随时提取查阅?	
8	在日常生活中,你是否热衷于社会服务工作?你关心别人的需要吗?	
9	你是否喜欢音乐、艺术、体育以及其他各种活动?	
10	你是否带动其他人员完成过一项由你领导的大型活动或任务?	
11	你喜欢在竞争中生存吗?	
12	当你在别人的管理下工作发现其管理方法不当时,你是否会想出适当的管理方式并建议改进?	

序号	内容	结果
13	当你需要别人的帮助时,是否能充满自信地提出要求,并且能说服别人来帮助你?	
14	在你筹款或者义卖时,是不是充满自信而不害羞?	
15	当你要完成一项重要工作时,是否总是给自己留出足够的时间仔细完成,而绝不在匆忙中草率完成?	
16	参加重要聚会时,你是否会准时赴约?	
17	你否有能力安排一个恰当的环境,使你在工作中能不受干扰、有效地专心工作?	
18	你交往的朋友中,是否有许多有成就、有智慧、有眼光、有远见、老成稳重型的人?	
19	你在学习或团体中被认为是受欢迎的人吗?	
20	你认为自己是理财高手吗?	
21	你是否可以为了赚钱而牺牲自己的娱乐?	
22	你是否总是独自挑起责任的担子,彻底了解工作目标并认真地执行工作?	
23	在工作中,你是否有足够的信心和耐力?	
24	你能否在很短的时间内结交许多新朋友?	

④评分标准

答"是"得1分;答"否"不得分。统计所得分数。

⑤测评结果分析

0~5分:目前不适合创业,应当训练自己为别人工作,并学习技术和专业。

6~10分:需要在别人的指导下去创业,才会有成功的机会。

11~15分:适合自己创业,但必须在所有"否"的答案中分析出自己的问题并加以纠正、改进。

16~20分:非常适合创业,可以从小事业开始,并从妥善处理中获得经验,成为成功的创业者。

21~24分:有无限潜能,只要把握时机和运气,可能成为未来的商业佼佼者。

经过测试,你对自己加深了认识,结合前文的自身条件评估,请你认真思考一下:你的性格适不适合创业? 创业需要激情,更需要理性。只有做好了创业的准备,才可以创业。

三、高职学生创业能力

在"互联网+"时代背景下,以用户为中心,以共同创新、开放创新为特点的创新创业新模式正逐步显现。尤其是移动互联网实现了信息、知识、技术等生产生活要素的最低成本集聚,实现了市场资源的最大化利用和社会需求的最便捷对接;众创、众筹、众包、众扶的创业新模式极大地丰富了创业的组织形态,大大降低了创业的准入门槛,使低成本的技术创业成为可能。

创业从更广义上讲就是开创一番事业,就是做别人所没做过的,别人做过的我更具新意,别人领先了我还可以另辟蹊径。每个人在工作岗位中所体现出来的个人独创性,其实都是一种创业。自搭平台的创业,在企业内部的创业,甚至任何一项工作革新其实都是一种伟大的创业。创业的实质是独特的创新,所有伟大的工作都是创业,每个人都应该在这个时代深具这种创业意识,才能成为出类拔萃的人才。而一个具体的创业项目不过是把这些创业人才以各种或松散或紧密的组织形式整合在一起,完成一个共同的愿景、目标。

通过对上千个案例的研究,创业研究专家发现成功创业者具有多种共同的特性,从中提炼出最为明显、最为重要的10种。

(1)欲望

一个真正的创业者一定具有强烈的欲望。一个人的梦想有多大,事业就会有多大。想得到,而凭自己现在的身份、地位、财富得不到,所以要去创业,靠创业改变身份,提高地位,积累财富,这构成了许多创业者的人生三部曲。成功创业者的欲望来自现实生活的刺激,是在外力的作用下产生的,而且往往不是正面的、鼓励型的。刺激的发出者经常让承受者感到屈辱、痛苦。这种刺激经常在被刺激者心中激起一种强烈的愤懑、愤恨与反抗精神,从而使他们做出一些超常规的行动,焕发其超常规的能力,这大概就是孟子说的"知耻而后勇"。一些创业者在创业成功后往往会说:"我自己也没有想到自己竟然还有这两下子。"

因为欲望而不甘心,而创业,而行动,而成功,这是大多数白手起家的创业者走过的共同道路。关于人的欲望,地产商冯仑有一段很精辟的论述。他说:"奴隶主的生活最有权威,地主的生活最愉快,企业家的生活最有成就感。地主地里能打多少粮食,预期很清楚,一旦预期清楚,欲望就会被自然约束,也就用不着再努力,所以会过得很愉快。企业家不同,企业家的预期和他的努力相互作用,预期越高,努力越大,努力越大,预期越高,这两个作用力交替起作用,逼着企业家往前冲。"如果用创业家代替冯仑这段话里的企业家,会发现它同样贴切,或许我们可以套用一句伟人的话:欲望是创业的最大推动力。

(2)忍耐

艰难困苦,玉汝于成。对创业者来说,肉体上的折磨算不得什么,精神上的折磨才是致命的,如果有心自己创业,一定要先问一问自己,面对从肉体到精神的全面折磨,有没有宠辱不惊的定力与精神力。如果没有,那么一定要小心。对有些人来说,一辈子给别人打工是一个更合适的选择。对一般人来说,忍耐是一种美德;对创业者来说,忍耐却是必须具备的品格。

(3)眼界

创业者要见多识广。广博的见识,开阔的眼界,可以很有效地拉近自己与成功的距离,使创业活动少走弯路。创业专家研究了上千个创业案例,其中亲自走访的创业者不下数百名,发现这些创业者的创业思路有几个共同来源。

第一,职业。不熟不做,由原来所从事的职业下海,对行业的运作规律、技术、管理都非常熟悉,对人脉、市场也熟悉,这样的创业活动的成功概率很大。这是一种最常见的创业思路的来源。第二,阅读,包括阅读书、报纸、杂志等。很多人将阅读与休闲等同,对创业者来说,阅读就是工作,是工作的一部分,一定要有这样的意识。第三,行路。"读万卷书,行万里路。"行路,各处走走看看,是开阔眼界的好方法。在创业专家研究的案例中,有两成以上创业者最初的创业创意来自他们在国外的旅行、参观、学习。行路意味着什么,或者换句话说,眼界意味着什么?如果你是一个创业者,那么开阔的眼界意味着你不但在创业伊始可以有一个比别人更好的起步,而且有时候它甚至可以挽救你和你企业的命运。眼界的作用不仅表现在创业者的创业之初,它会贯穿于创业者的整个创业历程。一个人的心胸有多广,他的世界就会有多大。我们也可以说,一个创业者的眼界有多宽,他的事业就会有多大。第四,交友。很多创业者最初的创业主意是在朋友的启发下产生的,或干脆就是由朋友直接提出的。所以,这些人在创业成功后都会更加积极地保持与从前的朋友的联系,并且广交天下友,不断地开拓自己的社交圈子。见钱眼开,莫如说眼开见钱,眼界开阔才能看见更多的钱,赚到更多的钱。创业专家奉劝创业者有空一定要到处多走一走,多和朋友谈一谈天,多阅读,多观察,多思考。机遇只 垂青有准备的头脑,让自己眼界大开就是最好的准备。

(4)明势

势分大势、中势、小势。创业的人一定要研究政策,看清大势。很多创业者是不太注意这方面工作的,认为政策研究假、大、虚、空,没有意义。实则不然。对一个创业者来说,大到国家领导人的更迭,小到一个乡镇领导的去留,都会对自己有影响。在政策方面,国家鼓励发展什么,限制发展什么,对创业之成败更有莫大关系。选对了方向,顺着国家鼓励的层面努力,可能事半功倍;选错了方向,比如说,对于某个行业、某类企业,国家正准备从政策层面进行限制、淘汰,偏赶在这时懵懵懂懂一头撞进去,一定会鸡飞蛋打。

中势指的是市场机会。市场上现在时兴什么、流行什么,人们现在喜欢什么、不喜欢什么,可能就标明了创业的方向。假如你准备创业而资金不足,经验又不足,那么可以看看周围的人都在做什么,大家一起做的你跟着做,一定没有错,虽然不可能赚到大钱,但赔本的机会也少,风险也小,较适合于那些风险承受能力较弱的创业者。能赚平均利润,对于小本经营的创业者就不错了,通过这样的锻炼,可以慢慢学习赚大钱的本领,慢慢积累赚大钱的资本。假如你本钱雄厚,风险承受能力强,当然可以从创业伊始就剑走偏锋,寻冷门,赚大钱,只是这样的创业者不多。

小势就是个人的能力、性格、特长。创业者在选择创业项目时一定要找那些适合自己能力、契合自己兴趣、可以发挥自己特长的项目,这样才有利于做持久性的全身心的投入。创业是一项折磨人的活动,创业者要有受苦的心理准备。

明势的另一层含义就是明事,一个创业者要懂得人情世故。世事洞明皆学问,人情练达即文章。创业的首要目的是合理、合法地赚钱,不是改造社会。创业更不是为了跟谁赌气,非要让对方觉得自己有能力才觉得心里舒服,那是自己为自己设绊。创业是一个在夹缝里求生存的活动,尤其处于社会转轨时期,各项制度、法律环境都不十分健全,创业者只有先顺应社会,才能避免在人事关节上出问题。作为对照,很多原先很牛气的外资企业认为本地人才这样不行,那样不行,只有外来和尚才能念好经,但现在也都认识到了人才本地化的重要性。人才为什么要本地化? 因为本地的人才更熟悉本地的情况,能够按照本地的规矩做事,也就是说更能入乡随俗。创业者一定要明势,不但要明政事、商事,还要明世事、人事,这应该是一个创业者的基本素质。

(5)敏感

敏感不是神经过敏。创业者的敏感是对外界变化的敏感,尤其是对商业机会的快速反应。一些人的商业敏感来自耳朵,一些人的商业敏感来自眼睛,还有一些人的商业敏感来自自己的两条腿。有些人的商业感觉是天生的,如胡雪岩,更多人的商业感觉则依靠后天培养。如果有心做一个商人,就应该像训练猎犬一样训练自己的商业感觉。良好的商业感觉是创业者成功的最好保证。

(6)人脉

创业不是引无源之水,栽无本之木。每个人创业都必然有其凭依的条件,也就是其拥有的资源。要想知道一个创业者的素质如何,看一看其建立和拓展资源的能力就可以知道。创业者资源可分为外部资源和内部资源两种。内部资源主要是创业者个人的能力,以及其所占有的生产资料及知识技能,也就是人们通常所说的有形资产及无形资产,只不过这种有形资产和无形资产属于个人罢了。创业者的家族资源也可以看作创业者内部资源的一部分。拥有一份良好的内部资源对创业者个人来说无疑是重要的,但因为其中大部分不是通过创业者个人努力获取的,而是自然存在的,因此具有天然属性。

创业者外部资源的创立中最重要的一点是人际资源的创立,即创业者构建其人际网络或社会网络的能力。一个创业者如果不能在最短时间之内建立自己最广泛的人际网络,那他的创业一定会非常艰难,即使其初期能够依靠领先技术或者自身素质(比如吃苦耐劳或精打细算)获得某种程度上的成功,但也可以断言他的事业一定做不大。

创业者人际资源按其重要性来看,第一是同学资源。实际上,同学之间本来就有守望相助的义务,在现今这个时代,带着商业或功利的目的走进学堂也并没有什么不妥当。同学之间因为接触比较密切,彼此比较了解,彼此也甚少存在利害冲突,所以友谊一般都较可靠,纯洁度更高。对于创业者来说,同学资源是值得珍惜的最重要的外部资源之一。与同学相似的是战友;可以与同学和战友相提并论的是同乡。共同的人文地理背景使老乡有一种天然的亲近感。

第二是职业资源。对创业者来说,效用最明显的就是职业资源。所谓职业资源即创业者在创业之前为他人工作时所建立的各种资源,主要包括项目资源和人际资源。充分利用职业资源,从职业资源入手创业,符合创业活动不熟不做的原则。尤其是在国内目前还没有像美国或欧洲国家一样普遍认同和执行竞业避止法则的情况下,选择从职业资源入手进行创业已经成为许多人创业成功的捷径和法宝。

第三是朋友资源。朋友应该是一个总称。同学是朋友,战友是朋友,老乡是朋友,同事也是朋友。对于一个创业者,各领域的朋友都要交,就好像十八般兵器,到时候说不定就用上了哪般。朋友犹如资本金,对创业者来说多多益善。"在家靠父母,出门靠朋友""多一个朋友多一条路"是至理名言。一个创业者如果不能交朋友,没有几个朋友,创业之路肯定行不通。创业专家认为,人际交往能力应列在创业者素质的第一位。

(7)谋略

创业是一个斗体力的活动,更是一个斗心力的活动。创业者的智谋将在很大程度上决定其创业成败。尤其是在目前产品日益同质化、市场有限、竞争激烈的情况下,创业者不但要能够守正,更要有能力出奇。谋略或者说智慧时时贯穿于创业者的每个创业行动中。谋略其实就是一种思维的方式,一种处理问题和解决问题的方法。对于创业者来说,智慧是不分等级的,它没有好坏、高明不高明的区别,只有好用不好用、适用不适用的问题。当年,谢圣明带着红桃K集团的一帮人在农村的猪圈、厕所上大刷广告时,遭到了多少人的嘲笑。但是,如今在猪圈上刷广告的谢圣明已经成了亿万富翁,而当年那些讪笑他的人如今依然贫穷。我们总结创业者的智慧:不拘一格,出奇制胜。

(8)胆量

创业本身就是一项冒险活动。科学研究发现,创业者的心理承受能力远远强过普通人,而创业正是最需要强大心理承受能力的一项活动。创业专家在研究中发现,大多成功人士都有某种程度的赌性,企业界人士尤其如此。很多创业者在创业的道路上都有过惊险的经历。创业需要胆量,需要冒险。冒险精神是创业者精神的一个重要组成部分,但创业毕竟不是赌博。创业者的冒险迥异于冒进。

有一个故事可以说明两者的区别。一个人问一个哲学家:"什么叫冒险,什么叫冒进?"

哲学家说:"比如有一个山洞,山洞里有一桶金子,进去把金子拿出来。假如那山洞是一个狼洞,就是冒险;假如那山洞是一个老虎洞,就是冒进。"这个人表示懂了。哲学家又说:"假如那山洞里只是一捆柴,那么即使那是一个狗洞,也是冒进。"这个故事表达的是,冒险是指一种东西经过努力有可能得到,而且那东西值得得到,否则只是冒进,死了都不值得。创业者一定要分清冒险与冒进的关系,要区分清楚什么是勇敢,什么是无知。无知的冒进只会使事情变得更糟,行为将变得毫无意义并且惹人耻笑。

(9)与他人分享的愿望

作为创业者一定要懂得与他人分享。一个不懂得与他人分享的创业者不可能将事业做大。美国心理学家马斯洛的需要层次理论把人的需要按层次分为五种:第一种是生存需要;第二种是安全需要;第三种是社交需要;第四种是尊重需要;第五种是自我实现需要。这五种需要具体到企业环境里,具体到公司员工身上,就是需要老板与员工共同分享。当老板舍得付出,舍得与员工分享时,员工的生存需要、安全需要、尊重需要就从老板这里得到了满足。员工出于感激,同时也因为害怕失去眼前所获得的一切,就会产生自我实现的需要,通过自我实现为老板做更多的事,赚更多的钱,做更大的贡献,回报老板。这样就构成了一个企业的正向循环、良性循环。这应该是马斯洛理论在企业层面的恰当解释。

做生意的人都会算账,只不过有些人算的是大账,有些人算的是小账。商业法则:算大账的人做大生意,做大生意人;算小账的人永远只能做小生意,做小生意人。分享不仅仅限于企业或团队内部,对创业者来说,对外部的分享有时候同样重要。分享不是慷慨,对创业者来说,分享是明智。

(10)自我反省

创业既然是一个不断摸索的过程,创业者就难免在此过程中不断地犯错误。反省正是认识错误、改正错误的前提。对创业者来说,反省的过程就是学习的过程。有没有自我反省的能力,具不具备自我反省的精神,决定了创业者能不能认识到自己所犯的错误,能不能改正所犯的错误,是否能够不断地学到新东西。

【测试】

你适合创业吗?

1.你在以下哪种条件下会决定创业?(　　　)

A.等有了一定的工作经验以后　　　　B.等有了一定的经济实力以后

C.等找到投资方以后　　　　D.现在就创业,尽管自己口袋里没有多少钱

E.一边工作一边琢磨,等想法成熟了就创业

2.你认为创业成功的关键是(　　　)。

A.资金实力　　B.创新思想　　C.优秀团队　　D.政府资源和社会关系

E.专利技术

3.以下哪项是创业公司生存的必要因素?(　　　)

A.高度的灵活性　　B.严格的成本控制　　C.可复制性　　D.可扩展性

E.健康的现金流

4.开始创业后,你立刻做的第一件事情是(　　　)。

A.找投资方　　B.撰写商业计划书　　C.物色创业伙伴　　D.着手研发产品

E. 选择办公地点

5. 创业公司应该如何发展？（　　）

A. 低调埋头苦干　　B. 到处自我宣传　　C. 看情况顺其自然

D. 借别人的势进行联合推广

6. 招聘员工时最重要的是（　　）。

A. 学历高低　　B. 朋友推荐　　C. 成本高低　　D. 工作经验

7. 产品进入市场的最佳策略是（　　）。

A. 价格低廉　　B. 广告投入　　C. 口碑营销　　D. 品质过硬

8. 和投资人交流最有效的方式是（　　）。

A. 出色的现场 PPT 演示　　B. 详细的商业计划书和财务预测

C. 当场测试样品　　D. 有朋友的介绍和引荐　　E. 通过财务顾问的代理

9. 选择投资人的关键因素是（　　）。

A. 对方是一个知名投资机构　　B. 投资方和团队不设对赌条款

C. 谁估值高就拿谁的钱　　　　D. 谁出钱快就拿谁的钱

E. 只要能得到钱，谁都一样

10. 你认为以下哪一项是投资决策中最重要的因素？（　　）

A. 商业模式　　B. 定位　　C. 团队　　D. 现金流　　E. 销售合约

11. 从以下哪句话可以知道投资者其实对你的公司并没有实际兴趣？（　　）

A. "我们有兴趣，但是最近太忙，做不了此项目。"

B. "你们的项目还偏早一些，我们还要观察一段时间。"

C. "你们如果找到领投的投资者，我们可以考虑跟投一些。"

D. "我们对这个行业不熟悉，不敢投。"

E. 以上任何一句话。

12. 创业团队拥有 51% 的股份就绝对控制了公司吗？（　　）

A. 正确　　B. 错误

13. 创业公司的 CEO 的首要工作责任是（　　）。

A. 制订公司的远景规划　　B. 销售

C. 人性化的管理　　　　　D. 领导研发团队

E. 吸引投资人的钱

14. 凝聚创业团队的最好办法是（　　）。

A. 期权　　B. 公司文化　　C. CEO 的魅力　　D. 工资和福利　　E. 团队的激情

15. 创业公司的财务预测中最重要的是（　　）。

A. 销售增长　　B. 毛利率　　C. 成本分析　　D. 资产负债表

16. 在创业公司的日常运营中，以下哪项工作是最重要的？（　　）

A. 会议记录的及时存档　　B. 业绩指标的合理安排和及时跟踪

C. 团队的经常性培训　　　D. 制定奖惩制度

E. 管理流程的 ISO 9000 认证

17. 在创业公司的日常运营中，最棘手的问题是（　　）。

A. 人的管理　　B. 销售增长　　C. 研发的速度　　D. 资金到位情况　　E. 扩张力度

18. 创业公司产品市场推广效果的衡量标准是（　　）。

A. 广告投入量和覆盖面　　　　B. 营销推广的精准程度

C. 产品出色的品质保证　　　　D. 广告投入和产出比例

E. 产品价格的打折力度　　　　F. 品牌的市场渗透率

19. 防止竞争的最有效手段是(　　)。

A. 专利　　B. 产品包装　　C. 质量检查　　D. 不断研发新产品

E. 比竞争对手更快地占领市场

20. 创业公司的第一个大客户竟然是个"土财主",你会(　　)。

A. 一视同仁地对他提供你公司的标准服务　　B. 指导他如何积极地配合你的工作

C. 为提升其能力而修理他,给他些颜色看看　　D. 提供全面服务 + 免费成长辅导

21. 你认为创业公司中最大的风险是(　　)。

A. 市场的变化　　B. 融资的成败　　C. 产品研发的速度　　D. CEO 的个人能力和素质

E. 决策机制的合理性

22. 当创业公司账上的现金很少的时候,应该采取哪项措施?(　　)

A. 立刻启动股权融资　　　　　　　　B. 通知现有公司股东追加投资

C. 立刻大幅削减运营成本,包括裁员　　D. 打电话给银行请求贷款

E. 把自己的存折和密码交给公司会计

23. 创始人之间发生矛盾时,你会(　　)。

A. 坚持原则,据理力争　　　　B. 决定离开,另起炉灶

C. 委曲求全,弃异求同　　　　D. 引入新人,控制局势

24. 投资创业公司的理想退出方式是(　　)。

A. 上市　　B. 被收购　　C. 团队回购　　D. 高额分红　　E. 以上都是

【试卷答案】

每答对一题得1分。

1. D　2. C　3. E　4. D　5. B　6. D　7. D　8. C　9. E　10. C　11. E　12. B　13. B
14. B　15. A　16. B　17. A　18. D　19. E　20. D　21. D　22. C　23. C　24. E

(1)如果你的得分是 1～8 分,则还不具备创业的基本知识,不要贸然创业。

(2)如果你的得分是 9～16 分,则游走在创业的梦想和现实之间,应继续打磨。

(3)如果你的得分是 17～24 分,则已经做好了创业的基本准备,应大胆往前走。

【实训与习题】

1. 知识点练习

(1)创新思维与模仿思维有什么不同?

(2)高职学生如何提升创业能力?

2. 实训实践题

自己选择一项内容绘制思维导图。

任务三 完善创业心理品质

心理学研究表明,人类创造性活动的心理结构十分复杂,一项创造性活动有多种心理因素参与。创业之路充满艰险与曲折,自主创业等于是一个人去面对变化莫测的激烈竞争以及随时出现的需要迅速正确解决的问题和矛盾,这需要创业者具有非常强的心理调控能力,能够保持一种积极、沉稳的心态,即有良好的创业心理品质,创业的成功在很大程度上取决于创业者的创业心理品质。只有具有处变不惊的良好心理素质和愈挫愈勇的顽强意志,才能在创业的道路上自强不息、竞争进取、顽强拼搏;才能从小到大、从无到有地闯出属于自己的一番事业。

一、创业心理品质是什么

创业心理品质是创业基本素质结构中的调节系统;是在创业实践活动中对人的心理和行为起调节作用的个性意识特征。创业心理品质与人固有的气质、性格密切相关,体现在创业者的独立性、敢为性、坚韧性、克制性、适应性、合作性等方面,反映了创业者的意志和情感,是一种综合心理素质。对成功创业案例的研究表明,成功创业者具有多种共同的特性,如欲望、忍耐、眼界、明势、人脉、谋略、胆量、与他人分享的愿望和自我反省的能力等。人能改变心态,从而改变自己一生,美国著名成功学家拿破仑·希尔说:"一个人所取得的成就、一个人所交的朋友,一个人对子孙后代所做的贡献,都是由人的心态决定的。"

良好的创业心理品质涵括正确的动机、坚定的信念、鲜明的个性和良好的创业意识等诸多方面,主要表现在以下几处。

1. 独立思考、判断、选择、行动

独立性是创业者最基本的个性品质。这种品质主要体现在:自主抉择,即在选择创业目标时,有自己的见解和主张;自主行为,即在行动上很少受他人影响和支配,能按自己主张将决策贯彻到底;行为独创,即能够开拓创新,不因循守旧。创业是为自己谋生和立业,也是为社会积累物质财富和精神财富。创业者首先要跳出依附于他人的生活圈子,克服事无主见、优柔寡断的个性心理缺陷,走上独立的生活道路。

2. 善于交流、合作

在创业道路上,摒弃"同行是冤家"的狭隘观念,与同事真诚合作,善于倾听、分析、取舍他人意见,理解、体谅、尊重和关心他人,学会合作与交往。能团结他人合作共事、与周围人进行有效的交流与沟通,提高办事效率,增加成功机会。

在创业过程中,需要与客户和顾客打交道、与公众媒体打交道、与外界销售商打交道、与企业内部员工打交道等,通过与各种各样的人交往相处可以排除障碍,化解矛盾,降低工作难度,增加信任度,有助于创业的发展。如温州职业技术学院轻工系教师罗德宇在暑假期间带领学生制作的十二生肖红酒架,实现了"从产品到商品的跨越"。这个创意是放手让学生自己选定的。很快任务分解了下去,有人负责设计,有人负责工艺,有人负责销售,按公司的方式来运作。经过画图、雕刻、加工、打磨、组装等一道道工序,模型出来了。接下来,负责销售的同学不仅把作品晒到微博上、朋友圈里,还主动和经营红酒的商家、网站联系,发送作品图片,结果引来了一批订单。目前这套十二生肖红酒架已经申请了三项国家专利。这个作品本身技术含量并不高,投入也小,但有亮点、有创意,体现的是创意的价值。

3. 敢于行动、敢冒风险、敢于拼搏、勇于承担后果

对瞄准的目标敢于起步,选定的事业敢冒风险的心理品质又称敢为性。敢为性的人对事业总是表现出一种积极的心理状态,不断地寻找新的起点并及时付诸行动。只有自信、果断、大胆和富有冒险精神的人,当机会出现的时候,往往能激起心理冲动;胆小懦弱,患得患失,恐惧风险,屈服压力,则难以迈开创新步伐;而随心所欲、意气用事、盲目蛮干,则成事不足败事有余。因此,要培养胆大而心细,果断而不武断,敢为而不妄为的心理品质。

4. 敢于克服盲目冲动和私利欲望

在创业过程中,创业者要善于克制,防止冲动。克制是一种积极而有益的心理品质,它可使人有效地控制和调节自己的情绪,使自己的活动始终在正确的轨道上进行,不会因一时的冲动而引起缺乏理智的行为。创业者在创业过程中要自觉接受法律的约束,合法创业、合法经营、依法行事;自觉接受社会公德和职业道德的约束,文明经商、诚实经营、互助互利。当个人利益与法律和社会公德相冲突时,要能克制个人欲望,约束自己的行为。

5. 坚持不懈、不屈不挠、顽强努力

恒心、毅力和坚忍不拔的意志是十分可贵的品质。创业者必须有一颗持之以恒的进取心,三心二意、知难而退或虎头蛇尾、见异思迁,终将一事无成。遇事沉着冷静,思虑周全,一旦做出行动决定,便咬住目标,坚持不懈。创业过程是一个长期坚持努力奋斗的过程,立竿见影、迅速见效的事是极少的,在确定目标后,就要朝着既定的目标一步步走下去,纵有千难万险,迂回挫折,也不轻易改变初衷,半途而废。

6. 善于进行自我调节、适应性强

面对市场的变化多端、竞争激烈,创业者能否因客观变化而动,灵活地适应变化,成为创业成功的关键所在。创业者必须以极强的信息意识和对市场走向的敏锐洞察力,看准行情,抓住机遇,不失时机、灵活地进行调整,在外部环境和创业条件变化时以变应变。

善于进行自我调节还应该能处理各种压力,能用积极态度看待来自工作和生活的压力,冷静分析、控制压力,找出原因,缓解甚至消除压力;能够保持良好的心态,勇敢地面对压力,力争将不利变有利,将被动变主动,将压力变动力。具有较强的适应性,还应做到"胜不骄,败不馁"。

二、高职学生创业品质

1. 独立而非孤独——独立性与合作性

独立性与合作性是相辅相成的两种心理品质,交互作用、相互制约,在创业实践活动中发挥重要的调节作用。创业既是为社会积累物质财富、推动社会进步,又是为个人谋生和立业。因此,首先要走出依附于他人的生活圈子,走上独立自主的生活道路。独立性是高职学生创业应具备的最基本的品质,不依靠别人的供养,摆脱别人的控制和影响,独立思考、自主行动,依靠自己的劳动和智慧走上自立人生、兴家创业的道路。独立性与合作性主要表现在以下两方面。

(1)独立思考,自主行动

在人生道路选择上,有自己的见解主张,不人云亦云,下决心靠自己的努力去闯出一条创业道路来;在做出抉择之后,独立自主地采取行动来实现自己的计划,不受别人的影响和支配。

（2）开拓创新，独树一帜

行为独创，不因循守旧，步人后尘。独立性是高职学生自强的重要人格因素，但是独立并不等于孤独，更不是孤僻。有自己的个性特点，既不依靠他人，不听命于他人的安排，又能与他人密切配合。创业活动是在人与人之间交往、配合和协调中发生发展并取得成功的。要做一个出色的社会活动家，就要善于与各种人打交道，积极主动地与人交流、合作、互助。通过合作，取人之长补己之短；通过交流获取各方面的信息，做到独立性与合作性在个体上的统一。

2. 敢为而又善于自控——敢为性与克服性

敢为性与克服性又是一组相辅相成的心理品质。从事创业活动必然会伴随着某种风险，事业的范围和规模越大，取得的成功就越大，伴随的风险也就越大，需要承受风险的心理负担也就越大。立志创业，只有敢闯敢干、有胆有识，才能变理想为现实；只要瞄准目标、判断有据、方法得当，就应敢于实践，敢冒风险。敢为不是盲目冲动、恣意妄为，不能凭感觉冲动冒进，而是建立在对主客观条件科学分析的基础上的，要具备评估风险程度的能力，具有驾驭风险的有效方法和策略。

对情绪的自我控制，对行为的自我约束，对心理的自我调节，这就是克制性。敢为而又善于自控，才能在积极进取和自我完善中不断获得成功。

3. 坚韧而不失灵活——坚韧性与适应性

有韧劲的人遇事冷静沉着，思考周全，不急于行动，一旦做出决定便咬住不放，贯彻始终，但有时难免丧失时机。成功创业者既能不失时机地抓住机会，敢于行动；又能锲而不舍地咬住不放，坚持不懈。坚韧性的另一表现是始终如一、坚持到底的精神。社会环境总是不断发展变化的，市场经济千转百折，机遇稍纵即逝，创业者必须以极强的信息意识和对市场走向的敏锐洞察力，看准行情，抓住机遇，不失时机地灵活调整。"眼观六路、耳听八方"就是适应性，如果在情况有变的时候仍然盲目地留在原有的格式上，或者明摆着是此路不通，却不顾条件地蛮干，那就非撞南墙不可了。要把坚韧性与适应性有机地结合在一起，才能避免盲目、呆板、僵化和固执。坚韧而不失灵活，才能确保创业有成。

三、创业心理品质的作用

创业是艰难的，成败并存；创业过程是对高职学生全面素质的检验，尤其是对心理品质的考验。只有了解创业心理学，学习心理学知识，对人性有更深刻的了解，才会让创业之路走得更远。

1. 良好的心理品质是高职学生创业成功的关键因素

知识经济时代既为高职学生的发展提供了机遇，使高职学生有施展才华和抱负的广阔天地，也对高职学生创业成才提出了更高的要求。创业意在开创，没有现成的答案，没有固定的模式，不存在可以沿袭的老路，一切要靠自己去摸索、去闯荡、去开拓。对创业者而言，仅有文凭和好分数是远远不够的，必须具备良好的创业心理品质。

首先，正确的动机、坚定的信念是创业成功的前提。正确的动机、坚定的信念是创业行为的发动机，它们是推动个体或群体从事创业实践活动的内部动因，是使主体处于积极心理状态的一种内驱力，具有较强的选择性、倾向性、主观能动性，这也是创业行为产生的前提。创业动机、信念的形成和发展在很大程度上能直接引导创业方向，激发潜能，帮助个体获得事业上的成就和巨大的财富。要有巨大的创业热情，抵制各种诱惑，清除内心障碍，要有合理明确的创业目标。高职学生只有努力端正创业动机、坚定创业信念,才能正确把控创业过程。

其次,完善个性是创业成功的关键。个性是一个人的基本精神面貌,创业成功者一般都有鲜明完善的个性品质。从内涵与外延相结合的角度看,可使创业者在理性和感性、智力因素和非智力因素之间求得最佳平衡。高职学生只有具备完善的个性,才能担当创业重任,为国家做贡献,为自己谋出路,努力进取、不断追求,造就壮丽的创业人生,在知识经济时代真正创业成功。

最后,良好的创业意识是创业成功的保证。高职学生创业不是对经商的简单重复,而是凭借兴趣、智慧、胆识和理想去开创能发挥个人所长的事业。这种兴趣、智慧、胆识和理想的核心正是创业意识,是创业心理品质的重要组成部分。创业意识水平高者能充分利用挑战和机会,甚至能在这些基础上进行创造,积极参与到这个正在飞速发展的世界当中。

2. 良好的心理品质是高职学生创业过程中的内在调控器

良好的心理品质包括健康的心理和心理调适能力。心理健康的人在创业过程中懂得通过心理调适迅速消除各种因素造成的心理不适,恢复心态的平和,维持较稳定的良好心理状态,保持心理的健康。心理调适能力是心理健康的保证,是缓冲各种心理压力对心灵的伤害、保持心理健康的保护器。

3. 不良心理品质是高职学生创业的主要障碍

随着招生就业制度的改革,高职学生被推上了人才市场,面临着就业压力,也存在失业现象。客观上来说,这与我国人口基数大、劳动力供给数量巨大、就业机制不健全、就业渠道不畅通等原因有关,但更重要的则是高职学生自身素质的原因,综合素质不高,特别是心理品质不好是导致高职学生创业失败的重要原因。有的学生动机不纯、信念淡漠、金钱至上、贪婪自私,一遇诱惑便把持不住,稍有成就忘乎所以,偶有挫折就悲观失望;有的学生自卑胆怯、患得患失,不愿为也不敢为;有的学生常常空虚、消沉和烦恼,兴奋时忘乎所以,抑郁时了无生趣,消沉时放纵萎靡,痛苦时万念俱灰;有的学生庸俗、自负、狂妄、懒散、嫉妒。这些既有害于学生的自我发展,也有害于学生间良好人际关系的建立,是高职学生创业的主要障碍和大敌。

创业是极具挑战性的社会活动,是对创业者自身智慧、能力、气魄、胆识的全方位考验。创业之路是充满艰险与曲折的,作为掌握专业知识技能的高职学生,要在知识经济大潮中创业,如果不具备良好的心理素质,在创业的道路上是走不远的。

【测试】

认识自己的潜意识

如果将人类的整个意识比喻成一座冰山的话,那么浮出水面的部分就属于显意识的范围,约占意识的1/8,换句话说,7/8隐藏在冰山底下的意识就是属于潜意识的范围。认真地做以下测试,这是菲尔博士在美国著名主持人欧普拉的节目里曾做过的,答案要依你现在情况来选择,看看你的潜意识里,适合什么类型的角色。

1. 你何时感觉最好?(　　)

　A. 早晨　　　　　　B. 下午及傍晚　　　　　C. 夜里

2. 你走路时是_____。

A. 大步地快走　　　　B. 小步地快走　　　　C. 不快,仰着头面对着世界

D. 不快,低着头　　　　E. 很慢

3. 和人说话时,你_____。

A. 手臂交叠地站着　　　B. 双手紧握着　　　C. 一只手或两手放在臀部

D. 碰着或推着与你说话的人　　　E. 玩着你的耳朵、摸着你的下巴或用手整理头发

4. 坐着休息时,你的_____。

A. 两膝盖并拢　　　B. 两腿交叉　　　C. 两腿伸直　　　D. 一腿蜷曲在身下

5. 碰到你感到好笑的事时,你的反应是_____。

A. 欣赏地大笑　　　B. 笑着,但不大声　　　C. 轻声地笑　　　D. 羞怯微笑

6. 当你去一个派对或社交场合时,你_____。

A. 很大声地入场以引起注意　　　B. 安静地入场,找你认识的人

C. 非常安静地入场,尽量不被注意

7. 当你专心工作时,有人打断你,你会_____。

A. 表示欢迎　　　B. 感到非常恼怒　　　C. 在上述两极端之间

8. 下列颜色中,你最喜欢哪一种颜色?(　　　)

A. 红色或橘色　　　B. 黑色　　　C. 黄色或浅蓝色　　　D. 绿色

E. 深蓝色或紫色　　　F. 白色　　　G. 棕色或灰色

9. 临入睡的前几分钟,你在床上的姿势是_____。

A. 仰躺,伸展开　　　B. 俯躺,伸展开　　　C. 侧躺,微蜷起身体

D. 头睡在一只手臂上　　　E. 被子盖过头

10. 你经常梦到你在_____。

A. 下落　　　B. 打架或挣扎　　　C. 找东西或找人　　　D. 飞或漂浮

E. 你平常不做梦　　　F. 你的梦都是愉快的

按照下方数据把你所选各项的对应分数加起来。

1. A 2 B 4 C 6

2. A 6 B 4 C 7 D 2 E 1

3. A 4 B 2 C 5 D 7 E 6

4. A 4 B 6 C 2 D 1

5. A 6 B 4 C 3 D 5

6. A 6 B 4 C 2

7. A 6 B 2 C 4

8. A 6 B 7 C 5 D 4 E 3 F 2 G 1

9. A 7 B 6 C 4 D 2 E 1

10. A 4 B 2 C 3 D 5 E 6 F 1

测试结果如下。

【低于21分:内向的悲观者】人们认为你是一个害羞、神经质、优柔寡断的人,是需要别人照顾、需要别人为你做决定、不想与任何事或任何人有关联的人;他们认为你是一个杞人忧天者,永远看到不存在的问题;有些人认为你令人乏味,只有那些深知你的人才知道你不是这样的人。

【21分到30分:缺乏信心的挑剔者】你的朋友认为你勤勉刻苦却挑剔;他们认为你是一个谨慎、小心的人,一个缓慢而稳定辛勤工作的人。你做冲动的事或无准备的事都会令他们大吃一惊。他们认为你会从各个角度仔细地检查一切之后再决定是否去做。他们反应的根源一部分是你的小心的天性所引起的。

【31分到40分:以牙还牙的自我保护者】别人认为你是一个明智、谨慎、注重实效的人,也认为你是一个伶俐、有天赋、有才干且谦虚的人。你不会很快、很容易和人成为朋友,但你是一个对朋友非常忠诚的人,同时要求朋友对你也有忠诚的回报。那些真正有机会了解你的人会知道要动摇你对朋友的信任是很难的,一旦这信任被破坏,会使你很难过。

【41分到50分:平衡的中庸之道】别人认为你是一个新鲜、有活力、有魅力、好玩、讲究实际、永远有趣的人;你经常是众人注意力的焦点,但你是一个足够平衡的人,不至于因此而昏了头。其他人也认为你亲切、和蔼、体贴、能谅解人;你是一个会使人高兴并会帮助别人的人。

【51分到60分:吸引人的冒险家】别人认为你是一个令人兴奋、高度活泼、相当易冲动的人;你是一个天生的领袖、一个做决定会很快的人,虽然你的决定不总是对的。在其他人眼里,认为你是大胆和冒险的,会愿意尝试做任何事,是一个愿意尝试且敢于冒险的人。

【60分以上:傲慢的孤独者】别人认为对你必须"小心处理"。在别人的眼中,你是自负、以自我为中心、有支配欲和统治欲的人。别人可能钦佩你,希望能多像你一点,但不会永远相信你,会对与你更深入地来往有所踌躇及犹豫。

四、创业心理品质训练

创业心理品质培育属心理学的范畴,侧重在开拓创新方面的培养,不是一般的心理咨询、疏导或治疗所能替代的,更不可与常规的思想品德教育相混同。具有处变不惊的良好心理素质和愈挫愈强的顽强意志,才能在创业的道路上自强不息、竞争进取、顽强拼搏,才能从小到大,从无到有,做成属于自己的一番事业。

1. 创业前的心理定位

创业之前首先要明白,通过创业想得到什么? 财富、地位、休假、安全感? 如果创业成功,或许能得到这些,但付出的代价绝对是不菲的。很多创业者都有一个误区,他们认为通过创业可以提高自己的安全感,再也不用看老板或领导的眼色,担心被老板或领导炒鱿鱼了。然而,这只是事物的一方面,请看海尔的张瑞敏是怎么说的吧,"永远战战兢兢,永远如履薄冰"。市场、资本、生产、人才、管理,以及数不胜数的细节问题始终在创业者的脑海里盘旋。开始创业时,很多人会诚惶诚恐,有些人会因缺乏准备、资金、精力以及对生意的敏感度而以失败告终。

说到地位,必须先提两个词:责任和尊重。只有承担了一定的责任并做出贡献,才会获得相应的尊重,从而取得一定的社会地位。只有财富而没有承担任何责任就会遭人轻视和谴责。所以,"通过创业获得地位"从一开始就是个伪命题,正确的说法是,"通过创业创造财富、价值和机会,才有机会承担更多的责任,做出更大的贡献,进而获得尊重和地位。"比如,受雇时,如果有一辆公司配备的车,人们总是把你想得比别人更重要,而经营个人企业很少有这样的地位。

有人创业赚了许多钱,但也有人赚钱极为有限。至于代价则不必多言,大家都知道天上不会掉馅饼,为了生活更好,必须不断地工作,任何高质量生活的背后总是艰辛的劳动,这正是"人前显贵,人后受累"。可以休假,但是休假越多意味着收入越受到威胁。个人创业就会明白根本不存在休假的机会。创业时,由于要经营事业,不可能与家人有过多的时间相处交流,尤其是创业初期,会把大量的时间投入工作中,以尽快创造财富。

2. 培养意志品质

第一,树立崇高的理想和志向,高职学生创业必须有为实现理想和志向而奋斗的准备,不畏艰难挫折;第二,将理想和实际工作目标结合起来,在具体工作中严于律己,出色地完成具体任务;第三,积极参加各种实践活动,如参与确立目标、制定计划、选择方法、执行决定等,参加到整个实践活动中,锻炼意志;第四,锻炼健康的体魄,积极参加体育活动是锻炼坚强意志品质的重要途径;第五,加强意志的自我锻炼,提高自我认识、自我检查、自我监督、自我评价、自我命令及自我鼓励的能力。

3. 培养商业意识

要用心去钻研有关的商业知识,在实践中总结市场运行的基本规律,善于观察分析,把握事物的本质,善于收集和利用信息,积极主动地去寻找和创造商业机会。

4. 培养敢于冒险的能力

在已有知识经验的基础上,运用直觉、想象力、创新思维,找出尽可能多的供抉择方案,以求得最佳效果。创业有风险,创业者过硬的心理素质和实践能力有助于化险为夷。高职学生在校学习期间需要培养高尚的人格,使自己既具备敢担风险的精神和能力,又有高度的责任感,这样才能把握全局,从战略的高度沉着稳健地应付可能出现的危机和风险。敢于冒风险的前提是有丰富的知识、超常的想象力和创造性思维的厚积薄发。创业过程中的很多决策具有难度大、难以把握等高风险性,所以,高职学生在校学习期间必须培养预言家的想象、乐观和自信,在对立思想的交锋和不同观点的碰撞中,培养及时、果断、慎重的决策能力和风险意识。

5. 培养处理突发事件的能力

创业过程中的突发事件需要创业者以知识经验为基础,打破旧俗,创新思维。领导艺术体现在处理突发事件时,能以直觉、合理想象、可行的创新思想为指导,客观妥善地处理突发事件。重点掌握以下几方面的方法与艺术:第一,当机立断,迅速控制事态。处理突发事件要求创业者立刻做出正确反应并及时控制局势。快速反应、果断行动,是突发事件时效性的要求,也是突发事件决策的显著特征,明智的非程序化决策行为,控制住事态,使其不扩大、不升级、不蔓延,是处理突发事件的关键。为达到这一目的,创业者可采用以下方法。

(1)心理控制法:首先应控制住自己的情绪,冷静沉着,以"冷"对"热",以"静"制"动",镇定自若,组织成员的心理压力就会大大减轻,并在引导下恢复理智,突发事件就能迅速及时解决。

(2)组织控制法:在组织内部迅速统一观点,使大多数人有清醒认识,稳住自己的阵脚,以大局为重,避免危机扩大。

第二,注重效能,标本兼治。处理突发事件的首要目标是迅速果断地行动,控制局势,要求突发事件的决策指向能够针对核心问题,达到"立竿见影"的效果。可以采取特殊的决策方式治"标",旨在谋求治"本"之道。具备了通才型的知识结构,还要掌握管理、领导等软科学的专业知识,才适于创业。

第三,打破常规,敢冒风险。由于突发事件扑朔迷离、瞬息万变,面对高时效性和信息匮乏等状况,需要灵活处理突发事件,改变正常情况下的行为模式,最大限度地集中使用资源,依靠经验或合理采纳某种建议,迅速做出决策并付诸实践。

第四,循序渐进,稳妥可靠。在处理突发事件时,要有冒险精神,选择稳妥的阶段性决策方案,控制突发事态的发展。在信息有限的条件下,采用反常规的决策方式,对决策风险进行预测和控制,回避可能造成被动的方案,同时要注意克服急于求成的情绪。

【扩展阅读】

创业需具备的八个心理素质

对在我国的创业环境中众多成功案例的调查结果表明,创业者应具备以下八个心理素质,才能走向成功之路。

第一,自信是创业的动力,人的意志可以发挥无限力量,可以把梦想变为现实。对创业者来说,信心就是创业的动力。要对自己有信心,对未来有信心,要坚信成败并非命中注定而是全靠自己努力,更要坚信自己能战胜一切困难。

第二,领袖精神是创业的无形资本。企业文化被称作企业的灵魂和精神支柱。而企业文化精髓就是创业者的领袖精神,这是凝聚员工的一笔"不可复制"的财富,更是初创企业生存和发展的关键。对创业者来说,注重塑造领袖精神,远比积累财富更重要,因为财富可在瞬间赢得或失去,但领袖精神永远是赢得未来的无形资本。

第三,敏锐眼光,识时务者终为俊杰。生意场上,眼光起决定性作用,很多资金不多的小创业者,都是依靠准确抓住某个不起眼的信息而挖到"第一桶金"的。

第四,勇气,视挫败为成功之基石。失败的结果或许令人难堪,却是取之不尽的活教材,在失败过程中所累积的努力与经验,都是缔造下一次成功的基础,创业的过程就是在不断的失败中跌打滚爬。只有在失败中不断积累经验财富、不断前行,才有可能到达成功彼岸。

第五,控制的欲望。成功的创业者通常都执意于自己的决策,不习惯听命于人。如果你在公司里是一个唯唯诺诺或者说是一个"虽不喜欢公司的环境,但又没有勇气辞职自创前途的人",离成为创业者还有一段距离。

第六,社交能力强。借力打力觅捷径,在当今提倡合作双赢的时代,过去那种单枪匹马的创业方式已越来越不适应时代需求。扩大社交圈,通过朋友掌握更多信息、寻求更大发展已日益成为成功创业的捷径。

第七,创新精神。在竞争激烈的市场中,缺乏创新的企业很难站稳脚跟,改革和创新永远是企业活力与竞争力的源泉。

第八,爱心。创业成功的催化剂在竞争日趋激烈的今天,产品和企业的公众形象定位对创业成功与否起着关键作用。富有爱心,则是构成诚实、良好商业氛围的重要因素,从某种角度看,爱心是创业成功的"催化剂"。

【测试】

意志力自测

你是否每年都替自己订下宏大的计划?是每次都能坚持到底还是半途而废?请做以

下的心理测验。

1. 你正在朋友家中,茶几上放着一盒你爱吃的巧克力,但你的朋友无意给你吃。当她离开房间时,你会_____

A. 立即吞下一块巧克力,再抓一把塞进口袋里。

B. 一块接一块地吃起来。

C. 静坐着,拒绝它的诱惑。

D. 对自己说:"什么巧克力? 我很快就有一顿丰富的晚餐。"

2. 你发现你的好友未将日记锁好便离开房间,你一向很想知道她对你的评价及她和男朋友的关系,你会_____

A. 立即离开房间去找她,不容许自己有被引诱偷看的机会。

B. 匆匆揭过数页,直至内疚感令你停下来为止。

C. 急不可待地看,然后责问她居然敢说你好管闲事。

3. 你从朋友珍妮的日记中发现了多个秘密,急于与别人分享,你会_____

A. 立即告知海伦,说珍妮迷恋她的男朋友。

B. 不打算告诉任何人,但会让珍妮知道你已经发现了她的秘密,使她不敢太放肆。

C. 什么也不做,你和珍妮能做好朋友,正因为你能守秘密。

D. 请催眠专家使你忘记一切秘密。

4. 你正努力储钱准备年底去旅行,但你看到了一条很适合与他约会时穿的裙子。你会_____

A. 每次经过那店铺时都蒙住眼睛,直至过了约会日期。

B. 自己买衣料,缝制一条一样的裙子,但价钱便宜很多。

C. 不顾一切买下它,宁愿哀求父母借钱给你去旅行。

D. 放弃它,没有任何东西能阻碍你的旅游大计。

5. 你深信自己深深爱上了他,但他只在无聊时才想起你,在一个狂风暴雨的夜晚,他要求与你见面,你会_____

A. 立即冒着雨去找他,花费数小时也是值得的。

B. 挂断电话,虽然你很不情愿,但你需要一个更关心你的人。

C. 先要他答应以后更好地待你才去见他,他照例微笑着应允。

6. 你对新年所许下的诺言所抱的态度是_____

A. 只能维持几天。

B. 维持 2~3 年。

C. 懒得去想什么诺言。

D. 到适当的时候就违背它。

7. 如果你能在早上 6 点起床温习功课,晚间便有更多时间,令你做事更有效率。你会_____

A. 虽然每天早晨 6 点闹钟准时叫醒你,但你仍然躺在床上直至 8 点才起来。

B. 把闹钟调到 5 点半,以便能准时在 6 点起床。

C. 约在 6 点半起床,然后淋热水浴使自己清醒。

D. 算了吧,睡眠比温习更重要。

8. 你要在 6 周内完成一项重要任务,你会_____

A.在委派后 5 分钟即开始进行,以便有充足的时间。

B.限期前 30 分钟才开始进行。

C.每次想动手时都有其他事分神,你不断地告诉自己还有 6 周时间。

D.立即进行,并确定在限期前两天完成。

9.医师建议你多做运动,你会_____

A.只在前几天照做。

B.拼命运动,直至支持不住。

C.每天慢步去买雪糕,然后乘计程车回家。

D.最初几天依指示去做,待医生检查后即放弃。

10.朋友想跟你通宵看录像带,但你需要明早 7 点起床做兼职,你会_____

A.看到晚上 9 点半回家睡觉。

B.拒绝,好好地睡一觉。

C.视情绪而定,要是太疲倦就告假。

D.看通宵,然后倒头大睡。

分数为 18 以下:你并非缺乏意志力,只不过你只喜欢做那些你感兴趣的事,对于那些能即时获得满足感的工作,你会毫无困难地坚持下去。你很想坚持你的新年大计,可惜很少能坚持到底。

分数为 18～30:你很懂得权衡轻重,知道什么时候要坚持到底,什么时候要轻松一下。你是那种坚守本分的人,但遇到极感兴趣的东西时,你的好玩心会战胜你的决心。

分数为 31～40:你的意志力惊人,不论任何人、任何情形都不会使你改变主意,但有时太执着并非好事,尝试偶尔改变一下,生活将会更充满趣味。

六、创业心理不适及调控

人们在电梯上都会觉得很尴尬,因为人的心理安全距离是 0.5 m 左右,十几个人挤在一个电梯里,每个人都感觉不自在。江南春发现了这一点,所以有了分众传媒电梯广告商业模式。这些产品的成功是建立在对人性的了解之上,如果创业者不懂心理学,不懂人性,那么再好的商业模式都是浮云。创业者需要跳出自己的视角,用"同理心"从多个维度去审视自己的用户、产品以及团队,才能避开许多的创业陷阱。同时,自主创业需要创业者具有非常强的心理调控能力,能够持续保持积极沉稳的心态。

1.创业心理周期

(1)第一阶段,创业亢奋期

此时创业还没有开始,有一个非常好的想法就会觉得这个世界都是自己的。创业者在这时已经出现"意识狭窄"的现象,这种现象就像谈恋爱坠入情网的时候,看到对方全部是好的,看不到任何陷阱的存在,也看不到任何风险,看到的都是红利,看到的都是机会。所以创业还没有开始的时候,大多数创业者处于创业的亢奋期。这个阶段,作为朋友一定要泼冷水让其清醒,因为一定有太多的创业陷阱和盲点是没有发现的。

(2)第二阶段,创业低谷期

创业一旦开始之后,之前没有预估或发现的问题就会涌现出来,让人措手不及。在接连的问题和挫折打击之下,创业者很快就进入了创业低谷期。创业低谷期一般持续3个月甚至更长的时间,大多数人会在这个阶段放弃创业。作为朋友,一旦创业者开始创业,就不能再泼冷水了,因为生活给了足够多的教训,人在低谷需要的是鼓励和支持,让他更有能量坚持走下去。

(3)第三阶段,创业稳定期

有幸经过创业的低谷期没有放弃,会进入一个创业的稳定期。心态平和,正视已有的资源和盲点。创业者开始慢慢变得成熟,逐渐成为自己领域的专家,但是,这种稳定的状况绝不会一直持续下去。创业本身是一个不断解决问题的过程,一个问题解决了又会出现新的问题,这个机会过去了又会发现一个新的机会,创业者也会随之进入一个新的亢奋期,然后又可能进入一个新的低谷期,如此循环反复。

创业都要渡过这三个期间,每个期间每个人的状态都不一样,应对策略也是不一样的。

2.创业者常见的三个心理问题

(1)广泛性焦虑

作为创业者会时常焦虑,不能容忍公司现状,不能容忍很多细节,总是在思考公司的钱、人、事,有时甚至手足无措、无所适从。这就是广泛性焦虑的表现。

【测试】

焦虑自评量表

焦虑自评量表(self-rating anxiety scale,SAS)是由华裔教授 Zung 编制的。该表从量表构造的形式到具体评定的方法,都与抑郁自评量表(SDS)十分相似,是一种分析病人主观症状的相当简便的临床工具。由于焦虑是心理咨询门诊中较常见的一种情绪障碍,所以焦虑自评量表是近年来咨询门诊中了解焦虑症状的常用量表。

下面有20条文字,请仔细阅读每一条,理解后根据你最近的实际感觉,选择问题下方的答案。在回答时请注意,有的题目的陈述是相反的意思,例如,心情忧郁的病人常常感到生活没有意思,但题目之中的问题是感觉生活很有意思,那么评分时应注意得分是相反的。

1.我觉得比平常容易紧张或着急。(　　　)

　　A.没有或很少有　B.有时有　C.大部分时间有　D.绝大部分时间或全部时间有

2.我会无缘无故感到害怕。(　　　)

　　A.没有或很少有　B.有时有　C.大部分时间有　D.绝大部分时间或全部时间有

3.我容易心里烦乱或觉得惊恐。(　　　)

　　A.没有或很少有　B.有时有　C.大部分时间有　D.绝大部分时间或全部时间有

4.我觉得我可能将要发疯。(　　　)

　　A.没有或很少有　B.有时有　C.大部分时间有　D.绝大部分时间或全部时间有

5.我觉得一切都很好,也不会发生什么不幸的事。(　　　)

　　A.没有或很少有　B.有时有　C.大部分时间有　D.绝大部分时间或全部时间有

6.我手脚发抖。(　　　)

　　A.没有或很少有　B.有时有　C.大部分时间有　D.绝大部分时间或全部时间有

7.我因为头痛、颈痛和背痛而苦恼。(　　　)

　　A.没有或很少有　B.有时有　C.大部分时间有　D.绝大部分时间或全部时间有

8.我感觉容易衰弱和疲乏。(　　　)

　　A.没有或很少有　B.有时有　C.大部分时间有　D.绝大部分时间或全部时间有

9.我心平气和,并且容易安静坐着。(　　　)

　　A.没有或很少有　B.有时有　C.大部分时间有　D.绝大部分时间或全部时间有

10.我觉得心跳得很快。(　　　)

　　A.没有或很少有　B.有时有　C.大部分时间有　D.绝大部分时间或全部时间有

11.我因为一阵阵头晕而苦恼。(　　　)

　　A.没有或很少有　B.有时有　C.大部分时间有　D.绝大部分时间或全部时间有

12.我觉得自己仿佛快要晕倒。(　　　)

　　A.没有或很少有　B.有时有　C.大部分时间有　D.绝大部分时间或全部时间有

13.我吸气呼气都感到很容易。(　　　)

　　A.没有或很少有　B.有时有　C.大部分时间有　D.绝大部分时间或全部时间有

14.我的手脚麻木和刺痛。(　　　)

　　A.没有或很少有　B.有时有　C.大部分时间有　D.绝大部分时间或全部时间有

15.我因为胃痛和消化不良而苦恼。(　　　)

　　A.没有或很少有　B.有时有　C.大部分时间有　D.绝大部分时间或全部时间有

16.我常常要小便。(　　　)

　　A.没有或很少有　B.有时有　C.大部分时间有　D.绝大部分时间或全部时间有

17.我的手脚常常是干燥温暖的。(　　　)

　　A.没有或很少有　B.有时有　C.大部分时间有　D.绝大部分时间或全部时间有

18.我脸红发热。(　　　)

　　A.没有或很少有　B.有时有　C.大部分时间有　D.绝大部分时间或全部时间有

19.我容易入睡并且睡得很好。(　　　)

　　A.没有或很少有　B.有时有　C.大部分时间有　D.绝大部分时间或全部时间有

20.我做噩梦。(　　　)

　　A.没有或很少有　B.有时有　C.大部分时间有　D.绝大部分时间或全部时间有

　　计分规则:正向计分题A、B、C、D按1,2,3,4分计;反向计分题按4,3,2,1计分,反向计分题号为5,9,13,17,19。

　　结果分析:SAS的主要统计指标为总分。将20个项目的各个得分相加,即得到粗分;用粗分乘以1.25以后取整数部分,为标准分。按照中国常模结果,SAS标准分的分界值为50分,具体

　　轻度焦虑:50~59分。

　　中度焦虑:60~69分。

　　重度焦虑:70分以上。

(2)双向抑郁

　　通常理解的抑郁只是情绪低落,但是创业者不一样,有时候整个情绪会很低落,有时候情绪又非常亢奋。双向抑郁是创业者常见的状况,思想过于敏感,有了改变的想法,如果没有行动力去匹配,就会陷入抑郁。例如,第一天想到一个好主意,整个人非常亢奋,但是第

二天、第三天又切换到另一个场景,整个人非常低落。在两个极端不停地切换,陷入高潮、低潮交替的过程中。

【测试】

抑郁自评量表

抑郁自评量表(SDS)由 Zung 编制,是美国教育卫生部推荐用于精神药理学研究的量表之一,由 Psychology Express 重新编辑和制作。

下面有20条题目,请仔细阅读每一条,把意思弄明白,每一条文字后均有四个选项可选择,它们的含义如下:

A:没有或很少有时间(过去一周内,出现这类情况的日子不超过1天);

B:小部分时间(过去一周内,有1~2天有过这类情况);

C:相当多时间(过去一周内,3~4天有过这类情况);

D:绝大部分或全部时间(过去一周内,有5~7天有过这类情况)。

根据你最近一个星期的实际情况进行选择 。

1. 我觉得闷闷不乐,情绪低沉。

2. 我觉得一天之中早晨最好。

3. 我一阵阵地哭出来。

4. 我晚上睡眠不好。

5. 我吃得很好。

6. 我与异性接触时和以往一样感到愉快。

7. 我发觉我的体重在下降。

8. 我有便秘的苦恼。

9. 我心跳比平时快。

10. 我无缘无故感到疲乏。

11. 我的头脑和平时一样清楚。

12. 我觉得经常做的事情并没有困难。

13. 我觉得不安而平静不下来。

14. 我对将来抱有希望。

15. 我比平常容易激动。

16. 我觉得做出决定是容易的。

17. 我觉得自己是个有用的人,有人需要我。

18. 我的生活过得很有意思。

19. 我认为如果我死了别人会生活得更好些。

20. 平常感兴趣的事我仍然照样感兴趣。

说明:主要统计指标为总分。把20题的得分相加为粗分,粗分乘以1.25,四舍五入取整数,即得到标准分。抑郁评定的分界值为50分,分数越高,抑郁倾向越明显。

（3）歇斯底里

当情绪积累到一定程度时，就会爆发，比如乔布斯。乔布斯是一个苛刻、追求细节的人，对团队很严厉，也经常对团队发火，但乔布斯是一个懂心理学的人，知道如何在控制不住的时候，发现不良情绪，又能让整个团队往健康的方向走。

当创业处于低谷期的时候，不能被动地消极应对，可以用些积极的方法来处理。那么，创业者怎么去渡过低谷期？

首先要重新认识创业。创业是一件明亮而忧伤的事情，或许大多数人可能受到创业媒体的影响，只看到创业明亮的一面，而忧伤的一面只有创业者自己深知。大多数人对创业这件事情的认识是不够全面的。大多数人认为：创业开始以后，要么是成功，要么是失败。但是创业从来就不可能是一帆风顺的，真正的过程是不断地经历失败和挫折后才成功，这是创业的本质。选择创业就选择了一个反复经历痛苦和不断遭受打击的过程，磨难不可能避免。别人在洗手间和VC偶遇就能搞定投资的创业经历一定是被包装过的，或者是媒体选择以它喜欢的叙事方式去报道。"苦难是化妆了的祝福"，在创业路上遇到的一切，都是为了成就你，成就你的团队和你的公司。

其次要重新认识情绪。所谓的负面情绪都有它积极的意义，人生需要不同的情绪帮助应对不同的状况。情绪有时可以帮助我们快速解决问题，比如愤怒，学会表达自己的愤怒，快速地去解决问题，而不是相互推诿不作为。适当地披露自己的焦虑情绪，能获得团队成员的理解和支持，让大家一起聚焦在问题解决这个点上。做决策时，乐观、快乐的时候做出来的决策不一定是好的决策，在悲伤时做出的决策往往更客观，国外社会心理学的研究也印证了这一点。情绪是一种工具，没有好坏之分。

创业者是不可能消除焦虑和抑郁状态的，一旦选择了创业，焦虑会持续而来。一定要分清是抑郁状态还是抑郁症，是焦虑状态还是焦虑症，如果抑郁的状态一直持续了2周还是没有任何改善，这时可能是抑郁症了；焦虑也是一样。人都有广泛性焦虑，广泛性焦虑实际上是人类自我保护的一种机制。比如过马路的时候，适当的焦虑会让人更加谨慎，减少事故的发生。如果焦虑让你没办法正常工作和生活了，这时候可能患上了焦虑症。

最后要学会接纳情绪。和情绪对话，通过对话理解焦虑是想表现得更好，在提醒以后要准备得更加充分。千万要注意的是，表达情绪不是发泄情绪，发泄情绪只会造成情绪污染，让身边的人状态变得一团糟。当情绪超出了个人的负载，已经不在正常的焦虑状态和抑郁状态的范围内，这时就需要去做心理咨询。

3. 高职学生的创业心理问题

（1）创业意志不强

缺乏意志力，耐挫力较差。很多高职生意志力比较薄弱，开拓进取的精神不强，同时思想又比较单纯，往往处于理想化状态。在创业过程中，总是希望一蹴而就，缺乏一颗持之以恒的进取心，往往会因创业过程中遇到的困难和问题而失去原有的创业积极性，担心失败，一旦遇到挫折或遭遇失败，就会情绪低落或丧失信心，进而半途而废。

（2）心理适应能力弱

缺乏独立性，习惯依赖外界。不少高职生在就业方面缺乏自主性和主动性，过分依赖学校或是自己家庭的关系网，存在着"等、靠、要"的思想，没有强烈的创业愿望，缺乏创业的心理准备。大学时期是一个极度缺乏社会经验的时期，没有足够的磨炼自己的机会，人格也需要继续改进，思维也不能脱离群体而存在。大部分高职学生在创业的初期扮演着被领导者的角色,过去习惯于别人的带领,导致现在不清楚领导者的定位,对很多高职学生来说,做这一急转弯是有困难的。

害怕失去自我。就处于"心理断乳期"的高职学生而言,准备创业就相当于花费自己就所有的时间来筹划和安排,私人空间会减少,娱乐和聚餐的时间也就减少了,与家人共度的时间也会减少。在刚开始创业的时候会很忙碌,适应能力不够好的极易失去自我。

不善自我调节,适应性较差。无论是在学校生活中,还是在企业实习中,很多高职学生遇到问题时,不善于自我调节,情绪波动性很大,易急躁或闷闷不乐。对实习环境适应性较差,难以做到以变应变。

（3）创业动机偏差

逃避就业压力型。创业并不能减少就业的饱和现象,倘若创业的目的仅是为了不让自己成为一个失业人员,那么创业的成功率也会小之甚小。

创业好玩型。将好玩视为创业的动机,现实中的创业,疲劳、压力和恐慌足以超过好玩。

（4）创业认知偏差

不能学以致用。自己感兴趣的创业领域也许与所学专业不符,或是自己的专业无法创业,大部分高职学生都会担忧自己在创业过程中不能有效运用校园里学到的知识,甚至所学的专业在以后的社会中根本没什么用。

害怕创业风险。据调查,大学生第一次创业的成功率只达到了 2.4% 。创业与风险并存,创业还需要很大的承受能力,在创业之前,要正确地掌握自己所要创业的产品和相应的市场情况,这样才能更大程度的降低创业的风险,而不是知难而退。

不够自信。不够自信主要是因为高职学生习惯于轻视自己的能力,甚至对自己的能力产生怀疑,不能准确地了解自己。自卑的人喜欢找各种客观的原因:资金不足、缺乏协助、技不如人、缺乏经验、信息不足、身体不适等。总觉得自己不适合创业,宁可被别人领导,也不愿自己打造一片属于自己的新天地。自卑的人常常对未来失去信心,总喜欢把自己的不如意归因于社会的不公,对创业有极大的消极情绪。

此外,不少高职生虽然有很强的自我意识和需求欲望,却往往以自我为中心,寄希望于他人。争强好胜又怕苦畏难,好高骛远又意志脆弱,胆小怯懦或胆大妄为,盲目乐观或妄自菲薄……这样的现状与创业必需的心理品质需求相去甚远。

一位专家曾经说过:"创业的技巧虽然是学来的,但是具有某些素质的人占了先天的优势。"社会心理学家认为,以下 10 类人不具备自行创办企业的素质,如图 4 - 2 所示。

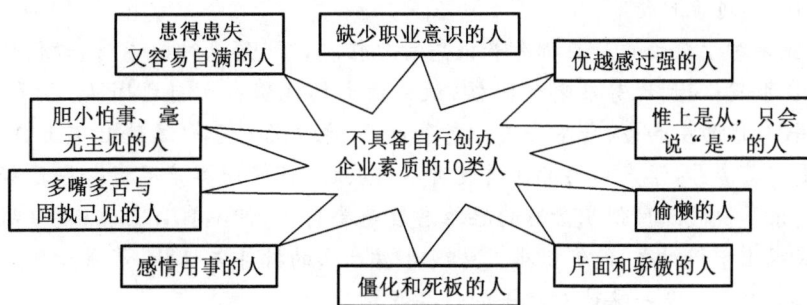

图 4 - 2 不具备自行创办企业的素质的 10 类人

4.创业心理调适

一个人成功的标志,不是看他登到顶峰的高度,而是看他跌到谷底的反弹能力,对于一个创业者而言,触底反弹的能力非常重要。

第一,要具有极强的心理承受能力以应对创业过程中遇到的挫折。很难想象一个玻璃心的人能创业成功,但也不能乐观地认为,创业能把一个玻璃心的人变成一个拥有强大心理承受能力的人。得承认一个事实,其实大多数人是不适合创业的。第二,敢于直面问题。遇到困难的时候有人想去旅行,而旅行唯一的价值是调整应对问题的状态,本质上跟解决问题没有任何关系,旅行结束之前遇到的问题依然原封不动地摆在那里。旅行其实是回避问题的方式,回避问题会把解决问题的时间窗口拖得非常长,对很多创业者而言,最缺的不是钱而是时间。第三,少看创业成功学,有些坑自己踩过才会再次避免。第四,一定要建立社会支持系统。社会支持系统指的是个人在社会网络中所获得的来自他人的物质和精神上的双重支持。在低谷的时候一定要得到家人和朋友的支持,因此平时要处理好与家人、朋友的关系,社会支持系统会让你从低谷里走出来。第五,建立积极的思维模式,高效处理遇到的问题。你的思维是过去式,还是未来式的?过去式思维是低效解决问题的方式;未来式思维则是积极高效解决问题的方式。当问一个人"为什么"的时候,他会找原因找借口;问"怎样解决"的时候,会找方法、找策略,这是非常重要的。第六,创业者要跟创业者在一起。遇到困境,家人大多会从舒适感出发,劝你别那么辛苦,要不放弃吧。但创业的朋友不一样,他们会说:我以前也经历过这样的阶段,再坚持一下吧,再坚持一下就过去了。强关系和弱关系是不一样的,强关系给的是资源与支持;弱关系会给你一些信息和资讯。第七,在不熟悉的领域找到智囊。创业者关系里要有几个智囊,要有几个私人顾问。艰难的时候,甚至情绪低落的时候,可以得到一些专业方面的信息。第八,运动是摆脱低谷的最有效的方法。养成运动的习惯,每天有 30 min 流汗的运动经历,可以很快地摆脱焦虑状态和抑郁状态。在艰难的时候,要保持运动的习惯,它可以促进身体分泌多巴胺,能让人的状态朝着好的方向发展。

【扩展阅读】

创业失败的十个思维误区

创业有各种死法,有不接地气而死,有盲目扩张而死,有团队内讧而死,有资源不足而死,死法千奇百怪,但归根结底是因创业者的思维方式出现了错误。

思维误区一:过度自信

这类创业者对于自己的产品都有着极高的自信。谈到竞争对手不屑一顾,从来不把同类的产品放在眼里;问到优势在哪的时候,认为最大的优势在于自己团队,在于人,在于价值观这些比较务虚的东西;从来不去追踪对手产品,也认为对手永远追赶不上自己,盲目对技术自信;更有甚者,对于产品的批评质疑听不进去,还诋毁同类产品。如果已经有了以上的思维误区,请尽快修正! 创业者好的思维态度是要自信,但不盲目自信;要在战略上藐视对手,但在战术上重视对手;能够听得见旁观者对产品的批评与吐槽,能善于学习同类其他产品优秀的地方,而不是一味地对对手的产品吐槽。

思维误区二:从众心理

从众心理指个人受到外界人群行为的影响,而在自己的知觉、判断、认识上表现出符合于公众舆论或多数人的行为方式。表现在一些创业者对项目的选择上,对项目的选择不是从需求和自己的资源出发,而是看美国创业者在做什么,其他创业者在做什么,跟随着别人创业。虽然创业要学会借大势,但并不意味着就要从众随大流。很多创业者不是看用户需要什么,而是看着别人做什么就跟着做什么,并且不断转向,比如移动互联网,O2O,3D 打印。曾有一个创业者,最初做团购,团购失败转向做电商,电商泡沫破灭又做 O2O,几年下来依然处于一个很小的规模。从当年的分类信息大战,到视频大战,再到团购血战,再到新一波即将出现的硬件盒子大战,无不是因为创业者所犯的从众的思维错误。

思维误区三:拖延思维

所有战略制定的事情无限期地拖延。曾经有位创业者很长的时间待在某个创业公司,他给老板提出了一系列意见,并且很郑重的记录在册,然后信誓旦旦地说要立刻寻求改变,反复强调要推进一系列让公司脱胎换骨的计划。一个月过去了,这位创业者再次认真说要行动;接着三个月后,他又有了一个新主意,就这样,最后直到那个公司进入小败局案例库,也没见到他去做他制定好的计划。很多创业公司负责人每天都会很忙,于是有无数的事情让他去拖延,久而久之,每个战略的讨论都见不到落实,所有的战略都成了精神上的一次快感。

思维误区四:团队和气思维

最失败的团队不是每天都会有争吵的团队,而是每天都完全没有争吵和不同意见的团队。很多创业公司的创始人太过于信奉少数服从多数的原则,而不相信自己的判断和直觉。依赖他人,用大多数都觉得好的方法来决策,忽视了一个很重要的思维惯性,即每个人都是站在对自己最有利最方便的角度去提意见,很少有从最有利于公司的角度提问题。如果有一天某一个创业公司发现,整个公司保持着高度一致的惯性,大家都一致同意创始人的意见,达成很好的共识,那么就要小心了,很可能已经陷入创业的思维误区了。

思维误区五:懈怠思维

取得了一点点成功就出现了思维上的懈怠。很多创业者在初期还很吃苦耐劳,保持 6 天 12 小时以上的工作时间,但一旦获得了阶段性成功,就陷入了懈怠思维之中,慢慢不再出现在办公室,开始出入各种演讲场所,讲授着成功的法则,参加着各种的会议,公司的业务在此期间出现各种问题却没有察觉。像温水里的青蛙,在懈怠与麻醉之中将自己公司的前程给葬送了。

思维误区六:忽视基本概率的思维

每个创业者都认为自己的企业会成为下一个腾讯、百度或者阿里巴巴,但是仔细算算,能够成功或者能够做到上市公司的概率可能还不如买彩票中奖的概率大,因此当很多的创业者开口闭口的谈论成功的定义和未来的目的就是要上市的时候,就可能已经进入失败的思维困境之中了,一味地去放大公司的理想,反而有很大的概率导致公司夭折,所以每个创业者都要客观看待自己成功的概率,不要太期望自己的企业成为下一个谷歌或者百度,毕竟现实一点会离成功更近。

思维误区七:过度相信经验的思维

在做决策时除了依靠别人的思维之外,还有另外一种相信经验的思维。在证明这种思维之前先分享一个经典的故事:一个小岛上的居民在第二次世界大战时依靠空投的物资而生存,每当他们看到有戴着无线电的空军到来,就知道有食物吃了。当第二次世界大战结束之后,他们依然想要免费的食物,于是就戴着无线电坐在很高的地方等着食物到来,可是不会再食物来了。这个故事说明了人们喜欢用过去的经验来判断现在发生的事情,很多创业者痴迷于过去的经验,喜欢研究其他创业成功者的经历,习惯于用以前的思维来指导自己,结果过去的思维习惯已经不再适用了,就像前面故事里的岛民一样,外部的环境已经发生变化了,没有发现环境的变革,就只能遭受失败了。

思维误区八:自利思维

这往往是发生在企业创始人身上的错误。一个创始人往往把所有的成功都归功于自己,产品好是自己有判断力;团队好是自己领导有方;业绩好是自己销售能力强。像这样在所有的地方都只是想着自己的好处忽略了团队的功劳,整个团队会离心离德,无法形成凝聚力,也离失败不远了。不公平是团队所有失败的最大失败,而自利思维是导致不公平的根源。

思维误区九:固执思维

对于自己的创业方向,明知道不正确也不转向。即便这个项目已经无力维持,还是固执的坚持,而不是利用精益创业的思维实现小步快跑,不断地试错。对于方向错误和产品错误不愿意修正并且不听意见。很多创业者由于其过度的自信而陷入固执思维之中,最终导致失败。

思维误区十:无法预见黑天鹅的思维困境

黑天鹅事件是创业者在市场会遭遇到的问题,就算在一切条件都很满足的情况之下,依然还是会遇到这样的问题。创业者要时刻保持对黑天鹅可能出现的警惕与应对。当黑天鹅出现之后,创业者要想好一切应对的方法与方式。

当然,创业失败远远不只有这10个思维困境,还有更多其他的失败的因素,但在小败局之中,这些因素是最为典型的因素。

任务四　熟悉初创实务

一、自主创业证申领流程

《高校毕业生自主创业证》的发放对象是毕业年度内在校期间创业的高校毕业生。其中高校毕业生是指实施高等学历教育的普通高等学校、成人高等学校毕业的学生,毕业年度是指毕业所在自然年,即1月1日至12月31日。在校期间创业的高校毕业生可持《高校毕业生自主创业证》向创业地县以上人力资源和社会保障部门提出认定申请,由创业地人力资源和社会保障部门核发《就业失业登记证》,一并作为当年及后续年度享受创业税收扶持政策的管理凭证。毕业年度内,毕业生离校后创业的,可凭毕业证书直接向创业地县以上人力资源社会保障部门提出认定申请。县以上人力资源社会保障部门在对有关情况审核认定后,对符合条件毕业生核发《就业失业登记证》,并注明"自主创业税收政策"。

对持《就业失业登记证》(注明"自主创业税收政策"或附着《高校毕业生自主创业证》)毕业生从事个体经营(除建筑业、娱乐业以及销售不动产、转让土地 使用权、广告业、房屋中介、桑拿、按摩、网吧、氧吧外)的,3年内按每户每年8 000元为限额,依次扣减其当年实际应缴纳的营业税、城市维护建设税、教育费附加税和个人所得税。

申领程序:毕业年度内高校毕业生在校期间创业的,注册登录教育部大学生创业服务网(http://cy.ncss.org.cn),按照要求在网上提交《高校毕业生自主创业证》申请。所在高校对毕业生提交的相关信息进行审核,通过后,注明已审核并在网上提交学校所在地省级教育行政部门审核。高校所在地省级教育行政部门依据学生学籍学历电子注册数据库,对高校毕业生的身份、学籍学历、是否是应届高校毕业生等信息进行复核并予以确认。税务部门、人力资源社会保障部门、高校和学生本人都可随时查询。

工作流程:应届毕业生在网上提交申请后,所在高校应在3~5个工作日内完成网上审核。省级教育行政部门在接到高校提交的申请后3~5个工作日内完成审核,由高校自行打印并发放。原则上应在高校毕业生提交申请后的10个工作日之内办结。

规范管理:《高校毕业生自主创业证》由国家教育行政部门统一样式并印制(带防伪标志),按毕业生比例下发至各省级教育行政部门。省级教育行政部门负责分发到高校并在网上审核确认。《高校毕业生自主创业证》采用实名制,限本人使用,若遗失或损毁,高等学校应依申请及时补发、换发。

二、创业之初实务

咨询创业顾问。在创业之前,应该先求教专业的创业咨询机构或顾问。当然坊间的创业企管顾问也不少。如果不想花这个钱,也可以选择一些免费的咨询机构,如协会及政府机构,多加利用这些免费咨询资源。

撰写创业企划书。对整个创业过程而言,企划书的创写工作是非常重要的。这是因为通过企划书的创写,不仅可以更清楚地知道企划书是否完整周密,同时还可以找人投资入股。如果要申请青年创业贷款,也必须附上企划书。

筹措资金。一位成功的创业者总是知道如何用各种渠道去募集充足的资金作为创业的坚强后盾,千万不可只用单一的渠道取得资金,一旦资金吃紧找不到后路来救急。如果资金不够,想创业就会很难。当创业者的资金筹备不足时,可以设法寻求政府的相关贷款,包括青年创业贷款、下岗贷款、微型企业创业贷款以及须具备特定身份的身心障碍创业贷款、特殊境遇妇女创业贷款,还有部分银行推出的加盟创业贷款。创业者必须明白,公司在草创期的第一年内,可能无法赚到一分钱,因而创业者要有所警悟并做好充分的准备,以渡过难关。在筹措资金时,必须以能支付公司第一年内所有的运营开销为目标。创业者必须有充足的流动资金,并且要能与实际运营时所需的开销相平衡,因而草拟一份年度预算表是必要且马虎不得的。要草拟一份年度预算并不容易,即使是经验丰富的大师来编列预算表,也会有低估预算的可能性,或者会遗漏一些细节;另外,有时公司成长太快也会出现一些小问题。总之,在开始编列预算表时必须注意公司草创期第一年的年度预算应该包括公司首次运营费用及运营的每月开销。不管公司状况如何,一份理想的预算报告最好在编列预算。稍微调高所需预算比例,知道公司可以负担运算成本,听听同行的意见,并在编列具体的预算评估时,把最好的、最坏的案例折中,也可以与会计师事务所多沟通,从而对公司的开销运营及流动成本运营计划熟悉了解。

选定行业和产品,或者说慎选品牌或公司名称。各行业的总投资有高有低,先衡量所拥有的资金能够做哪些行业,再来做进一步的规划。依据准备的资金,先初步筛选可以投入的行业;然后,再依据行业发展的前景、自己的兴趣和专长、过去相关的工作资历、行业竞争性等进一步选择。开店做生意,千万不能有既要投资少,又要高回收的观念。在选择行业时,一定要先考虑行业的竞争状况,有多少实力做多少事,千万不要以卵击石。

合法组织与法律架构。在开始计划运营前，必须选择一种法定组织构架以配合创业计划。首先，必须决定是单独创业还是合伙创业。如果选择合伙创业，公司的起始资本额要如何分配。必须先了解各种公司组织形态的利弊及运筹方式，再选择最合适的模式配合创业计划。最需要注意的是，一旦公司运营出现状况，公司内部将由谁承担法律上的财务责任。举例来说，以独资或合伙人形态创业，公司组织要求个人自行负担公司的债务归属问题。也就是说，一旦公司因牵连上财务官司而败诉，则个人名下所属财产及不动产等都会受到法院扣押，拍卖以偿还债务。无论一开始选择哪一种经营模式，都不代表公司的经营体制已经定型不变，还可以依据公司未来的发展与潜力做实际的变更。

学习经营技术。如果是选择连锁加盟店，有总部成熟的技术指导当然好办，如果是自行创业，必须自己想办法学习经营技术。就学习途径而言，可以参加各种各样的技艺补习班，获得经营技术；另外，一些职业训练中心也开办有各种职业训练课程。当然，创业者最好自身有该行业的实战经验，因此在创业者创业之前，最好先到企业上班工作，一是学习经营技术及实战经验，二是考查自己适不适合从事该行业的工作。

店面商圈评估。以开店为例，地点的选择对日后店面的运营影响很大，所以一定要找一个商圈位置好的店面。一般而言，做商圈评估包括评估商圈属性、店面大小、楼层、周围设施、附近的竞争店互补点、租金多寡、合法证件取得难易度、附近是否有大型商场或车站、营业时间、人口、消费水平及消费动机、马路宽度、发展前景等因素。评估时，需在不同的时段分别去评估，例如在白天、晚上、平常工作及节假日等不同时段，分别考察该地点的商圈，还应该做成商圈评估记录表，详细记载评估的各项条件，以作为日后的参考。

选对地址。决定自主创业并且选好了项目之后，最重要的是选择地址。选址对办企业到底有多重要？专家的看法是：不论创立任何企业，地点的选择都是决定成败的一大要素，尤其是对以门市为主的零售、餐饮等服务业而言，店面的选择往往是其经营成败的关键。可以说选址正确等于成功了一半。尽管在选择经营场地时，各行业考虑的重点不尽相同，但是有两项因素是绝对不可忽略的，即租金给付的能力和租约的条件。首先，经营场地租金是最固定的营运成本之一，即使休息不营业，这项租金也需支常支出，尤其在房价狂涨后，这项租金往往是经营者的一大负担，不能不好好斟酌。有些货品流通迅速、体积小的行业，如精品店、高级时装店、餐厅的部分，负担得起高房租，可以设于高租金区；而家具店、旧货店等，因为货物需要占用较大的空间，最好设置在低租金区。租期可以定为不同的时限，对于初次创业者来说，最划算的方式是签订一年或两年的租期合同，以方便更新的选择。其次，与房东签约。以开店铺为例，在找好店面之后，接下来就要与房东签约。这一步的行动不能太早，必须待前面的步骤完成后才能进行，因为一旦与房东签约，就要开始支付房租，自然会有时间压力。与房东签约时，租期最好不要太短，如果只签一年，可能一年后资金才开始回收，店面被房东收回去，租期订三到四年最为理想。当然，如果是选择连锁加盟店，则租期不能短于加盟期限。另外，签约时通常还须支付房东押金，押金的数额一般是月租金的两到三倍，与第一个月的租金一起支付。店面承租下来，需要一段时间进行装潢，最好与房主协商扣掉装潢期后再起算租金，以降低租金支出。

申请执照。一种是申请公司执照，由工商局核发；另一种是资本较小的，只需办理营利事业登记，由当地县市工商管理局核发。除了营业执照的申请办理外，如果想要所挂招牌为自己所专用，就必须向工商局申请服务标章注册。招牌名称，除了名称文字或图样，可能有自己特殊的设计，这种属于非商品类的文字及图像，称之为服务标章。这与自己所申请的公司货商号是两码事,二者名称也可能相同。无论是申请公司、行号,或注册服务标章,皆可委托代办公司办理。在营业之前,还必须完成公司登记及了解各种法律相关条文。在开始营业之前,必须了解所有与商业法律相关的条文规定、执照或许可证申请的细节与表格。切记一点,各县市政府对营利事业单位的规定可能有所差异,别忘了询问工作室或办公室所在县市区域内,由哪些事该特别注意的法律规范条文。通常可以在各地的中小企业协会或商会取得这些信息;同时别忘了留意营业执照相关申请规定及办法。

店面装潢。店面装潢关系到经营风格及顾客的第一印象,找的装潢公司必须要有相关店面的装潢经验,否则装潢出来的店面在实务操作上,未必能完全符合要求。如果届时再打掉重做,费钱费时。在装潢前要请装潢公司先画图,包括平面图、立体图、侧面图,确定所要用的材料及尺寸大小等。为便于向装潢公司描述清楚自己所想要装潢的模样,最好先带装潢公司到同类型的店去实地观摩,说清楚自己想要的风格,这样装潢出来的效果才会比较贴近自己的想法。

准备开店。以开店铺为例,店面开始装潢之后,接下来就要准备购买店内的各种设备及器具,为避免遗漏,必须要制作一份开店器材和设备一览表。从大的设备如冷气、计算机、收款机,到音响、刷卡机,乃至笔、名片、店章等小物件,还有第一次的物料进货等,各项明细均应全部列出来,注明每样设备的品名、数量级单价,在将各项设备的金额加起来,就知道需要多少资金。当然,最重要的还是要掌握货品的采购来源,而且最好是货比三家,如果要降低开店成本,可以选择购买二手设备或选择租用。

建立管理制度。任何企业要想成长,都必须得有制度作为基础,一个企业如何才能够建立起自己的管理制度体系呢?作为创业企业,不需要太繁杂的制度,过于复杂的制度会让人摸不着头脑,也会让制度流于形式。制度要针对性极强,方针明确;简单易懂,所有需要执行的人都能够领会;具体并有约束力,这能够加强执行性,使制度有用。创业企业千头万绪,但核心是谋求事业的发展。在事业发展过程中,人会不断聚集,管理层次会越来越多,凡事需要授权、不可能亲力亲为,这时制度就需要不断加强,用制度去管理人,而不再是人管人,或者自己管自己。可以采取两种办法进行制度建设,一是用别人的制度,创业者主持或起草一些能够想到的制度,公之于众,共同遵守,但这多不管用;二是根据自己的实际情况,建立基本的制度,然后将具体的制度不断完善。制度建设还是一个导向问题,一个以节约或低成本竞争战略为原则的创业者,建立企业制度的原则是节约,那么基本制度应该是经费的控制;而一个以创新和拓展战略为原则的创业者,原则应是激励创造,而不在乎花钱多少,甚至还要鼓励花钱;一个以市场信誉为核心战略的创业者,建立的基础制度应是维护自己的品牌声望等。创业者制定的制度是为了约束包括自己在内的所有人的,如果自己为例外,那么这种制度的执行程度会大打折扣,如果表面包括自己,而实际上却经常例外,这种制度也缺少足够的示范作用。也就是说,制度只有严格遵守才是制度。

三、工商注册银行登记税务登记流程

创业项目选择后,就要着手注册新公司了。但是怎么注册,应该注册什么样的要细化到办公场所、名字等小问题上。具体注册步骤如下。

(1)核准企业名称

首先咨询后领取并填写《名称(变更)预先核准申请书》《投资人授权委托意见》,同时准备相关材料;然后递交《名称(变更)预先核准申请书》、投资人身份证、备用名称若干及相

关材料,等待名称核准结果;最后领取《企业名称预先核准通知书》。

(2)确定公司住所

租房后要签订租房合同,并且一般要求必须用工商局的同一制式租房协议,并让房东提供房产证的复印件及个人身份证复印件。房屋提供者应根据房屋权属情况,分别出具以下证明。

房屋提供者如有房屋产权证应另附房屋产权证复印件并在复印件上加盖产权单位公章或由产权人签字。

无产权证的由产权单位的上级或房产证发放单位在"需要证明情况"栏内说明情况并盖章确认;地处农村地区的也可由当地政府在"需要证明情况"栏内签署同意在该地点从事经营的意见,并加盖公章。

产权为军队房产,应提交加盖中国人民解放军房地产管理局专用章的"军队房地产租赁许可证"复印件。

房屋为新购置的商品房又未办理产权登记的,应提交由购房人签字或购房单位盖章的购房合同复印件,及加盖房地产开发商公章的预售房许可证、房屋竣工验收证明的复印件。

房屋提供者为经工商行政管理机关核准具有出租经营权的企业,可直接在"房屋提供者证明"栏内加盖公章。同时,应出具加盖本企业公章的营业执照复印件,不再要求提供产权证。

将住宅改变为经营性用房的,属城镇房屋的,还应提交《登记附表——住所(经营场所)登记表》及所在地居民委员会(或业主委员会)出具的有利害关系的业主同意将住宅改变为经营性用房的证明文件;属非城镇房屋的,提交当地政府规定的相关证明。

(3)形成公司章程

可以在工商局网站下载"公司章程"的样本,修改一下即可,章程的最后由所有股东签名,并署名日期。

(4)刻私章

刻法人代表和其他股东的私章。

(5)办理验资

凭会计师事务所出具的"银行询征函"选择银行开立公司验资户。所有股东携带出资比例等额资金、工商核名通知书、法人代表和其他股东的私章、身份证、空白询征函表格,到银行去开立公司验资账户。银行会发给每个股东缴款单、并在询征函上盖银行的章。需要注意的是,公司法规定,注册公司时,投资人(股东)必须缴纳足额的资本,可以以货币形式(也就是人民币)出资,也可以以实物(如汽车、房产、知识产权等)出资。到银行办理的只是货币出资这一部分,如果有实物、房产等作为出资的,需要到资产评估机构鉴定其价值后出具评估报告再以其实际价值出资,比较麻烦,因此建议直接货币出资。

办理验资报告:银行出具的股东投资的现金缴款单(或进账单)、银行对账单、银行盖章后的询征函由银行寄至会计师事务所,携带公司章程、名称预先核准通知书、房租合同、房产证复印件送到会计师事务所办理验资报告。

(6)申请公司营业执照

申请公司营业执照受理后5个工作日可领取执照。有限责任公司设立登记应提交的文件及证件包括:《企业设立登记申请书》(内含《企业设立登记申请表》《单位投资者(单位股东、发起人)名录》《自然人股东(发起人)、个人独资企业投资人、合伙企业 合伙人名录》《投资者注册资本(注册资金、出资额)缴付情况》《法定代表人登记表》《董事会成员、经理、监事任职证明》《企业住所证明》等表格);公司章程(提交打印件一份,请全体股东亲笔签字;有法人股东的,要加盖该法人单位公章);法定验资机构出具的验资报告;《企业名称预先核准通知书》及《预核准名称投资人名录表》;股东资格证明;《指定(委托)书》;经营范围涉及前置许可项目的,应提交有关审批部门的批准文件。

凭营业执照,到公安局指定的刻章社去刻公章、合同章、财务章,后面步骤中均需要用到公章或财务章。受理后4个工作日,企业法人代码登记办事机构在质量技术监督局窗口办理(代码证),需要提供的材料有:营业执照副本原件及复印件、单位公章、法人代表身份证原件及复印件(非法人单位提交负责人身份证原件及复印件)、集体或全民所有制单位和非法人单位提交上级主管部门的代码证书复印件、单位邮编、电话、正式职工人数、经办人身份证原件及复印件。

(7)办理税务登记证书

办理事项:自领取营业执照之日起30日内办理税务登记。

办理地点:税务登记机关窗口。

提供材料如下,"个体经济"可不报送以下的②、④、⑤材料。

①营业执照副本原件及复印件;

②企业法人组织机构代码证书原件及复印件;

③法人代表身份证原件及复印件;

④财务人员身份证复印件;

⑤公司或企业章程原件及复印件;

⑥房产证明或租赁协议复印件;

⑦印章;

⑧从外区转入的企业,必须提供原登记机关完税证明(纳税清算表);

⑨税务机关要求提供的其他有关材料。

开设企业基本账户:凭营业执照正本、税务登记证正本、组织机构代码证正本及法人身份证、公章、财务专用章、法人章,去银行开立基本账户;开好基本账户去原验资银行办理验资户销户。

四、创业法律扶助与优惠政策

为支持大学生创业,国家和各级政府出台了许多详细、可操作的优惠政策,涉及融资、开业、税收、创业培训、创业指导等诸多方面。对打算创业的学生来说,了解这些政策才能做好创业的第一步。具体来说,主要有以下三个方面。

第一,在毕业后两年内自主创业,到创业实体所在地的工商部门办理营业执照,注册资金(本)在50万元以下的,允许分期到位,首期到位资金不低于注册资本的10%(出资额不低于3万元),一年内实缴注册资本追加到50%以上,余款可在三年内分期到位。

第二,新办咨询业、信息业、技术服务业的企业或经营单位,经税务部门批准,免征企业所得税两年;训班交通运输业、邮电通信业的企业或经营单位,经税务部门批准,第一年免征企业所得税,第二年减半征收企业所得税;新办公用事业、商业、物资也、对外贸易业、旅游业、物流业、仓储业、居民服务业、饮食业、教育文化业、卫生事业的企业或经营单位,经税务部门批准,免征企业所得税一年。

第三,各国有商业银行、股份制银行、城市商业银行和有条件的城市信用社,要为自主创业的毕业生提供小额贷款,并简化程序,提供开户和结算便利,贷款额度在2万元左右,贷款期限最长为两年,到期确定需延长的,可申请延期一次。贷款利息按照中国人民银行公布的贷款利息率确定,担保最高限额为担保基金的5倍,期限也贷款期限相同。

金融贷款的优惠具体表现为以下几个方面。

(1)优先贷款的支持、适当发放信用贷款

加大高校毕业生自主创业贷款支持力度,对于能提供有效产抵(质)押或优质客户担保的,金融机构优先给予信贷支付。面向高校毕业生的创业贷款可由高校毕业生为借款主体,并可由其家庭或直系亲属家庭成员的稳定收入或有效资产提供相应的联合担保。对资信良好、还款有保障的,有风险可控的基础上适当发放信用贷款。

(2)简化贷款手续

通过简化贷款手续,能够合理确定授信贷款额度,公贷款这在一定期限内周转使用。

(3)利率优化

对创业贷款给予一定的优惠利率扶持,视贷款风险不同,在法定贷款利率的基础上,可适当下浮或上浮。目前,已有多家银行开办了针对其有城镇常住户口或有效居留身份的人口及年满18周岁自然人的个人创业贷款,此类创业贷款要求个人采用存单质押贷款,或者房产抵押贷款以及担保贷款。

企业注册登记方面的扶持如下。

(1)程序更简化

凡高校毕业生(毕业后两年内,下同)申请从事个体经营或申办私营企业的,可通过各级工商部门注册大厅的绿色通道"优先登记注册"。其经营范围除国家明令禁止的行业和商品外,一律放开核准经营。对限制性、专项性经营项目,允许其边申请边补办专项审批手续;对在科技校园、高新技术园区、经济技术开发区等经济特区申请设立个私企业的,特事待办,除了必须前置审批的项目外,试行"承诺登记表"。申请人提交登记申请书、验资报告等主要登记材料的,可先预颁发营业执照,让其在3个月内按规定补齐相关材料。凡申请设立有限责任公式,以高校毕业生的人力资本、智力成果、工业产权、非专利技术等无形资产作为投资的,允许抵充40%的注册资本。

(2)减免各类费用

除国家限制的行业外,工商部门自批准其经营之日起一年内免收其个体工商户登记费(包括注册登记变更登记补照费)、个体工商户管理费和各种证书费。对参加个私协会的,免收其一年会员费。高校毕业生申办高新技术企业(含有限责任公司)的,其注册资本最低限额为10万元,如资金确有困难,允许其分期到位;申请时可以以"高新技术""新技术""高科技"作为行业名称予以批准。高校毕业生从事社区服务等活动的,经居委会报所在工商行政管理机关备案后,一年内免于办理工商注册登记,免收各项工商管理费用。

(3)各类收费项目

各类收费项目包括以下法律,行政法律规定的收费项目,国务院以及财政部、国家发展改革委(含国家纪委、原国家物价局,下同)批准的收费项目:

①工商部门收取的个体商户注册登记费(包括开业登记、变更登记、补换营业执照及营业执照副本)、个体工商户管理费、集贸商场管理费、经济合同鉴定费、经纪合同示范文本工本费。

②税务部门收取的税务登记证工本费。

③卫生部门收取的民办医疗机构管理费、卫生检测费。卫生质量检测费、预防性体检费、预防接种劳务费、卫生许可证工本费。

④民政部门收取的民办非企业单位登记费(含证书费)。

⑤劳动保障部门收取的劳动签证费、职业资格证书费。

⑥公安部门收取的特种行业许可证工本费。

⑦烟草部门收取的烟草专卖零售许可证费(含临时零售许可证费)。

⑧国务院以及财政部、国家发展改革委批准的涉及个体经营的其他登记类和管理类收费项目。

值得提醒的是,大学毕业生在办理自主创业的有关手续时,除带齐规定的材料、提出有关申请外,还要带上大学毕业生就业推荐表、毕业证书等有关资料。

企业运营方面的扶持如下。

(1)员工聘请和培训享受减免优惠

对大学毕业生自主创办的企业,自工商部门批准其经营之日起一年内,可在政府人事、劳动保障行政部门所属的人才中介服务机构,企业介绍机构的网站免费查询人才、劳动力供求信息,免费发布招聘广告等;参加劳动保障行政部门所属的人才中介服务机构和公共职业介绍机构举办地人才,劳务交流活动,给予适当减免缴费;政府人事部门所属的人才中介服务机构,人事档案管理免两年费用。对自主创业的高校毕业生,政府人事行政部门所属,中介服务机构免费为其保管人事档案(包括代办社保、职称、档案工资等有关手续)两年。

(2)社会保险参保单位渠道

高校毕业生从事自主创业的,可在各级社会保险经办机构的个人缴费窗口办理社会保险参保手续。从事个体经营的高校毕业生,应当向工商、税务、卫生、民政、劳动保障、公安、烟草等部门的相关收费单位出具本人身份证,高校毕业证以及工商部门批准从事个体经营的有效证件,经收费单位核实无误后,按规定免交有关收费。同时,自谋职业、自主创业的高校毕业生,可将人事关系存放在政府人事部门所属人才服务机构、劳动或人事部门人才服务机构,这些服务机构将其办理人事关系转接、人事档案管理、转正定级、转党团关系、专业技术职务任职资格申报评审、社会保险金缴纳等服务,实行全方位的人事代理服务,以解除自主创业、灵活就业的高校毕业生的后顾之忧。

以上优惠政策是国家针对所有自主创业的大学生所制定的,各地政府为了扶持当地大学生创业,也会出台相关政策法规,而且更加细化,更贴近实际,了解这些优惠政策,会让大学毕业生感受到国家和政府的支持力度,更加坚定创业的决心。

五、创业者必须了解的企业常识

1. 企业的定义

企业是从事生产、流通或服务性活动的独立核算经济单位。它是依法设立的经济组织,是在商品经济范畴中,按照一定的组织规律,有机构成的经济实体,一般以营利为目的,以实现投资人、客户、员工、社会大众的利益最大化为使命,通过提供产品或服务满足社会需求,以换取收入和盈利。企业是社会发展的产物,因社会分工的发展而成长壮大。

2. 企业的类型

企业根据不同的标准也可以分为不同的类型:根据企业规模大小不同,可分为大型企业、中型企业、小型企业;根据企业组织形式不同,可分为个体企业、合伙制企业、股份制企业;根据经济成分不同,可分为国有企业、集体企业和私营企业;根据资源密集程度不同,可分为劳动密集型企业、资金密集型企业和技术密集型企业;根据经营性质不同,可以分为工业企业、商业企业、农业企业、金融保险企业、房地产开发企业、交通运输企业、旅游服务企业、餐饮娱乐企业、邮电企业、中介服务业等。

3. 企业的法律形式

创业者在创立企业的时候,必须解决的一个重要问题是企业应选择什么样的法律组织形式。这个决策主要取决于创业者和公司投资者的目标,并考虑纳税地位、承担的法律责任及在企业经营和融资活动中的灵活性。依据我国现行法律规定,个人创立新企业的法律形式主要有有限责任公司、合伙企业、个人独资企业、个体工商户等。不同的企业类型有着不同的设立条件和注册资本限额,以上几种企业类型的具体介绍如下。

有限责任公司又称有限公司是指符合法律规定的股东出资组建,股东以其出资额为限对公司承担责任,公司以其全部资产对公司的债务承担责任的企业法人。

合伙企业是指自然人、法人和其他组织依照《中华人民共和国合伙企业法》在中国境内设立的普通合伙企业和有限合伙企业。合伙企业由各合伙人订立合伙协议,共同出资、合伙经营、共享收益、共担风险,并对合伙企业债务承担无限连带责任。

个人独资企业,简称独资企业,是指由一个自然人投资,全部资产为投资人所有的营利性经济组织。独资企业是一种很古老的企业形式,至今仍广泛运用于商业经营中,其典型特征是个人出资、个人经营、个人自负盈亏和自担风险。

个体工商户是在法律允许的范围之内,依法经核准登记,从事工商业经营的自然人。

通过以上分析,可以看出企业的不同法律形式之间的区别,创业者选择自己的法律形式时,要从下面四个方面认定:业主数量和注册资本;成立条件;经营特征;利润分配和债务责任。

4. 企业设立方式的选择

创业者决心投入创业行列时,需要考虑采取何种创业方式,是独创、合伙还是收购。为此,要将自己的经营能力、可动用经营资源与可能创业方式做一番慎重评估,才能最后做出决定。

(1)独创是指创业者独立创办自己的企业

在现代社会,随着技术进步的加快和技术周期的缩短,在一个人的有生之年,完全有可能经历"从理论研究到应用研究,再到研究开发和创建企业"这一技术创新成果商业化的全过程。因此,个人独立创业也成为一种很平常的现象,更多具有创意的人士往往还会通过工艺创新、市场营销创新等非技术创新成功地创建企业。独创企业的特点在于产权是创业者个人独有的,相对独立、产权清晰,不会与其他个人或团体产生产权。企业由创业者自由掌控,创业者可按自己的思路来经营和发展自己的企业,可以最大限度地发挥个人的智慧与才能;企业利润归创业者独有,无须担心他人分利;同时也不存在其他所有者,无须迎合其他持股者的利益要求和其对企业经营的干扰,这是十分有利的。但是,独创企业也存在着不利之处,主要表现在以下几方面。

①创业者需要独自承担风险。虽然创业者个人的利益是独立的,但其风险也是独立

的,创业者需要独立承担创业中的所有风险,这在激烈竞争的市场环境中,往往是极为危险的。

②探索性很强。由于没有经验可循,独创企业需要很强的探索性,因此对于创业者的创业热情、创业精神以及经营管理经验等都提出了更高的要求。

③创业资金筹备比较困难。由于独创企业在法律上不得不采取业主制的组织形式,在企业组织的存续上存在先天性缺陷,因此在社会信用不发达的今天,这类企业往往很难得到金融机构的信贷支持。

④财务压力大。设立和经营企业的一切费用必须由创业者个人独立承担,因此创业者将面对较大的财务压力。

⑤个人才能的限制。创业者的智慧和才能终究是有限的,独创企业设立、运营和发展过程必然会受到个人智慧、才能和理性的限制。

⑥难有优秀的管理团队。独创企业很难有优秀的管理团队,一个好汉三个帮,任何具有较强创新与创业精神的员工都不会心甘情愿地长期服务于这样的企业,且由于高层员工不是企业的股东,他们极易与创业者离心离德。

(2)合伙创办企业

合伙是指加入他人现有企业或与他人共同创办企业,创业者需仔细考虑采用这种方式发展企业的可行性。合伙企业还可以被看作弥补企业扩张时的资源不足、对市场竞争和市场机会更快地做出反应的众多方法之一,作为一种扩张策略,可以有效地利用合伙战略认真地评估形势和合作者。与独创企业相比,合伙企业有以下几个优势。

①共担风险。由于合伙企业存在两个或两个以上的创业者,就意味着在风险承担方面可以共同分担,在遇到各种困难时可以一起克服。

②融资较易。在合伙企业中吸纳具有融资优势的个人加入,可以减弱甚至回避个人独创企业融资难的问题。

③优势互补。由于合伙企业的创业者为两人或更多,创业者的智慧、才能、理性以及资源可以互补,只要团队结构协调、合理,即可以形成一定的团队优势。

但是,合伙企业也存在一些问题,主要表现在以下几方面。

①产权关系不明晰,关系难处。在我国创业相关法律体系不完善的情况下,合伙企业往往会遇到产权关系难以处理的问题。特别是合伙创业起步之初,往往需要某些无形资产持有者的加入,但无形资产的股份难以合理确认,且当企业发展到一定程度,无形资产提供者在企业中的地位和利益往往会受到挑战。

②易产生利益冲突。合伙意味着数个人的利益交织在一起,团队成员之间的利益关系需要反复磨合,在企业设立、运营、发展中不免会产生这样或那样的利益矛盾,一旦利益关系出现了大的不协调,就可能导致企业存续和运营的危机。

③易出现中途退场者。当团队内部出现了较大的利益矛盾或是某些团队成员遇到了更好的盈利机会,还有某些团队成员已有能力独立创业,以及某些团队成员畏惧创业中出现的困难时,这些成员就可能退出现有的创业团队。一旦有人退出,就有可能影响合伙创业的进程,以至影响到新创企业的发展。

④企业内部管理交易费用较高。常言道人多嘴杂,企业设立、运营和发展都需要有集体决策,如果团队内部沟通不好,关系不协调,往往会形成大事小事皆议而不决的局面。

⑤企业发展目标不统一。由于各合伙人的商业目的不一致,可能导致企业发展方向不

统一。

（3）投资收购现成的企业

包括既有企业并购（经营成功企业并购、待起死回生企业收购）和购买他人智能（知识产权的收购、特许加盟）等方式。客观地看，创业不外乎是培育某种获得财富的能力，为自己创造利润，为社会提供福利，因此将投入资金通过产权交易直接变他人的财富制造能力为自己所有，也不失为创业的可行途径。

收购企业有以下几个优点。

①迅速进入。初创企业进入市场时总会遇到各种各样的障碍，如技术壁垒、规模壁垒、市场分割壁垒、政府许可壁垒等。收购方式最基本的特性就是可以节省很长的时间，迅速获得现成的管理人员、技术人员和设备，可以迅速建立一个产销据点，有利于企业迅速做出反应，抓住市场机会。如果被收购企业是一个盈利企业，收购者可以迅速获得收益，从而大大缩短了投资回收年限。

②迅速扩大产品种类。收购企业这种方式可以迅速增加母公司的产品种类，尤其是原有企业要跨越原有产品范围实现多样化经营时，如果缺乏有关新的产品种类的生产和营销方面的技术和经验的话，推行多样化经营会十分困难，此时显然采取收购方式更为稳当。

③选择性大。目前，我国不少行业的生产能力是过剩的，如在轻工行业，某些产品的生产能力超过市场需求的25%，有些甚至超过100%；其他一些行业也有相似的情况。这就给购买他人的生产能力提供了较大的选择空间。关键是创业者要在可能的购买对象中做出恰当的选择。

④利用原有的管理制度和管理人员、技术。采取收购作为直接投资的方式，可以不必重新设计一套适合当地情况的经营管理制度。这样可以避免对该领域或该地区的情况缺乏了解而引起的各种问题。收购技术先进的企业可以获得该企业的先进技术和专利权，提高公司的技术水平。

⑤采用被收购企业的分销渠道。这样可以利用被购企业已经成形的市场分销渠道以及企业同经销商多年往来所建立的信用。

⑥获得被购企业的市场份额，减少竞争。市场份额的增加会导致更大规模的生产，从而实现规模经济。企业可以收购作为竞争对手的企业，然后将它关闭来占据新的市场份额。

⑦获得被购企业的商标。收购一些知名的企业往往可利用其商标的知名度迅速打开市场。

⑧廉价购买资产。一种情况是，从事收购的企业比目标企业更知道他所拥有的某项资产的实际价值，例如目标企业可能拥有宝贵的土地或按历史折旧成本已摊提了，可是在账目上还保有的不动产，它有时低估了这项资产的限期重置价值使得收购者廉价地买下这家企业。另一种情况是，收购不盈利或亏损的企业，可以利用对方的困境压低价格。

⑨迅速形成自己获得财富的能力，加快进入市场的速度。在新经济时代，要求企业对市场变化、市场竞争有更高的响应速度，如果从头摸索往往要花数月甚至数年的时间，市场机会早被他人抓走了。而购买他人现有的生产能力，只需进行必要的技术改造，即迅速提供市场需要的商品，能实实在在地抓住某些盈利良机。

当然，收购企业这种方式也存在一些缺点，具体如下。

①价值评估困难。其一是有的目标企业为逃税漏税而伪造财务报表，存在着各种错误

和遗漏,有的目标企业不愿意透露某些关键性的商业机密,加大了评估难度;其二是对收购后企业的销售潜力和远期利润的估计困难较大;其三是企业的资产还包括商誉等无形资产,这些无形资产的价值却不像物质资产的价值那样可以轻易用数字表示。

②失败率高。失败有很多原因,一个重要的原因是被收购企业的原有管理制度不满足收购者的要求。如果原有的管理制度好,收购企业可以坐享其成,无须很大的改变;若原来的管理制度不适合要求,收购后对其进行改造时习惯原有经营管理方式的管理人员和职工往往对外来的管理方式加以抵制。母公司在被收购企业内推行新的信息和控制体系常常是一个困难而又缓慢的过程。另外企业虽然可以通过收购方式获取市场份额和产品技术,但如对被收购企业的产品种类过于缺乏经验,可能无法进行有效的管理,这也会导致收购的失败。

③现有企业往往同它的客户、供给者和员工有某些契约关系或传统关系。例如现有企业可能同某些老客户具有长期的特殊关系。该企业被收购后,如果结束这些关系可能会付出很大代价,然而继续维持这些关系可能被其他客户认为是差别待遇。与供给者之间的关系也可能会出现类似的情况。

④转换成本高。一般而言,收购对方的生产能力后,总要对所购入的生产能力进行某些技术改造,这就涉及所谓转换成本问题,包括技术改造成本、原有某些设备提前报废的损失、原有人员进入新岗位的培训费用增加等。这是购买现有企业生产能力时不得不考虑的问题。

⑤选择收购对象是个难点。要恰当地选择目标企业,进而购买它,这不是一件容易的事情。通常在选择购买对象时,创业者应该考虑如下问题:目标企业目前的市场地位、未来的市场地位、目前的技术能力、技术能力的成长性、负债状况、经营业绩,目标企业要求的出资方式及其方便性,并购后技术改造需要的增量投资,可能随之增加的企业社会负担等。

⑥原有企业的包袱会随之而入。我国目前正处于经济制度转轨时期,计划经济时期遗留的各种问题仍困扰着企业,政府从稳定社会的角度出发,往往也显得无可奈何,这种情况下创业者如果收购某个企业,常常也不得不随之收购进现有企业原本承担的某些社会义务。

⑦收购也可能导致人力资源管理上的麻烦。现有企业被收购以后,由于企业的整顿往往会产生大量的剩余人员,对这些人员的安置方式和报酬的支付金额,在企业的经济效益上或在道义和法律上都会比较麻烦。收购过程没有正规的程序,目前尚无确定正确的步骤以及各种情况下的最好选择,因此,在收购过程中,个人理念、良好的商业感觉以及对每个机会谨慎乐观的探索都是无可替代的。有人提出成功收购一个企业的框架必须经过这样几步:确认目标、价值评估以及交易谈判。

任务五 创业风险与回报

创业,意味着投入自己的金钱、时间和精力去实现预期的销售和盈利。由于普遍缺乏可持续获利的商业模式等不确定性的存在,初创企业面临诸多创业风险,在发达经济体正在经历创业型经济兴起、中国经济处于转型与升级的宏观背景下,客户风险、创新风险和法律风险是中国初创企业面临的最致命和隐秘的风险。

2015年12月,教育部颁布《教育部关于做好2015年全国普高毕业生就业创业工作的通知》，积极推动大学毕业生自主创业，并实行弹性学制，允许非毕业生休学创业。这对于毕业生和那些想创业的在读高职学生，无疑是一则天大喜讯，毕竟自己做老板相对于到企业上班，财富和成功都要来得更快更多。高职学生正处在最好的年龄阶段，即使创业不成，也能从创业过程中积累经验，将是人生一笔不小的财富。创业是风险与机遇并存的，社会是错综复杂的，不确定性不可避免，有效地识别与防范这些风险成为初创企业生存下去的根本。在真正的商业机会和危险陷阱之间，必须能够识别、判断和避免各类风险，创业风险仍然规避有道。

一、高职学生自身风险

1. 狂热中缺乏理性

自主创业道路将成为高职学生就业的一种必然选择和趋势，创业行为不断在高职学生中扩散，在全国范围内掀起创业热潮。由于对于某些创业传奇的过分渲染与炒作，使得整个社会舆论对于学生创业寄予很大的希望，从而引发了学生创业的狂热，几乎到了人人想创业的程度，在校学生按捺不住创业的激情，争着要搭上创业这趟列车，对创业的期望值很高。然而，高职学生在心理上没有做好创业的准备，普遍意识不到创业起步的困难和创业风险的压力，把创业想象化、简单化，缺乏理性，存在仅以市场为导向的创业倾向，忽略了自身的成本优势和创新意识的发挥，甚至有的高职学生动机不端正、金钱至上、贪婪自私，一遇诱惑便把握不住自己。

2. 自信中缺乏耐心

高职学生拥有知识技能，朝气蓬勃，对创业前景充满了信心，表现出一定的自信。认为自己具备高水平知识技能，会有敏锐的商业嗅觉。但由于无创业经历，对于创业过程中存在的诸多困难估计不足，做决策时全凭直觉，盲目的选择最终导致或退缩或失败的结果。一旦面对失败就缺乏耐心，只要有一个困难不解决，一个障碍迈不过去，就会前功尽弃。

3. 创新中缺乏经验

优胜劣汰的社会竞争现实使高职学生创业实践过程中必须求新求异。高职学生创新性特征在创业实践活动中不断提升，确实增加了创业实践活动的社会效益。但也存在着各种创业失败和创新受挫的案例。原因是高职学生虽有创新精神但缺少经验，对行业的运作规律、要求、技术、管理都不太成熟。

4. 诚信中缺乏魄力

市场经济已进入诚信时代，作为一种特殊的资本形态，诚信日益成为企业立足之本与发展的源泉。创业机会与风险并存，想要在竞争激烈、机会稍纵即逝的商海中勇立潮头，除了诚实可信还必须要有魄力，敢于抓住商机，即使没有十足把握，也应果断地尝试。有的学生自卑胆怯、患得患失，不愿为也不敢为，缺少应有的胆量和判断，阻滞了创业向成功的方向发展。

二、创业过程中面临的风险

创业既能实现高职学生的自我认同和自我价值、激发创造力，又可以在一定程度上缓解严峻的就业形势，达到实现经济效益和社会效益的双重目的。但任何事物都是一柄双刃剑，创业途中有傲立风口的成功者；亦不乏折戟半路的失意人。分化格局的形成，除了运气,更多的是对创业风险的把控,对于初涉世事的高职学生更是如此,如图4-3所示。

图4-3　把控创业风险

创业的风险主要有以下几个方面。

1.项目选择太盲目

高职学生创业时如果缺乏前期的市场调研和论证,只是凭自己的兴趣和想象来决定投资方向,甚至仅凭一时的心血来潮就做决定,一定会头破血流。创业初期一定要做好市场调研,在了解市场的基础上创业。一般来说,学生创业者资金实力较弱,选择启动资金不多、人手配备要求不高的项目,从小本经营做起比较适宜。

2.缺乏创业技能

有些高职生创业者眼高手低,当创业计划转变为实际操作时,才发现自己根本不具备解决问题的能力,这样的创业无异于纸上谈兵。一方面,高职学生应去企业打工或实习,积累相关的管理和营销经验;另一方面,积极参加创业培训,积累创业知识,接受专业指导,提高创业成功率。

3.资金风险

资金风险在创业初期会一直伴随在创业者左右。是否有足够的资金创办企业是创业者遇到的第一个问题;企业创办起来后,就必须考虑是否有足够的资金支持企业的日常运作。对于初创企业来说,如果连续几个月入不敷出或者因为其他因素导致企业的现金流中断,都会给企业带来极大的威胁。相当多的企业会在创办初期因资金紧缺而严重影响业务的拓展,甚至错失商机而不得不关门大吉。另外,如果没有足够的融资渠道,创业计划只能是一纸空谈。除了银行贷款、自筹资金、民间借贷等传统方式外,还可以充分利用风险投资、创业基金等融资渠道。财产风险、对家庭、健康与爱好的影响是创业成功所必须加以克服的困难。高职学生创业要有充分的准备去迎接创业过程中诸如用个人积蓄去冒险;经常不分昼夜地工作;没有假期;生病也得不到休息;失去稳定的工资收入;为发工资和债务担忧,甚至拿不到自己的那份工资;不得不做如清洁、归档、采购等自己不喜欢的工作;无暇与家人和朋友待在一起等挑战。创业者要有危机意识,在心理上及行动上有所准备,来应付突如其来的变化。带着风险意识前行,在创业实践中所有的事都要有"万一……怎么办"的危机意识,居安思危,未雨绸缪。

4.社会资源贫乏

企业创建、市场开拓、产品推荐等工作都需要调动社会资源,高职学生在这方面会感到非常吃力。平时要多参加各种社会实践活动,扩大自己人际交往的范围。创业前,可以先到相关领域工作一段时间,通过这个平台,为自己日后的创业积累人脉。

5. 管理风险

高职学生的理财、营销、沟通、管理方面的能力普遍不足。要想创业成功,必须技术、经营两手抓,可从合伙创业、家庭创业或虚拟店铺开始锻炼创业能力,也可以聘用职业经理人负责企业的日常运作。创业失败者基本上都是管理方面出了问题,其中包括决策随意、信息不通、理念不清、患得患失、用人不当、忽视创新、急功近利、盲目跟风、意志薄弱等。特别是高职学生知识单一、经验不足、资金实力和心理素质明显不足,更会增加在管理上的风险。

6. 竞争风险

竞争是必然的。如何面对竞争是每个企业都要考虑的事,对初创企业更是如此。如果创业者选择的行业是一个竞争非常激烈的行业,那么在创业之初极有可能受到同行的强烈排挤。一些大企业为了把小企业吞并或挤垮,常会采用低价销售的手段。对于大企业来说,由于规模效益或实力雄厚,短时间的降价并不会对他们造成致命的伤害;而对初创企业则意味着可能会有彻底毁灭的危险。因此,考虑好如何应对来自同行的残酷竞争是创业企业生存的必要准备。

7. 团队分歧的风险

现代企业越来越重视团队的力量。创业企业在诞生或成长过程中最主要的力量来源一般都是创业团队,一个优秀的创业团队能使创业企业迅速地发展起来。但与此同时,风险也蕴含其中,团队的力量越大,产生的风险也就越大。一旦创业团队的核心成员在某些问题上产生分歧不能达到统一时,极有可能会对企业造成强烈的冲击。事实上,做好团队的协作并非易事,特别是与股权、利益相关联时,很多初创时很好的伙伴都会闹得不欢而散。

8. 缺乏核心竞争力的风险

缺乏核心竞争力是最主要的风险。一个依赖别人的产品或市场来打天下的企业是永远不会成长为优秀企业的。核心竞争力在创业之初可能不是最重要的问题,但要谋求长远的发展,就是最不可忽视的问题,没有核心竞争力的企业终究会被淘汰出局。

9. 意识上的风险

风险性较大的意识因素有:投机、侥幸心理,试试看的心态,过分依赖他人,回本的心理等。如何避其锋芒,利用机会顺势而上,把创业风险控制最低。创业者本身的经验、学识、能力要足够,尤其是对要涉足行业的了解情况会对创业起重要的作用。在熟悉的行业中创业,市场熟、产品熟、人际关系也熟,就能"驾轻就熟",因此创业者要注意自身知识的积累以及对自身创业能力的培养。

三、高职学生创业的法律风险

随着学生创业群体的逐渐增加,创业中的法律风险不容忽视,主要有创业组织形式的选择、创业组织运行中的合同法律风险和知识产权法律风险、创业组织终止的法律风险等。高职学生要想在商界有所建树,应该拥有基本的法律知识。

对于高职毕业生来说,公司设立时无须注册资金到位是否就意味着开公司可以"零成本"了呢? 答案当然是否定的。首先,公司章程中会将各位股东认缴资本的数额进行确定,同时约定了出资到位的时间和各方出资比例；其次，公司注册资金虽然不体现在工商营业执照上，但在工商内档公开的系统中仍然可以查阅到；再则，公司在实际运营过程中必然会需要落实资金，否则一切经济活动都将难以开展，比如薪资社保、广告宣传、经营场地、办公设备等都需要资金的保障。

创业本身就带有极大的风险性，一旦对外债务无法清偿，公司股东在认缴的出资范围内，仍需对外承担债务，如果一味提高注册资本数额，表面上看起来风光，实则隐藏了巨大的法律隐患。因为在公司实缴资本没有到位的情况下，债权人可以要求股东在认缴出资范围内承担法律责任，随着全社会对公司企业、个人信用的日渐重视，构建市场主体信用信息公示体系不断完善，一旦被纳入失信人员名单，将对今后的发展产生巨大的负面影响。

创业组织经营过程中的法律风险类型较多，涉及领域较广，下面仅就经营过程中最常出现的几类法律风险进行分析。

1. 合同法律风险

以合同为机制的市场经济是建立在信用体系上的，市场经济、契约和信用是不可分割的一个体系。创业组织在经营的过程中，接触最多的可能就是合同签订及履行过程中的法律风险。合同是指平等主体的自然人、法人、其他组织之间设立、变更、终止民事权利义务关系的协议。合同订立过程中创业组织需要关注的风险主要有以下几方面：第一，缔约主体是否具有相应的缔约能力和资格，若为本人订立合同，应关注订立合同的当事人主体资格是否合法；若为代理人订立合同，则应关注代理人是否具有代理资格，是否获得委托授权。第二，合同双方要多交流沟通，注意双方对合同内容的理解是否一致，意思表示是否真实，合同标的是否合法，对方是否具有履约能力，以避免对方合同的违约。第三，为防止对方当事人违约给自己造成的损失，可以要求对方提供必要的担保，担保方式包括定金、保证人、抵押、质权等。创业大学生可以选择一个最适合自己的方式来保证对方合同的履行。合同履行中的法律风险主要是注意双方附随义务的履行，如通知义务、协助义务、保密义务等。另外，合同订立的形式具有多样性，如果以口头形式订立的合同，一定要注意合同的达成及履行过程中证据的保全。在合同履行过程中，如果对方违约且协商失败的，必须及时地通过诉讼方式来维护自己的权利，因为我国民法承认诉讼时效制度，超过一定期限的债务将得不到法律上的支持，成为自然之债。我国《民法通则》第一百三十五条规定向人民法院请求保护民事权利的诉讼时效期间为两年，法律另有规定的除外。

2. 知识产权法律风险

在现实生活中，学生创业者因不懂知识产权等相关法律知识致使自己的知识产权受到不法侵害或侵害他人知识产权的案例普遍存在。知识产权又称智慧财产权，是指权利人一段时间内对智力成果享有的独占排他的权利，是企业非常重要的无形资产。因此高职学生创业者应对这方面的内容有所了解，做到不去侵犯他人的知识产权并学会依法保护自身的知识产权。

3. 创业组织终止的法律风险

由高职学生组建的创业组织，其民事主体资格的灭失是创业组织终止的方式，该过程的风险主要体现在如下两个方面：第一，已终止自己的创业活动，但由于疏忽而并未按照法定程序办理注销登记手续，不法分子借机冒用从事一些违法活动；第二，创业组织终止后，创业组织原来的债务因组织形式的不同最终的承担者也不同，如果创业组织是公司的形式，那么就仅以公司的财产作为债务承担的担保债务；若为个体工商户、合伙企业、个人独资企业,则创业学生要对创业组织存在期间的债务承担无限连带责任。

创业除了选择设立公司之外,还有另一种形式——合伙企业。合伙企业与公司相比没有注册资本的要求,可以通过劳务出资,合伙人之间具有极强的人身信任。这决定了合伙人出资份额的转让要受到严格的限制,其中最大的风险在于合伙企业对外的债务需要合伙人承担无限责任,这也是公司制较为有利的方面,因为公司作为独立的法人主体,股东是以认缴出资为限承担有限责任。在正常经营的情况下,一旦创业失败对外承担的债务仅限于认缴的出资范围,因此对于社会经验不足的高职学生来说,选择合伙企业的方式创业并非是一个明智的选择。

高职学生要避免创业失败,需要关注公司内部法人治理结构、知识产权的合理保护、合同风险控制等问题,创业并非单纯依靠一腔热情就能成功,需要在点点滴滴的过程中将法律思维与管理行为相互融合。

风险规避对策:

当发生经营困难甚至歇业、股东僵局等问题,往往不是市场不景气、缺乏业务机会等造成的,根本原因还是内部管理上没有做好梳理和规划,导致业务发展太快管理跟不上。

首先是加强内部规章制度的建设,招聘员工不仅是签署劳动合同这样简单,在明确主营方向和业务流程之后,需要建立起一套相对完善的内部岗位管理制度或员工管理手册,使得管理有依据,行为有准则。其次是创新成果的保护,需要强化法律意识。创新性企业唯一的发展动力就是知识产权、技术研发成果,对于没有厂房、土地、大型设备的"轻资产"创业公司而言,及时申请专利、商标、著作权,切勿先推广使用之后,面对市场模仿竞争者来才想起来要申请保护。再次是在业务合同的签署过程中,不能简单认为自己是创业企业有订单就满足,主客户随心所欲签署合同,因为一份不平等或者苛刻条款的商业合同是缺乏可操作性的,把自己放在了缺乏法律保障的市场竞争环境中,无疑会加大创业的风险,一旦无法按时按质完成合同约定的条款,就可能面临违约赔偿的法律责任,拿不到产品或服务酬劳是小,承担高额违约金就得不偿失。

由于创业知识和经营经验等方面的缺乏,有些高职学生未能意识到创业过程中的法律风险,可能会无意间违反法律规定;也可能为利益冲昏头脑,明知故犯,违反法律规定。准备创业的高职学生在创业前应做好充分准备,留心实践过程中可能产生的法律风险,查阅学习相关法律知识,熟悉创业的各个环节,思考效防范法律风险的方法和解决途径,培养自己的风险意识,熟悉国家对于高职学生创业的既有扶持政策,努力做好法律风险的事前防范。

如果想创业,首先要记住:想到的和遇到的一定会有距离!

四、创业小败局

任何创业都是艰难的,也许创业者每一天都会经历各种各样的"小败局",但是创业者心中的热情与梦想是不能磨灭的。"这是最好的时代,这也是最坏的时代;这是希望之春,这也是失望之冬";商场如战场,胜败乃兵家常事。失败并不可怕,要看从何种角度去解析,对失败解析得越深刻,就离成功越近。每个创业者在创业之初都会经历几次失败。创业失败是一种特殊的经验,如果利用得好,也会成为一种重要资源。讨论创业失败的目的在于提高创业的成功率和创业活动的质量,提升创业能力。希望所有的创业者都学会在经历一个个小败局后,成长为强大的破局者。

1.失败案例

(1)市场就是"钱"

一位杰出的科学家到银行借贷创业资金,但他说不清产品的市场在哪里,也未曾接触任何可能的潜在客户,这位科学家认为做市场调查并不必要,只要产品功能优异,顾客自然就会上门。结果,尽管他有高明的创意和高科技产品,银行还是没有贷款给他。

孤芳自赏是许多创业者的通病;不知道市场在哪里是创业者的最大缺陷。一个创业者如果不能从市场需求的角度来客观地审视自己的成果和创意,如果不能客观地论证将遇到的风险因素,想到的只是成功,那么等待他的只能是市场的"惩罚"。

(2)她能做老板吗

某同学经过几年的努力工作省吃俭用积攒了一笔资金,其中10万元做了注册资金,5万元用于流动资金。她认为,个人创业必须有丰富的工作经验,所以在过去的工作中,她总是分内分外的事全都抢着干,从不计报酬。尤其是经营方面的事,更是竖着耳朵听,目的就是为了多学点本事,为自己开公司做准备。另外,她认为个人创业必须有一个好的项目,她选择了一个当时的朝阳项目——房地产租赁咨询。2009年底在办齐所有手续后,门店终于开张,她勤勤恳恳努力工作,但怎么也没想到,最初的3个月几乎没有生意,直到第6个月才稍有收入,可收入很不稳定,半年来,她赔了3万元,于是她开始动摇了,觉得自己是在靠天吃饭,靠运气吃饭。她认为做生意不应该是赌博,肯定是哪儿弄错了,她不想再这样干下去了,她认为不能等到这15万元都赔光的时候才行动,她要去弄明白问题到底出在哪里。于是就在第7个月她关掉了公司。

导致该同学失败的原因很复杂,但是重要的原因就在于没有一个完整的创业计划,小企业抗风险能力很低,不考虑成熟自然危机重重;其次是没有考虑到创业的政策风险,没有想到房地产紧控,竟然连二手房市场也受到了极大冲击。要想创业成功,还要学会怎样避免"打水漂"。

(3)细节决定成败

穆波是个时尚前卫的女孩,正是对自己的独到眼光特别自信,毕业后穆波没有急着找工作,而是开了个时装店自己当起了老板。20平方米的临街铺面经过精心装修,花钱不多但是很亮眼。前三个月辛辛苦苦小赔,半年之后生意开始火爆,第九个月房东收回店面开始自己经营。说起自己的当老板的经历,穆波的脸上没有失败者的颓唐和消极,"如果我的房东不那么狠,也许我的小店会很红火。"穆波也认真地想过自己失败的原因,首先是自己找店铺的时候操之过急,没有认真考虑店铺的位置;第二就是在租用店铺的时候没有和房东签订合同,以至于在出现问题时,没有对自己有利的证据;第三就是在出现问题时,没有积极地想对策,而是用一种很消极的方式去解决,最后吃亏的还是自己。

穆波告诫那些刚刚跨出校门准备自己开店的创业者,作为一个学生,社会阅历毕竟还是少,难免会在创业上遇到挫折,尤其在人际关系上,在遇到问题时,千万不能冲动,要有心理承受能力,失败了也不要气馁,要及时总结,这样才能在以后的创业中更加成熟。穆波还建议那些想创业的年轻人,最好先将自己的梦想储存几年,先从别的地方学习经验,等有了心理、人际和经济上的基础后,再考虑自己的创业计划。

(4)开店选址很重要

2009年8月中旬,小侯走上了创业之路。因为喜欢汽车,他把目标锁定了与汽车有关的项目,一家属于他自己的汽车饰品店在一番忙碌之后诞生了。但是仅仅半年,他就鸣金收兵,败下阵来。回忆那段创业的日子,小侯很是痛苦:付出了很多,回报太少。其实,创业之前,小侯是做了充分准备的。因为喜欢汽车,他就琢磨着在汽车方面找渠道。他先在网上搜集了一些关于汽车消费品的创业项目。然后根据实际情况,考虑到随着人们生活水平的提高,买车的人越来越多,而爱车的人一般都比较注重车内装饰,那么,开一家汽车饰品店,生意应该不错吧。觉得自己的想法还是比较顺应市场发展的,小侯高高兴兴地开始了第二步工作。他先从网上搜索了一些经营汽车饰品的代理商,并对各家的产品质量和价位进行了比较,然后选定一家太原的代理商。经过联系,他和那家代理商签好了协议,交了6 000元的加盟费,就开始租房子、装修、进货,脑子里满是憧憬的小侯很快就成了老板。但是现实给小侯的热情浇了一盆冷水,开张后,顾客寥寥。尽管他店里的饰品很吸引眼球,无奈饰品店所处的位置比较偏,路过的车倒是不少,但也仅仅是路过,而且大部分是大货车,根本不会在这样一个地段停车,也不会来买车内饰品。小侯每天都早早开店,很晚才打烊,商品的价位也定得很低,就这样,开业半年,总共才卖出两三千元的货。这时,房租也到期了,小侯不敢再恋战,把剩下的货放到朋友空着的车库里,从此不提开店的事。

(5)好吃还要会经营

小李看上了一个投资少回报快的项目——风味灌汤包。虽说店面不大,但投资却也不少,房租、设备、原料、员工,还有学习技术的费用,加起来也花去三四万。为了开店,除了自己的储蓄,还向朋友借了一万多,但不管怎么样,总算是把自己的店开起来了。开张的一个多月里,生意好得不得了,可能是因为有风味小吃的诱惑,小李的店每天都是顾客盈门。可是,最近风味灌汤包的小吃店突然多了几家,没过多久,小李小店前的顾客数量明显减少。在朋友的建议下,小店里开始卖其他风味小吃,但生意还是没有多大的起色。在连续亏了两个月后,小李就把店关门大吉了,还了外债之后,赔了一万多。

小李的失败原因很显而易见——没有做好市场调查和市场预测。选择创业项目一定要有自己的特色,选择的项目没有很大的市场潜力,同时该项目也已经有些市场饱和,缺乏发展潜力。在准备创业的时候,一定要学会一些必要的技能,如市场营销、市场调查等,小李说他最大的失败是没有认识到自己应该学习之后再去创业,以至于盲目跟风,导致创业失败。

创业过多少次不重要,重要的是从以往的创业中学到了什么,积累了什么。要想创业成功,相关经验非常重要。一般认为,创业经验对后续创业的影响通常和创业者的学习能力有关,卓有成效的创业者应该首先是优秀的学习者。从一切可能中学习:顾客、供应商、竞争者、员工、合作伙伴以及其他创业者;从经验中学习,并且懂得如何从无效中学习。其中最重要的是要善于从关键事件中学习。乔布斯曾讲了三个亲身经历的故事,其中一个故事是关于如何把生命中的点滴串联起来。他讲到大学期间因为喜欢而选的书法课对他后来设计电脑版式功能的重要作用,乔布斯说:"跟随好奇心和直觉所做的事,后来被证明基本都是极其珍贵的经验……你不可能充满预见地将生命的点滴串联起来,只有在你回头看的时候,你才会发现这些点点滴滴之间的联系。所以,你要坚信,你现在所经历的,将在你未来的生命中串联起来。"

2.创业最容易遭遇的九大陷阱

(1)走"大而全"的模式

电商创业者如果不清楚自己能干什么、不能干什么,贸然做自己不擅长的物流、仓储以及实体店等生意,造出成本黑洞,公司倒闭是必然的。

相关案例:西米网。

西米网是一家以"美食"为主打的电商网站,同时也是国内"办公室零食"的开创者以及领导者。创始人刘源最初创办西米时,只有首次创业失败后剩下来的 8 000 元,刘源用其中的 5 000 元购买了产品,剩下的 3 000 元印传单,靠着在地铁口和办公楼发传单才积累了第一批客户。西米网强调的是一种办公室的快乐文化,网站推广也多靠办公室白领之间的口碑传播,凭借良好的产品与服务,在创立的三个月后,西米网的销售额就突破了 100 万元,截至 2010 年 5 月底,西米网销售收入已经超过 600 万元,会员注册数量已超过 30 万人次。但是为了降低物流成本,西米网在 2010 年租用了数个物流仓库,最终高额的房租让西米网入不敷出,挣扎了 2 年,最终创始人刘源选择关闭零食业务,用余下资金投资别的生意。

(2)合作方撤资

贸然开发全新的概念产品,即使依附于巨型企业,却还是因为没有时间培养用户而耗干了企业的耐心。今日你光彩万千,虽不赚钱但吆喝响亮;明日企业撤资,留给你的只有数不尽的账单和欠款。

相关案例:求职帮。

招聘被认为是能成就 10 亿美元级公司的垂直信息领域,中国数以亿计的草根打工族严重依赖乡邻、朋友介绍等传统方式找工作,如果能革新他们接触信息的方式,不难看出其中广阔的市场前景。搜房网大区经理朱郁丛,设计了求职帮项目,流程是:求职者拨联通的服务电话 114 求职,114 后台工作人员收集用户的年龄、性别、学历、工作经验等信息,其后再把合适的工作信息以短信发送给求职者。在他看来,求职帮寻找企业资源,而联通具备天然的渠道推广能力。通过朋友推荐,朱郁丛与联通正式合作,2011 年 9 月,他与联通导航中心洽谈了合作,"我们开了几次碰头会,把这个产品做了提案,联通公司也觉得这是个好产品,商务利益、营销设计都没有问题"。联通的支持让朱郁丛心动,他很看好此次创业并认为能借助联通的平台,成功的概率应该比较高。但项目上线之后,联通收到的反馈效果十分不理想,接着,联通加大了推广力度,求职帮却仍然不见起色,最终联通停止了一切合作项目。

(3)扩张无度,缺乏后期管理

并购是公司实现迅速扩张的法宝,但后续一系列的管理问题也是创始人必须考虑到的。如果一味扩张而管理跟进不到位,那企业内部不和谐的声音就会越来越多。

相关案例:安博教育。

安博和新东方、学而思等"内生性"教育培训品牌不同,安博走了另外一条道路:通过资本撬动快速整合区域市场,达到庞大的体量。目前来看,这种尝试并不成功,因为无节制的扩张和并购毁了这家在纽交所上市的中国教育企业。安博最初设想只收购培训学校,只收购各个行业内前三名的公司。但这一并购设想执行得并不到位,首先是什么领域的公司都收;其次并不只并购行业前三的公司,还并购了很多小公司。从招股书公布的并购项目看,2008—2009 年安博并购的 23 个学校里,既有民办大学,也有教育软件公司;既有全日制学校,也有 IT 职业培训公司……并购金额从 792 万元到 4.5 亿元不等。安博并购公司的庞杂导致其后续整合极难。

从安博教育的收购流程来看,收购后先做财务和 IT 的整合,然后进行 HR 培训和课程整合,再进行商业模式整合,大概需要 12—24 个月。但在具体实施过程中,很多整合措施的合理性和执行有效性有待商榷,以至于安博教育的人员大量流失,资源越来越少。2013 年 6

月 12 日,公司的注册地开曼群岛法院向安博发出临时托管的通知,并且任命毕马威(KPMG)为临时托管人;同时,法院还命令遣散安博董事会,并赋予临时托管人控制公司账目和业务的权利。这是在美上市的中概股首次被判托管。

(4)本末倒置,传统企业盲目转型

迷信产品,不注重整合线下资源。这个毛病无论是在创新圣地硅谷,还是在中国的互联网创业领域,都让很多有"互联网改造传统行业"理想的创业者死亡。

相关案例:洗车应用 Cherry。

Cherry 为私家车主提供一键自助洗车服务的创业公司,在开始就获得著名"PayPal 帮"成员 75 万美元的种子投资,在 2012 年 4 月又获得了 450 万美元风险投资。Cherry 提供了结合移动端 LBS 十分具有创造性的洗车服务,车主可以把车停留在任何位置,只要通过手机在停车位置签到并发出一个洗车申请,Cherry 就会马上派附近的洗车人员到指定地点为车主洗车。签到的方式可以通过网站或手机 App,签到信息可以使用停车街道、车型、颜色或车牌号码。但是这个美好的汽车后市场服务项目最终还是败北了,仅仅上线一年之后,2012 年 12 月 25 日,Cherry 宣布关闭服务,并且退还客户的预付款,Cherry 的融资大部分都打了水漂。因为 Cherry 太过看重于线上产品,设计了精美的 UI,精准的定位系统,成体系的信息化流程……但是,他们却根本不在乎如何整合线下资源。在线下服务中,他们不注重成本的控制,客户洗一次车,需要支付给 Cherry 30 美金,是普通洗车价格的 5 倍。一直到倒闭,他们的服务成本也没有降下来,但 Cherry 的洗车服务是无法清洗汽车内部的,除非车主愿意在洗车人员来之前打开车门,所以花 30 美元只能让别人来擦擦车玻璃和车身表面。但 Cherry 的团队似乎从未反思过这一点,并没有想办法优化线下服务的流程,而是想着怎么规模化扩展,怎么使产品用起来更酷……

(5)创意很好,却无盈利模式

由于巨头的挤压,很多心怀创业理想的人都开始向往地域性互联网创业项目靠拢,例如杭州 19 楼,这个用 Discuz! 论坛搭建的地方性网站居然能年营收几千万,似乎做地方性互联网创业项目是个竞争小,收益可观的事。但是,情况真的如此吗?

相关案例:县级互联网创业的启示。

湖南省攸县是一个只有 70 万人口的小城,当地人搞出了各种各样的娱乐方式来丰富自己的生活。其中一款名为"碰胡"的纸牌游戏非常受当地人的喜爱,42 岁的狱警老郭利用闲暇时间开发了一个给当地人玩的线上碰胡游戏平台,一周之内注册用户就超过了 4 000 人。然而,用户过载、缺乏技术人才、营销渠道闭塞、缺乏运营资质使老郭倍感无奈。这时,浙江一家叫"同城游"的公司在攸县迅速铺开,虽然是几乎一样的设计和操作,却因为有成熟的盈利模式,成了压垮老郭整个项目的最后一根稻草。

县级市场有很多得天独厚的优势,也蕴含着巨大的商机。但做县级市场一定会面临着一个核心选择:你是做一个生意,还是做一个模式。老郭从一开始就从客观上选择了做一个生意的玩法,这就决定了跟做模式的玩法完全不一样,这也就要求他摒除找投资的想法,不断通过各种正常或非正常路径来取得本地资源支持,尽快放大用户量,不断升级产品,做出现金流和利润,同时形成竞争壁垒。

(6)决策错误,导致身陷同质化竞争

在市场经过十年左右的疯狂发展后,新产品、新模式的入市速度与市场运营商的市场力度已经开始萎缩,随之而来的则是运营商之间更多的同质化竞争。部分企业倒下的原因便是贸然进入自己不擅长的领域,陷入别人擅长的战争中,被迫放弃原本的优势领域。

相关案例:精锐教育。

精锐教育与美股上市公司学大教育相似,做的是中小学生个性化教育,即 1 对 1 辅导。这家公司成立于 2008 年,在上海创立,主打高端市场。短短两年内,精锐即成为华东地区 1 对 1 领先品牌。2010 年末,精锐携 1.6 亿元重金进军北京市场,这等同于平时攻占 4~5 个城市所需要的资金总量。初来几个月内,精锐高端、大气、上档次的硬件设施和服务体验令同行咂舌,可好景不长,随之而来的是人员震动和校区扩张放缓、学员流失。

精锐一直坚持走高端、做差异化的路线,但在北京走了样儿。"进去以后,由于对当地情况不了解,很快就被人牵着鼻子走了,最终陷入了别人擅长打的战争,这就很难打了。"这里所讲的战争便是价格战,精锐逐渐偏离高端定位,原本能提供的额外服务就会受限,变成和竞争对手一模一样。对顾客而言,精锐俨然成了抄袭版的某某,"我还没听说过精锐,为什么要选择它?"一位家长说。加上高额房租降不下来,精锐只有从员工的工资入手,2012 年初,为了降低成本,精锐对员工进行绩效调整,导致大量优秀老师、咨询顾问流失。

(7)股权分配不均而内耗过重

对于公司来说,创始人之间的斗争是常见的事,但具备关键技术的合伙人退出可能会带来麻烦。大部分时候,造成这种局面的根源是价值观不同,找合伙人或联合创业,更重要的是找一个价值观相近的人。

相关案例:"草根牛博"分家。

新浪草根微博排行榜前 50 名中,几乎有一半都是伊光旭集团所控制的,其中"冷笑话精选"的订阅数量更是超过了"参考消息"这份中国发行量最大的报纸的官方媒体账号。伊光旭集团是由伊光旭和樊少两人建立的,创业初期樊少主要负责微博的公关推广和外联工作,也包括收购账号;而伊光旭和他的同学主要负责内容运营。后来,伊光旭打算注册公司,需要 30 万元启动资金,樊少计划出资,要求持股 51% 被伊拒绝,正当樊少计划降低持股额度的时候,天使投资人蔡文胜决定投资他们。当蔡文胜的资金到账之后,公司开始了飞速的发展,而身为联合创业者之一的樊少,却并未与伊光旭谈过股权分配的问题。直到 2011 年 6 月,伊光旭宣布给几位联合创始人总共 3% 的公司股份,迫使这几位联合创始人出走并带走了公司的几个著名的草根大号"创意工坊""当时我就震惊了"等。

(8)以"理想"支撑创业

刚离开学校的大学生们大多无法充分地认识到实操和理论的区别,投资人也基本上不看好大学生创业,因为没有经验的大学生失败是必然,成功才是偶然。大学生创业过程中最常犯的错误就是以理想支撑创业,只凭着满腔"理想"是不足以支撑创业公司的发展的,毕竟这是一个现实的世界。

相关案例:我易网。

2008 年,大学毕业的老皮因为自己的理想——让偏远地区的孩子也有优质的教育平台而创立了"我易网"。这是一个面向三四线城市的在线中小学家教培训网站,与国内当时的家教网站不同,这是一个在线教育平台,是一个体验、测试、教学、支付、评级等一系列环节都在网上完成的互动式家教平台。公司的发展势头曾一度非常好,这个以 10 万元启动资金开始的项目,曾有数百万的流水。然而,此时的"我易网"一味重视渠道营销而忽视了基础设备的维护,当网站的点击量越来越大,服务器便常常死机;加上完全凭借理想创业的创始人并没有充分认识到商场的残酷,看着公司数百万的账面资金,首先买了一套房子。当"我易网"面临用户严重流失和资金链断裂等情况时,创始人才明白理想与现实的差距。

(9)创业愿景不明,团队失去凝聚力

创业都是在有限的资源(人力和资金)范围内做正确的事情,有的创业团队起点高,一开始就有资本的支持,可以专注于公司发展方向进行投入。有的创业团队起点低,在没有资金或者很少资金的情况下,生存下来成为最重要的任务。创业最怕的是没有愿景,团队是为创业而创业。那样在每个选择的岔路口都会迷茫。

相关案例:零资金小团队的濒死经历。

陈嵩是爱书客数字出版项目的创始人。他认为传统出版一定会向数字出版转型,所以开发了一个可视化编辑器,通过这个编辑器,可以让出版社编辑很方便地做出媒体的出版内容。由于不希望在项目未成形之前投入过多资金,所以他只是邀请了朋友在闲暇时间以兼职方式参与。团队最初就没有资金投入,这也成了阻碍他们发展的最大原因。因为没有资金找设计团队、营销团队和渠道合作,所以这个项目不被传统出版社所重视,之前谈判时都愿意尝试的出版社也无意跟进,项目一直都不能成体系,原本一起创业的 12 个人只剩下了 3 个。

并非现在网上流传的那样,零资本也能创业。一个项目在还没有产生盈利模式之前,就会有大量的投入,比如生产成本、时间成本等。而长时间没有上马的项目,也会让团队人心惶惶。通常情况下,创始团队的分崩离析往往不是长期没有效益的问题,而是愿景不明晰。

3.麦可思调查数据

《2015 年中国大学生就业报告》显示:在毕业三年后月收入、就业满意度、高收入群体这三个指标上,自主创业群体"完胜"受雇全职工作群体;不过,调查也显示,有 52.5% 创业者没有熬过三年。发布该报告的第三方调查机构麦可思研究发现,2011 届大学生毕业三年后自主创业群体平均月收入涨幅及月收入均高于受雇全职工作群体。具体来看,2011 届本科和高职高专毕业生毕业三年后自主创业群体的月收入涨幅分别为 56.9% 与 50.2%,均高于受雇全职工作群体的月收入涨幅(本科为 49.6%,高职高专为 46.4%)。2011 届本科和高职高专毕业生毕业三年后自主创业群体的平均月收入达到 9 040 元与 7 292 元,分别高出受雇全职工作的本科(6 050 元)和高职高专毕业生(4 588 元)2 990 元与 2 704 元。调查还显示,三年后,自主创业群体的就业现状满意度高于受雇全职工作群体。这或许与收入相对较高有关,也可能与工作心态和生活状态有关。麦可思对 2011 届大学生毕业三年后自主创业群体的平均月收入分析还发现,月收入过万者不在少数。2011 届本科和高职高专毕业生毕业三年后自主创业群体的平均月收入区间分布,在"10 000 元及以上"的比例均最高,分别为 39.5% 与 31.2%,而对比明显的是,受雇全职工作的本科和高职高专毕业生平均月收入在万元以上的比例分别仅为 13.5% 和 4.1%。虽然三年后创业毕业生的就业质量都相对更高,但大学生创业成功非易事。《2015 年中国大学生就业报告》显示,2011 届大学毕业生毕业时创业的人群中,三年后仍坚持创业的比例为 47.5%,这也意味着有 52.5% 创业者没有熬过三年。前三年确实是创业者的"死亡之谷",创业者很容易在这三年内折载。"创业前三年,主要是打造自身产品,找到商业模式、销售渠道,最终创造自身的盈利模式。但是,如果三年内产品不受欢迎,或者找不到有效的销售渠道,团队看不到希望,资金链出现断裂,就容易放弃"大学生创业者在资金和管理上的短板更明显,因此对他们来说,前三年甚至前 6 个月就更加关键。

失败是有规律的。有时候创业者的选择和行为会导致必然的失败,但当事人却因为缺乏经验而没有察觉。比如在错误心态下引入错误的合伙人;又比如在错误的时间投入一个错误的市场;再比如不能看清市场虚假繁荣下的隐患,而过于乐观。凡此种种,一不留神就可以毁掉一个企业。这些错误是可以通过学习别人的失败来避免的,让失败者的经历替你免除这个昂贵的学费。所以,越成功的人往往越喜欢研究失败。创业要成功,一定要反复研究可能如何失败!

【扩展阅读】

高职学生如何化解创业风险?

1. 热血不等于跟风

创业是一件高风险的事。一些大学的风投表示,学生创业失败率高达99%。究其根本原因就是缺乏创业经验,仅有一腔热血。高职学生在校期间习惯了各类成功学和"心灵鸡汤"的煽动,心中编织自己的乌托邦,觉得一切都会按照自己的预期发展。诸如乔布斯、比尔·盖茨等人创业的成功,给了那些想要休学创业的高职学生一个借口和一个希望:他们能做,为什么我不能做?而他们恰恰忽略了不同国家的成长环境、教育模式和政策国情的大相径庭。在美国,院校会设立专项资金,成立跨学科教学研究中心,推进边缘学科发展,拓展学生就业视野。同时提供从学生入学选专业、系统的职业规划、择业技巧,到毕业就业咨询等一条龙服务。这些在我国尚不完善,更何况国外休学生选择创业的地方一般在硅谷,这更加是无法比拟的。有热血无经验的高职学生开启自己的第一份创业经历普遍是从跟风开始。大学校园里了解创业信息的渠道无非两条:纸媒和新媒体。透过这两扇窗口,注意力会更加倾向于聚焦在时下火热的行业和项目上,因为这些项目看起来财富四溢。通过对这些案例的分析并掌握,凭着年轻的那股冲劲,创业者通常会一头扎进里面,急功近利、毫不犹豫,而忽略了自身兴趣是否在此、管理的欠缺是否及时修缮、运作能力是否具备、市场的前景到底如何等问题。不能权衡利弊,只凭一时兴起,缺乏主观判断,一味盲目跟风,注定了创业的失败。

无论是毕业生还是休学生,在进军创业大潮之前,请先收起自己的情绪,让理性主导思维,做好市场调研,翻看市场大数据,在了解了市场和行业大行情后,再进行创业项目的抉择。另外,不要急功近利,最好从微小企业开始经营,路要一步一个脚印地走。

2. 有钱才能任性

很多人在念大学的时候,花着父母的钱不心疼,大手大脚、挥金如土,从不理财。等到幡然悔悟想要创业那天,却囊中羞涩身无分文。再向父母"借"来的钱远远不足填补所选项目的坑;从亲戚那里借来一笔钱,然后再去银行等资金发放机构申请创业贷款,把钱凑齐,把项目运作起来;项目运行一个月,问题又来了:员工等着发工资吃饭,运营商每天催着打款,客户迟迟没有回款,项目的开发和运营出现资金链断裂……项目还未步入正轨,就陷入穷途末路。

如果有一颗创业的心,在校的时候,别忘了理财;运营企业的时候,别忘了理财。在创业路上,如果想把自己的"业"做强做大,金钱能解决几乎所有困难。

3. 用心梳理人脉

公司内部架构和服务江河日下,运营商逐渐接不到新项目,于是开始转站别处;客户的单子不能定时定量完成，客户开始谋划与下一家的合作；各路贷款人见你摇摇欲坠难以维持，都开始催促偿还债务……一个对的人，踏入一个错的圈子，并一直错下去，最后注定成为一座孤岛。总觉得自己朋友无数，却未发觉身边已长满荒草。

创业是撑起企业持续发展的大梁。在外部，要进对圈层，看清谁是需要的人；在内部，要理性建立人脉关系，多关心下属，扩充二度、三度人脉，搭建企业内部合理的人脉架构，人脉是企业的砖与瓦，有了他们大梁才能稳固。

五、创业风险防范

创业教育更需要注重"失败教育"，创业中的失败并非偶然而是有很大的必然性，要认识、接受和管理失败。

1. 创业者如何识别创业风险

风险识别是指在风险刚出现或出现之前就予以识别，以有效把握各种风险信号及其产生的原因。如不能正确、全面地识别企业可能面临的所有潜在风险，就无法及时发现和预防风险，难以选择最佳处理方法。因此，风险管理的第一步就是要正确、全面地认识可能面临的各种潜在损失。风险识别的具体方法如下。

(1)业务流程法

以业务流程图的方式将企业从原材料采购直至送到顾客手中的全部业务经营过程划分为若干环节，每一环节再配以更为详尽的作业流程图，据此确定每一环节进行重点预防和处置。

(2)咨询法

以一定的代价委托咨询公司或保险代理人进行风险调查和识别，并提出风险管理方案，供经营决策参考。

(3)现场观察法

通过直接观察企业的各种生产经营设施和具体业务活动，具体了解和掌握企业面临的各种风险。

(4)财务报表法

通过分析资产负债表、损益表和现金流量表等报表中的每一个会计科目，确定某一特定企业在何种情况下会有什么样的潜在损失及其成因。由于每个企业的经营活动最终要涉及商品和资金，所以这种方法比较直观、客观和准确。

为避免造成重大经济损失和社会不良影响，每个创业者都应花大力气进行风险预防。创业者应选择那些发生概率大、后果严重的事件进行重点的防范。对于防范、降低风险而言，有以下几点防范风险措施。

(1)防范降低现金风险

防范降低现金风险的对策有：向有经验的专家请教；经常评估现金状况；理解利润与现金以及现金与资产的区别，经常分析它们之间的差额；节约使用现金。现金管理上应注意接受订货任务要与现金能力相适应；不将用于原材料、在制品、成品和清偿债务的短期资金移作固定资产投资。

(2)防范降低开业风险

防范降低开业风险的对策有：在最熟悉的行业办企业；制定符合实际的而不是过分乐

观的计划;在预测资金流动时,对收入要谨慎,对支出要留有余地,一般要留出所需资金10%的准备金,以应付意外;没有足够资金不要勉强上项目,发现问题时要立即调整。

(3)防范降低市场风险

防范降低市场风险的对策有:以市场及消费者的需求为生产的出发点;时刻关注市场变化,善于抓住机会;广泛收集市场情报,并加以分析比较,制定有效的市场营销策略;摸清竞争对手底细,发现其创业思路与弱点;对各种成本精打细算,杜绝不必要费用;健全符合自身产品特点的销售渠道网络;充分了解各主管机关职能及人员构成情况;以良好诚信的售后服务赢得顾客青睐。

(4)防范降低人员风险

防范降低人员风险的对策有:建立完善的雇员选择标准,综合考虑技术能力和合作能力两个因素;建立合理的信息沟通及汇报制度,使创业者能充分掌握员工及企业动态;制定有效的投资力度,从长计议,加强员工内部凝聚力。无论人员来源,寻找最胜任工作的人选;记录并跟踪新雇员情况,熟悉各个职员素质及发展,做到人尽其才;友好对待并鼓励新雇员,使其早日适应新环境,进入工作角色。

(5)防范降低财务风险

防范降低财务风险的措施有:领导班子要有适当分工,密切监控和防范财务风险;向专家和银行咨询,选择最佳的资金来源以及最合适时机和方式筹措资金。

(6)防范降低技术风险

防范降低技术风险的对策主要有:综合考虑企业自身技术能力、资金量和所需时间,选择技术获得途径;若选择引进技术,则要在引进技术前对所引进技术的先进性、经济性和适用性进行评价;加强对职工的技术培训,提高员工对高科技设备的操作熟练度,减少不必要的风险损失。

在技术开发的过程中应加强技术管理,建立健全技术开发和管理的内部控制制度,对科技人员实行特殊的优惠政策,保证技术资料的机密性,以防范因技术人员的离职和外调而引起核心技术流失,导致公司的利益产生极大的损失。

2. 如何避免掉入"陷阱"

高职学生初入社会,社会阅历少、警惕性不强,面对纷繁复杂的社会现象和各种诱惑容易踏入骗局。通过下面两个案例,探讨高职学生在创业中须具备的法律知识,防患于未然。

(1)多地大学生遭遇"笔芯骗局"

近来,福建省、河北省等地多所大学的在校学生为了自主创业,身陷"笔芯骗局"。今年3月,福州市某高校宿舍经常有一名黑衣女子出入,以找人做兼职的名义,让学生代售文具。一学生预付了1 000多元,买了两盒圆珠笔芯(包装注明有1 000根),在拿到文具后该学生并未当场清点,后来发现盒内笔芯只有100多根,便立即联系该女子,但该女子的电话一直无法接通。现该学生已向公安机关报警,校保卫处也已介入协助调查。同月,河北省某大学学生也遭遇了相似的情况:一名女子自称是某文具品牌的员工进入学生宿舍,招罗学生代售笔芯、笔记本、台灯等文具,并承诺所有文具都可以以低价卖给学生,如果卖不出去,也可以退货。该校5名学生决定共同创业,便向该女子支付4 000多元买了4盒笔芯(该女子告诉学生每盒有1 680根笔芯)。当交易完成该女子离开后,学生开始盘点,此时才发现每盒只有200根笔芯,便赶紧给该女子打电话,但该女子已失联。学生报警后,民警告诉他们,被骗金额尚未达到立案标准,只进行了简单记录。

（2）在校生创业被骗10万元

小张是济南市长清区某高校的大三学生，他在网上看到一则转让打印店的广告后，便萌生了创业的想法。经过实地考察，小张发现该打印店位于学校内，生意不错，经营良好，便与该打印店老板周某协商店铺转让事宜。经双方协商一致，周某最终同意以10万元的价格将店面转让给小张，并口头承诺在半个月的时间内将开设打印店所需要的相应技术和人脉传授给他，后双方签订了店铺经营转让合同。在小张把人民币10万元转账给周某后，便再也联系不上周某。意识到大事不妙，小张把当时周某提供的与学校的合同拿出来，并找到学校相关部门。经学校相关部门确认后，小张才知道，这家打印店因存在消防安全隐患，明年1月就要被拆除。小张经过比对两份合同，发现周某与学校的合同期限为明年1月，却向他提供了一份到期日为明年9月的假合同，小张遂急忙至公安机关报案。长清区大学路派出所接案后立即开展调查取证工作，在湖南省将周某抓获，并追回10万元诈骗款。

除了上述两个案例，大学生创业被骗的其他案例也屡见不鲜。大学生创业容易被骗，究其根源，是大学生自身对创业认识十分不足，在没有调查好创业合作对象及其经营资质的前提下轻易地进行创业活动，才导致在创业途中屡屡被骗。

在"笔芯骗局"中，大学生们轻易相信代售员，并没有认真核实其身份，缺乏警惕性。在与代售员达成交付协议、退货协议等时均是口头协议，并未订立书面合同，也没有明确规定双方权责，是法律意识淡薄的表现。大学生与代售员协商代售文具，虽并未签订书面的协议，但是已经以实际行动履行了合同义务，即与该文具公司构成了事实合同关系，因此，大学生应与代售员当场查验货品及清点数量。但由于大学生们警惕性不强，法律知识薄弱，不仅没有核验代售员资质、没有签订书面合同，更没有当面清点货物，在事件的开端就已经给了不法分子可乘之机。

在这类事件中，代售员使用欺骗手段，虚构事实，假冒文具公司员工，隐瞒真相，谎报货物数量，使被骗学生陷入错误认识。被骗学生基于这种错误认识，将钱款交付给代售员，代售员由此取得非法财产，使被骗学生的财产受到侵害，这已构成诈骗罪的主观要件。但由于诈骗数额较少，在客观上不满足"使用欺诈方法骗取数额较大的公私财物"的该罪构成要件，根据《福建省高级人民法院、福建省人民检察院关于诈骗、盗窃刑事案件执行具体数额标准的通知》（闽高法〔2013〕263号）文件之规定："诈骗公私财物价值达五千元、十万元、五十万元的，分别认定为刑法第二百六十六条规定的'数额较大''数额巨大''数额特别巨大'"；河北省高级人民法院、河北省人民检察院《关于我省诈骗罪数额执行标准的通知》（冀高法〔2011〕42号）的规定："诈骗公私财物，达到'数额较大'起点七千元的，可以在三个月拘役至六个月有期徒刑幅度内确定量刑起点"，这两起发生在福建和河北的"笔芯骗局"事件均由于数额不满足立案标准无法立案。然而，在无法找到代售员的情况下，学生们似乎只能"自认倒霉"。

在第二个案例中，小张也是由于缺乏警惕性和法律意识淡薄，才造成被诈骗10万元的后果。首先，周某是承租学校的店铺开设打印店的，根据《中华人民共和国合同法》第二百二十四条的规定："承租人经出租人同意，可以将租赁物转租给第三人；承租人转租的，承租人与出租人之间的租赁合同继续有效；第三人对租赁物造成损失的，承租人应当赔偿损失；承租人未经出租人同意转租的，出租人可以解除合同。"周某要把店铺转租给他人，须取得出租人（即校方）的同意，"出租人的同意"可以在原租赁合同书面约定，也可以另行补充协议确认。出租人口头同意且通过实际行为接受或者默认承租人的转租赁行为，也应认定为合法有效。但在该案件中,明显可见周某是在隐瞒校方和小张的情况下,伪造合同以实现非法目的的,校方依法可以解除与周某的合同,即小张的转承租行为实为无效。其次,周某隐瞒真相,实施了欺诈行为。为了把合同即将到期的店铺转租,周某向小张提供了伪造的虚假合同,使被害人小张产生错误认识,认为周某有权进行店铺转让,并使小张做出周某所希望的财产处分,将人民币 10 万元转入周某名下,使小张的个人财产遭受损失。周某的行为构成诈骗罪,根据《山东省高级人民法院、山东省人民检察院、山东省公安厅关于确定诈骗罪具体数额标准的通知》:"诈骗公私财物价值六千元以上的,为'数额较大';八万元以上的,为'数额巨大';五十万元以上的,为'数额特别巨大'",周某诈骗小张私人财物 10 万元,属于"数额巨大",又根据《中华人民共和国刑法》第二百六十六条:"诈骗公私财物……数额巨大或者有其他严重情节的,处三年以上十年以下有期徒刑,并处罚金……",故周某应被处三年以上十年以下有期徒刑,并处罚金。

大学生创业被骗,除了不法分子的违法行为外,法律意识淡薄,警惕性不强,自我保护意识较弱,更是给了不法分子可乘之机。大学生创业"机遇"与"风险"并存,要想在创业之路成功地走下去,双重保障是关键。从大学生自身的角度看,创业首先要对创业风险有正确的认识,学习创业相关的法律知识,合理运用维权手段,不能只关注眼前利益,只看重经营绩效,更要注意企业和合作伙伴的经营资质与行业品格,理性思考后再做出决策。从外部因素来看,高校对学生创业的指导力度还不够。高校和教育部门虽提倡自主创业,为大学生创业提供了种种优惠政策和物质帮助,但缺乏理论和实践的指导,应在鼓励大学生创业的同时,开设相关经济、管理、法律课程,让学生深入了解创业所需,正确认识创业风险。在讲述创业成功案例的同时,也要用创业失败的案例警醒学生,不能让学生把创业想得过于简单化,要使学生直面创业的种种机遇和风险,从而提高自我保护意识和警惕性,提高对风险和骗局的预见能力,以及遇到非法侵害能够使用法律手段正确维权的意识。

【知识链接】

风险与陷阱的区别

风险是与不确定性紧密联系的。对于风险的理解,一般有两个角度,一是广义上的风险,强调了风险表现为结果的不确定性,未来利润多寡的不确定性,可能是获利、损失或者是无损失也无获利;一是强调为损失的可能性,是狭义上的风险,只能表现为损失,没有获利的可能性。风险的基本核心含义是"未来结果的不确定性或损失"。创业风险主要是指技术风险、市场风险、环境风险、财务风险等,如果采取适当的措施,或者通过智慧的认知以及理性的判断,继而采取及时有效的防范措施,那么不确定性也可能带来机会。

陷阱则是比喻陷害人的圈套。创业陷阱主要是指信息不对称、商业欺诈、伪机会等。创业风险可以通过技术手段来解决,但是,创业陷阱却需要依靠市场经验来规避。从性质来看,创业陷阱比创业风险更可怕。通过创业者对陷阱规避来确认创业者是否具备最起码的市场熟悉度和判断能力。

分清二者的关系,创业者才能够清醒地做到规避创业风险,改进创业思路,降低创业失败率。

【测试】

创业潜力测试

这个测试只针对你个人,它将帮助你测评自己是否具有经营企业的技能,经验和素质。在自我评价时,要实事求是。

A 栏和 B 栏里各有一些陈述,如果 A 栏里的陈述符合你的情况,请在 A 栏左边的空格里填 2 分;如果 B 栏里的陈述符合你的情况,请在 B 栏右边的空格里填 2 分。

(1)创办企业的动机

A	B
我有一份工作。	我没有工作。
我从自己干过的每一份工作中都学到了一些东西,我发现工作很有意思。	我认为工作只是为了挣钱。工作没有什么乐趣。我对工作兴趣不大。
我想让我的企业成为我的终身事业。	我想创业,是因为没有其他选择。
我想拥有一家企业,这样我能够为我的未来提供更好的生活方式。	我想创办企业是因为我想取得成功,富人都有自己的企业。
我坚信,我能否成功更多地取决于我自己的努力。	一个人不论做什么,想要成功,都需要其他人的大量帮助。
总计	总计

(2)主动性

A	B
我不惧怕问题,因为问题是生活的组成部分,我会想办法解决每个问题。	我发现我处理问题很难,工作没有什么乐趣,我对工作兴趣不大。
当我遇到困难时,我尽全力去克服,困难是对我的挑战,我喜欢挑战。	如果我有困难,我会试图忘掉这些困难,或者等待困难自行消失。
我不是等待事情发生,而是努力促使事情发生。	我喜欢顺其自然,并等待好事降临。
我总是尝试做一些与众不同的事情。	我只喜欢做擅长的事情。
我认为所有的想法都会有所帮助,我寻求尽可能多的想法,看看这些想法是否行得通。	人都有很多想法,但是你不可能做所有的事情,我愿意坚持自己的想法。
总计	总计

(3) 对企业的承诺

A	B
我在压力之下工作得很好,我喜欢挑战。	我在压力之下工作得不好,我喜欢平静和轻松。
我喜欢每天工作很长时间,不介意利用业余时间工作。	我认为工作时间很重要,一个人不应该工作得很久。
一旦需要做出决定,我常常能够尽快决定如何去做。	我不愿意为了我的企业而减少与家人及朋友在一起的时间。
如果有必要的话,我可以把社会义务、休闲娱乐和业余爱好放在一起。	我认为在社交活动、业余爱好以及休息上多花时间是很重要的。
我愿意非常努力地工作。	我愿意工作但并不认为是必须要做的事情。
总计	总计

(4) 坚韧不拔和应对危机的能力

A	B
即使面对极大的困难,我也不会轻易放弃。	如存在很多的困难,真的不值得为某些事去奋斗。
我不会为挫折和失败沮丧很久。	挫折和失败对我的影响很大。
我相信自己有能力扭转局势。	一个人能够独立做的事情只有那么多,命运和运气起很大作用。
如果有人对我说不,我泰然处之,我会尽最大的努力改变他们的看法。	如果有人对我说不,我通常会感到很糟并会选择放弃这件事。
遇到危机时,能够保持冷静并找出最佳的对应办法。	遇到危机时,我会感到慌乱和紧张。
总计	总计

(5) 风险承担能力

A	B
我坚信,要在生活中前进必须冒风险。	我不喜欢冒风险,即使是有机会得到很大的回报也是这样的。
我认为风险中也蕴含机会。	如果可以选择,我愿意以最稳妥的方式做事。
我只有在权衡了利弊之后才会冒风险。	我会不计利弊去冒风险。
即使投资全部亏掉了,我也愿意接受这样的现实。	我很难接受投资全部亏掉的现实。
我清楚不是所有的事情都能够完全控制,哪怕我有掌控的权利。	我喜欢完全控制自己做的事情。
总计	总计

(6)决策能力

A	B
我喜欢做决定,而且能够轻松地做出决定。	我发现做决定很难。
我能自己做出艰难的决定。	在我做出艰难的决定之前,我会征求很多人的意见。
一旦需要做出决定,我常常能够尽快决定如何去做。	我可能推迟做出决定的时间。
在做决定之前,我会认真思考所有可能的选择。	我凭感觉做出决定。
我不怕犯错误,因为我可以从错误中吸取教训。	我经常担心会犯错误。
总计	总计

(7)适应企业的需要能力

A	B
我只提供顾客需要的产品或服务。	我只提供我喜欢的产品或服务。
如果我的顾客想要更便宜的产品或服务,我将想办法满足他们的需求。	如果我的顾客想要更便宜的产品或服务,他们就得找其他企业。
如果我的顾客想要赊购,我要想办法用最低的风险为他们提供赊购服务。	我不会向任何人赊销我的产品或服务。
如果企业迁到其他地方能够获得更多的生意,我准备这样做。	我不愿意重新选择企业地点。
我将研究市场趋势,力图改变我的工作态度和方法,以便跟上时代的发展。	最好按照我已经知道的方法去工作,跟上世界的变化太难了。
总计	总计

(8)沟通和谈判能力

A	B
我喜欢谈判,并且经常在谈判中达到目的。	我不喜欢谈判,按其他人的建议去做更容易。
我与其他人沟通得很好。	我与其他人的沟通有一些困难。
我喜欢倾听其他人的观点和建议。	我对其他人的观点和建议一般不感兴趣。
在谈判过程中我常常愿意表达自己的观点。	如果我参加谈判,我更愿意做一个听众,旁观事态的发展。
我认为,在谈判中达到目的的最好的方法是努力寻找一个使双方都受益的方法。	这是我的企业,因此我的意见最重要。谈判中总有人会输。
总计	总计

(9)协调家庭、文化和企业的能力

A	B
在企业能够负担的范围之内,我从企业拿出钱来供我和家人使用。	我的家人需要多少钱,我就从企业拿出多少钱。
如果我的朋友或家人有经济困难,我会拿出预留给我个人的钱来帮助他们,而不会从企业拿钱。	如果我的朋友或家人有经济困难,我将帮助他们,即便这样可能会损害我的企业。
我不能把大量的工作时间花在家人和社会义务上而忽略我的企业。	家人和社会义务高于企业。
我的家人和朋友将也像顾客一样为购买我的产品、服务或使用企业的资产付钱。	我的家人和朋友将在我的企业得到特殊的待遇。
我不会因为他们是我的家人或朋友就允许他们赊账。	我会常常允许我的家人或朋友赊账。
总计	总计

(10)获得家庭支持的能力

A	B
如果企业的决定将对家人产生影响,我会让家人参与决定。	我不会让家人参与对他们有影响的企业决定。
因为对企业的全情投入使我没有很多时间和家人在一起,我的家人会理解。	因为对企业的全情投入使我没有时间和家人在一起,他们会感到不快。
如果我的企业在开始时就不是很成功,并且给家人带来经济上的困难,我的家人愿意忍受。	在创业之初,如果我的企业不是很成功,并且给家人带来困难,我的家人会十分生气。
我的家人愿意帮助我克服企业遇到的困难。	我的家人可能不愿意或没有能力帮助我克服企业遇到的困难。
我的家人认为,我创办企业是个好主意。	我的家人对我创办企业感到担心。
总计	总计

评价规则:

通过上面的测评能够评估你在企业经营方面的强项和弱项。根据你自己的情况完成测试后,分别将A栏B栏里的得分相加,然后把分数填入下一页的表格中。

● 如果你在A栏里的分数是6～10分,说明你在这方面的能力和素质是你的强项。在"强"下面打"√"。

● 如果你在A栏里的分数是0～4分,说明你在这方面的能力不太强,在"不太强"下面打"√"。

● 如果你在B栏里的分数是0～4分,说明你在这方面的素质或和能力有点弱,在"有点弱"下面打"√"。

● 如果你在B栏里的分数是6～10分,说明你在这方面的素质或能力是弱项,在"弱"下面打"√"。

A栏得分高,说明你在组织和经营企业方面有可能取得成功。

个人素质能力	A	6～10分 强	0～4分 不太强	B	0～4分 有点弱	6～10分 弱
创办企业的动机						
主动性						
对企业的承诺						
坚韧不拔和应对危机的能力						
风险承担能力						
决策能力						
适应企业需要的能力						
沟通和谈判能力						
协调家庭、文化和企业的能力						
获得家庭支持的能力						
总分						

●如果你在 A 栏里的总分达到 50 分或更高,说明你具有一个优秀创业者所应具备的各项个人素质。

●如果你在 B 栏里的分数达到 50 分或更高,说明你需要对你的弱项加以改进,将弱项转变为强项。

六、创业风险与回报

美国加州伯克利大学的 Gustavo Manso 做了一项持续了 30 年的研究项目,跟踪调查了那些成功的以及不成功的创业者的职业生涯,最终得出了以下两个结论,一是那些在一生中连续创业的创业者们要比那些不敢冒险并一直在公司上班的上班族们要多赚 10%;二是那些曾经创业但创业失败的创业者们,当他们重新回到公司上班后,他们赚的薪水和那些从未创业过的上班族其实是差不多的。

第一个结论并没有让人感到意外,很多人之所以创业,就是因为创业最诱人的地方在于收入比正常上班的人更多。第二个结论却出乎很多人的意料,大部分创业者会以失败告终,创业者在决定是否创业之前,心里可能都会产生类似下面的想法:我现在已经不年轻了,真的希望能自己创业做点事情,如果创业两年后还是失败了,就等于在这上面浪费了两年的时间,这也就意味着在这两年时间里错过了在公司上班可能获得的升职和加薪的机会。Manso 的研究证明,以上这种担心完全是多余的,即使创业失败了,只要能够快速转变思维并适应普通上班族的角色,并不会在收入上有什么损失。不妨从公司的招聘主管或者是公司的 CEO 的角度去看待这个问题,是愿意招聘和提升在过去两年中工作循规蹈矩、每天都准时准点上下班的人,还是愿意招聘和提升一个虽然创业失败、但在创业过程中学会了一家企业到底是如何经营的人。对于这个问题,Amazon 的创始人兼 CEO Jeff Bezos 选择的永远都是第二种人,在招聘的时候,Bezos 更喜欢招聘那些有过创业失败经历,尤其是经历过重大失败的人。对于那些想创业但又担心创业失败可能造成的风险的人,希望这项研究可以帮助他们消除对于失败的恐惧。因为即使创业失败了,每一个用心的追求都是可以视为成功的,选择离职创业并不会给未来的潜在收入带来任何风险。

规避风险首要的是不能够畏惧风险,畏惧将会一事无成。敢于放手创业的底气源自能控制风险,那些勇敢创业的人并不是怕承担风险,而是能够认清风险进而将风险控制在可承受范围内。创业过程中风险无处不在,从本质上看,风险是一种不确定性,这种不确定性表现为它可能给面临风险的人带来损失,但是在带来损失的同时,也能够带来巨大的利益。风险的魅力就在于它同样能够带来报酬。

1. 创业风险与投资回报

很多创业者担心风险怕赔本失败。可是任何创业都不可能没有风险,如果连最基本的风险都不敢承担,凭什么比别人多拥有一份能使自己的后半生实现财务自由的事业呢。市场经济的性质决定了这个世界没有零风险的创业,创业过程"绝对没错"的事情是不可能存在的。

如果执意去找一个零风险的创业机会,可能永远也无法开始创业。面对风险不应该害怕,因为风险不是绝对,是可以被控制的。如果从一开始就充分考虑风险,甚至有"为创业交学费"的风险心理准备,反倒会有效地规避风险。换句话来说,准备充足,风险就可能沾不上我们,这样几乎就把风险降到很低。有这样一句话说明创业风险的性质:"与其说创业本身是有风险的,不如说有风险的是创业者本人。"为什么这么说呢?创业当然全部是由个人来做主的,所以如果创业项目存在大量风险的话,从本质上讲,创业者才是最大的风险起源点。能力欠缺的创业者就像一个技术不熟练的司机开车上路一样,一开始就是带着风险去创业的。比如,当创业能力还不具备时就开始创业;资源不具备就开始创业;没有根据自己创业资源来确定合适的创业项目;创业项目本身就有问题等。这些创业风险都是创业者本身所带来的。

企业家王石50多岁还去登珠穆朗玛峰,成为中国企业家中登顶世界最高峰的第一人;王石还喜欢跳伞、滑雪、航海……只要是刺激、好玩的项目,他都喜欢。王石认为自己做这些事情并没有太多风险,通过严格的专业训练和过硬的专业素质已经把风险降低到最低了。1983年王石开始创业的时候选择到深圳做玉米生意。第一次在深圳尝到生意成功的喜悦,可是没得意几天,媒体就报道说,香港有关部门从鸡饲料中发现了致癌的物质,希望民众在食用鸡肉的时候要特别小心。这条报道出来以后,没有人吃鸡肉了,销往香港的鸡肉销不出去,鸡饲料也就不好卖。此时的王石还不知道深圳的玉米已经无人问津了,他还在做着发大财的美梦,回到深圳后,王石才得知一直畅销的玉米成了滞销货,饲料厂根本就不进玉米了,四处求人才终于销出了这几千吨玉米,白白损失了100多万,欠下了70多万的债务。

王石辗转反侧,不得入眠,但他并不甘心。他决定冒一次险,再去北方贩玉米,那些和王石一样做玉米生意的商人一听说王石还要去北方贩玉米,都说王石是不是赔钱赔出精神病来了,这个时候去北方贩玉米到深圳那还不是越赔越多。许多朋友劝王石别冒险了,鸡都销不出,玉米还能销出去?可是,王石谁的话都不听,他只相信自己,他说,"我就不相信香港人永远不吃鸡了,要吃鸡就要鸡饲料,要鸡饲料就得要我的玉米。"王石来到大连,大连粮油公司的经理正为玉米销不出去而发愁,王石一口气把大连粮油公司所有库存玉米都订购了,紧接着王石又来到天津、青岛等地,把这些地方的玉米库存都给订购了。首批7 000吨玉米从北方装船起运,当装载着玉米的货船还有两天就要停靠在蛇口赤湾码头时,香港的某家报纸登出一封致歉信,对错误报道鸡饲料中存在致癌物质进行道歉。拿着这张刊登着新消息的报纸,王石心中的愁云散开了,这个时候只有王石手里有玉米,所有深圳的饲料厂只能向王石订货,就是这一次生意王石足足赚了300多万元,也正是凭着这300多万元的启动资金成立了万科,才有了今天的成功。

很多人在谈到王石的这场战役的时候,都认为王石非常大胆,这样的险也敢去冒。王石自己也说,"想想其实也是很后怕的,如果香港的报纸再迟一个月登出致歉信,那么我就只能是全军覆没选择自杀了。然而凭着自己的直觉和常识,我认为这样的险还是值得冒的。"许多人在创业危机来临的时候往往非常恐惧,王石却能够在四面楚歌的时候仍然保持着冷静的头脑、理性的分析能力,并且坚持自己的分析,相信自己的选择。拥有这样的能力和素质的人自然更容易创业成功。

2. 创业者风险规避方法

创业中的风险是必不可少的,可是真正的创业高手却能够尽可能地规避风险,把风险降到最低。千万不要过于相信那些成功企业的创业故事,在故事中好像所有的事情都是好事情,所有的风险都是理所应当能够克服的。创业者要想规避风险,不但要有激情和理念,懂得专注,还要有较强的执行力。同时,创业者做事情的眼光要高,着手却要低,要现实。

创业者还需要一种胸怀,一种与时俱进的学习能力。曾经看到很多年轻人雄心勃勃,可是创业就是不成功,损失惨重。总结原因就是太自负,不能从成功人士那里学到经验,无法接受好的建议。缺少创业的经验并不可怕,可怕的是没有谦虚、开放的学习心态,不能与时俱进。创业一开始就陷入了一个死循环。

如果没有做好创业的心理、资源等各方面的准备,创业时机不成熟就不要创业。先学会给别人打工,至少应该在公司里踏踏实实干几年,等时机成熟了再来创业。虽然是打工,实际上是公司在"缴学费",在不同的平台积累的经验是任何人都夺不走的。只有积累这种经验,创业能力才更高,也才更有把握成功。

总的来说,创业风险的规避是有规律可循的。有时创业者之所以失败就是因为产业铺得过大,过于冒进,开始创业时不要轻易地涉足多个产业,缺乏对创业进行风险控制和管理的能力。要知道创业是一项工程,必顺谨慎、谨慎,再谨慎,才能把风险控制在一定的范围之内。比如企业家史玉柱,1997年之前,史玉柱的创业非常激进、大胆、冲动而又理想主义,所以巨人集团最终轰然倒地。1997年之后史玉柱重新创业的时候,不再只片面地注意事情好的一面,他会经常思考如果失败了会怎样,失败的因素会有哪些。史玉柱知道,作为一名创业者对风险的考虑不足,就会很容易把企业导向失败的境地。为了不让自己再犯冒进的错误,史玉柱给自己定了这样一个纪律:宁可错过一百个机会,绝不投错一个项目。这跟过去的那种绝不放过任何一个机会的思路大相径庭。再看万科集团的王石,王石曾经说过,超过20%利润的项目万科不做,这也是风险控制的一个方法。像万科这样的大公司尚且要控制风险,创业公司就更不用说了。能否在发展的过程中始终对风险有良好的认识,并通过一个控制体系将风险控制在可承受的范围内,是所有创业公司必备的能力。很多的创业高手就像王石和史玉柱一样,都懂得"嫁接"资源,降低风险,都是资源积累和整合的高手。

创业者都是从一项有前景的技术开始创业的。先对技术进行合理的评估,撰写一份商业计划书,目的就是为了筹措创业资金;将所描绘的创业蓝图拿给那些有资金、有意向的投资者看,方案可行的话,可将技术换成公司的股份;在千方百计筹措到资金后,需要把这笔钱投入市场进行市场运作。但这时,应该把用于投资的资金一次性投入市场吗?

真正的创业高手从来都不这样做,不宜将可用于投资的全部资金一次性投入市场,而应预留部分资金,以一定百分比的资金投入市场,这样才可以尽可能地降低风险。预留一部分资金可以帮助在市场之外将损失限定在一定范围内。创业是有巨大风险的,如果一次性投入全部资金,倘若市况不佳或创业者决策失误,很有可能面临弹尽粮绝的境地。在这种情况下,创业者再想募集资金就更加困难了。预留一部分资金可以随时作为追加投资投入市场,可以增加创业开拓的灵活性和主动性。如果将全部资金一次投入,市场仍然没有反应的时候创业者只能放弃一切后续手段。总之,投资资金不可一次性投入市场而应预留一部分,这是创业风险控制的重要一条。

创业者最重要的能力是自我控制,自我控制的能力决定创业者的创业能否成功。从某种意义上说,创业本身并没有多少风险可言,而是创业者个人会有很多风险,一个成熟的创业者懂得时刻控制两个比率,一个是收入支出比率,一个是资产负债比率。掌握一定的创业知识能够保证两个比率的可操控性。公司利润中要承担的税务额度对每个公司来说都是一项不能避免的开支,千万不要尝试偷漏税,那是一条不归路。

无论市场行情是涨还是跌,创业者都应该懂得如何盈利,只有盈利,企业才能够生存,否则,不管风险规避做得多么好也是没有用的。此外,风险的控制还需要注意节奏和分寸。在节奏方面,创业企业在不同的时期会遭遇不同的风险,需要认识到在目前及将来的不同时期可能存在的风险,在认识到有哪些风险后,需要采取一系列措施来防止风险的出现,并且制定一套方案来应对风险出现,将风险带来的影响降到最低;在分寸方面,不能过紧也不能过松,分寸过紧创业公司就可能会丢失诸多的机会,快速反应的能力就无法发挥,分寸过松可能无法有效控制住风险。创业企业本来自身应对风险的能力就比较差,所以无法控制风险的后果是非常严重的,有效控制好风险、少犯错误,这样才能让自己创立的企业发展得更快、更稳,前景也更加光明。

3. 不同创业起点的风险规避方式

创业起点不同是因为每个创业者所拥有的资源不同、抱负也不同。根据起点的不同把创业分成三大类,并简单介绍各类相对应的风险规避方式。

(1)初级起点的创业者应该如何规避风险

初级起点。不一定非得做成百年基业的公司才叫创业,很多初级起点的创业者从一开始就慢慢积累自己的财富,一样取得了不错的创业成绩。初级起点创业的特点是:创业者没有资金或者只有少量的积蓄,心怀一个创业的梦想,或者为生计所迫只得做一些小本买卖。初级起点创业也常常被称之为"小本创业",很多人不看好小本创业,觉得没有什么技术含量,而且规模太小,可是,只要勇敢迈出这一步就是值得敬佩的。当初肯德基的创始人就是开着他的福特老车辗转各地卖炸鸡,现在肯德基餐厅已经开遍了全球。小本创业的起点低,前途却不见得就低,关键要看创业者的胸怀和眼光。

首先应该审视自己的优势在什么地方,客观评价自己对风险的承受力;其次要认真考虑自己的商业模式,比如从事第三产业,例如咨询、中介等行业就得仔细研究要怎么收费、收谁的费、收多少费以及消费者是否认可等,这些都是商业模式要解决的问题。小本创业切记不可盲目扩张,要稳扎稳打,不能看到丰厚的利益后就贪图安逸,不思进取。要坦然面对失败,失败不可避免,就算失败了也不是一无所成,宝贵的创业经验会对下一次的创业会有所帮助。

(2)中级起点的创业者应该如何规避风险

中级起点的特征就是:创业者拥有不错的资金或者一项有前景的技术。相对于初级起点的创业者来说,中级起点的创业者拥有一定的资源能够一开始就把事业做的大一些。可是,产业铺得大相对应的风险也会增多。想要回避中级起点的创业风险,就要审视自己曾经的工作经验,是不是对创业的项目有所帮助,这一点是非常关键的。如果两者可以有效匹配的话,以前的创业经验和人脉关系肯定可以帮你降低创业的风险;反之就要慎重。如果创业经验和创业项目没有交叉点,那么把资金投入到创业项目前一定要多向别人请教,多做市场调研,等全部都弄清楚了再做进一步的规划。

（3）高级起点的创业者应该如何规避风险

拥有高级创业起点的创业者无疑拥有更多的资源:雄厚的资金,良好的管理团队和丰富的人脉关系。一般来说,拥有高级起点的创业者比拥有中级起点和初级起点的创业者创业成功率要高一些。可是,这也并不意味着就没有风险了,高级起点的创业者有一个致命的弱点,那就是无法承担失败的代价。因为这个阶段的创业者一般年龄都稍长,一旦失败就再也没有翻盘的可能,所以对这个阶段创业者的建议是一切以稳健为要。

如果为创业者画一个素描,应该是这样的:盛着午餐的盒饭还没打开,一只手敲着计算机键盘,另一只手忙着翻阅记录,脖子与肩膀间夹着电话听筒,眼睛除了忙着看日志簿的记事外,不时还要用余光扫描着计算机屏幕,他的大脑中枢神经有超乎常人的敏锐度,四肢也特别发达,偶尔还要以百米赛跑的速度往来于办公室和洗手间之间……作为创业者如果欠缺良好的身体素质,无疑是吃不消的。

想要创业就应该提前做好准备,拿出时间来补上欠缺的创业能力。大多数情况下,很多人只是想创业却不敢创业;还有很多已经创业的人却创业失败,原因就在于忽略了创业前的准备工作。如果一个人根本不具备创业的能力却硬要去创业,非常可能会以失败而告终。所以,创业首先创造的就是自己,应该首先把自己当成一个核心的创业产品去经营,提升自己的创业能力,才能提高创业成功率。最开始的时候可能什么都没有,但拥有属于自己的时间。要计划在一定的时间内,把自己经营成一个可以创业的人。如果既不想付出时间,也不想经营自己,创业怎么可能成功呢?

4. 自我评估是否符合创业条件

成功的创业者都拥有一些异于常人的特质。在创业之前,必须进行自我评估,判断是否适合创业的道路。可以潜心思考几个问题,以考察自己是否真的适合创业:为什么要创业? 是否有足够的决心,愿意承担风险吗? 是否具备创业者应有的能力与素质? 是否能承受挫折? 是否具有综合的素质? 创业成功的核心资源优势是什么? 是否有足够的耐心和耐力度过创业期的消耗? 估计通过多长时间走过创业"瓶颈"阶段? 自己有多长时间的准备? 创业最大的风险是什么,最坏的结果是什么,是否能承受? 是否愿意放下安稳的生活,重新投入一个全新且充满变数的环境之中? 遇到困难或问题时,你是否能不怕艰辛、一一应对,并且能够做出正确决策? 是否不怕失败,甚至将每一个危机视为转机? 是否愿意每天辛勤工作,甚至一天工作长达 20 小时以上,牺牲与家人相聚的时间? 是否喜欢接触新鲜事物,并且具备追根究底的精神? 是否是个实践家,做事绝不拖拖拉拉、延误进度? 是否意志坚定,同时也能从善如流、广纳他人建议? 是否愿意将企业所获得的利润与合伙人、员工分享? 是否愿意尽到自己社会责任,尽可能地回馈社会? 以上问题回答清楚之后,再决定是否创业也不迟。

很多的失败创业者就是因为前期的准备不够充分,匆匆忙忙地进行创业,最后败得一塌糊涂。如果前期准备不充分,或者觉得自己根本满足不了创业的条件,那么还是放弃创业,或者晚一些创业为好。多谋胜,少谋败。绝大多数人只看到了风险而退缩,只有少数人看到了风险后面隐藏的商机,有胆有识者才能抓住机遇。更多的创业成功其实是安全边际很高的创业。安全边际很低,会迫使创业者为了能继续创业,不得不去做一些违背自己初衷的事情,而且因为没有后手,使得创业缩手缩脚,在很多重大选择上,不得不做最保守的战略,往往会放弃很多重要的战略决策。从这个角度讲,雷军说过一句话,创业还是要烧不完的钱,钱多可以让你任性地试错;钱少,就只能步步走对。很多创业者放弃所谓优越的工作去创业,压根谈不上是破釜沉舟,本身条件都很优秀,去创业也并非纯粹是为了金钱,而是的确想在自己有限的人生里做些有意义的事。

　　幸存者定律:二次世界大战时,美英联军对德国展开了战略大轰炸。由于德国防空力量强大,美英空军损失惨重,国防部找来飞机专家,要求研究战斗机受损情况,对飞机进行改进。专家们检查了执行任务归来的飞机,发现所有飞机的机腹都伤痕累累,于是专家们建议,机腹非常容易受到防空炮火攻击,应该加强机腹的防护。最后国防部的改进要求却是,改进和加强对机翼的防护。因为国防部的一个统计学家发现,能够幸运返航的飞机,机翼都完好无损,这说明,被击中机翼的飞机都坠落了,而仅仅被击中机腹的飞机都返航了,应该加强防护的是机翼,而不是机腹。统计学里将这类因结果导致错误认知的情况,称为"幸存者偏差"。这种偏差其实无处不见,一个人成功是因为勤奋、努力,这句话并不准确,那是因为他们把很多努力勤奋的失败者给忽略了。这种偏差必须被清醒地认识到,否则很容易被陷入自我催眠的行为之中,觉得自己不成功,是因为自己还不够努力,还不够勤奋等诸如此类的原因。

【评估练习】

　　1.创业要素是什么?

　　2.新公司注册流程是什么?

　　3.大学生创业优惠政策有哪些?

　　4.如何在当地注册一个公司。

　　5.讨论陈晓燕在创业时缺少哪些环节,她能成功吗?

　　陈晓燕是某纺织大学的毕业生,毕业后在一台资企业打工,该企业从事纺织服装出口贸易,所以对纺织服装比较熟悉。一次偶然的机会,到开发区的大学城看望表妹,发现离市区约有20公里远的大学城服装店较少,内衣店却一家都没有,她随后马上上网搜索有关大学城的情况,了解大学城内有二十多所大学,还有一所中学等,现有学生人数约12万,今后几年还将有不少的增加,加上大学的教职员工3万多人,大学城旁边有很多的企业,员工人数接近10万。于是,陈晓燕认为这是一个巨大的市场,结合她熟悉的纺织服装,陈晓燕酝酿在大学城开设一家内衣店。

　　经过一年的考察,选择一家不是很有名、刚刚起步的内衣品牌加盟。当然,陈晓燕曾经与该内衣品牌有过接触,知道该品牌内衣质量不错,生产的内衣主要出口。为了节省费用,陈晓燕将店址选择在大学城东区某一学院的生活区,东区离市区较远,而且是后建的,商业气氛不太浓厚,但胜在店铺租金便宜。

　　考虑到新生和学院开学等方面因素后,陈晓燕选择在9月1日开业。开业前几天,陈晓燕的广告已经散发到各临近学院的每一个角落,开业一个月内满200元赠100元券,实付满300另赠VIP卡,凭VIP卡购内衣可以打8折等等优惠措施。

开业当天和随后几天,光顾内衣店的学生和老师都很少。陈晓燕有点急了,但她很快找到了原因:她认为一是可能优惠让利幅度不够,一般的大商场优惠让利的幅度更大;二是新生还没有到校,新生对内衣需求量可能更大;三是该市的9月还相当热,绝大部分的学生和老师都穿夏装,现在需求量没有释放出来。

陈晓燕耐心地等待着,同时积极地搜集附近各个大学新生入学的日子,在各大学新生入学的当天到新生报到处散发广告单,同时优惠让利幅度更大,从9月15日到国庆节止,满200元减100元,其他优惠措施照旧。

但遗憾的是,一直到国庆节到来,内衣销售额还是没有多少。10月1日到10月7日,由于学生和老师都回家了,大学城人数寥寥,内衣店干脆关门不营业。10月8日开门重新营业,天气渐渐变冷,到了该穿内衣的季节,内衣店每天的顾客人数还是寥寥无几,大多数学生和老师经常散步进来看看,但买内衣的顾客还是很少。陈晓燕很迷茫,她哪里做错了?

模块五 创业训练指导篇

【创新创业格言】

选择大于努力。

——梁洪涛

【创新创业家小传】

梁洪涛,1990年9月出生于辽宁阜新,2012年毕业于渤海船舶职业学院,辽宁恒达原生态农业有限公司董事长。

【学习目标】

通过对高职学生创业潜质的评估,了解自身创业能力。学会编写创业计划书,参加各级各类大学生创新创业大赛,熟练创业计划路演,学会组建与管理创业团队。

【案例导入】

选择大于努力

梁洪涛家境贫寒,是班级的特困生,艰苦的日子、严格的管教,使梁洪涛从小就养成了吃苦耐劳、艰苦朴素、勤俭节约的良好作风。上学期间,他为了锻炼自己的能力,尽早接触社会,同时改善自己经济状况,业余时间自己钻研创业书籍,有意向企业家请教,处处留心与一些创业者交流,并一直做兼职。在生活中,性格开朗、热情大方,尊敬老师、团结同学,勤俭节约、艰苦朴素,严以律己、宽以待人、诚实守信、热心待人、时间观念强,保持良好的生活习惯,不攀比不浪费。深受老师和同学们的喜爱,在师生中留下了良好的口碑。

2009年,梁洪涛考入渤海船舶职业学院材料工程系,入校以后便严格要求自己,始终以提高自身综合素质为目标。曾经担任班长、团支部书记,经过三年的学生工作锻炼与学习,增强了他自己各个方面的综合能力,也在工作中学到了许多在书本和课堂上学不到的东西;他逐渐养成了坦诚,守时守约守信用,做事讲原则,敢于承担责任的良好习惯,无论是为人处事还是交流谈吐,都得到了很大提升。在学习上,他努力扩展自己的知识面,广泛涉猎各科知识,培养其他方面的能力的同时也提高了自学能力。以优秀的成绩在渤海船舶职业学院完成了学业,同时自学了沈阳工业大学机械设计专业本科课程,拿到了本科毕业证书。他善于把所学的专业知识运用到实践中,更好地指导实践活动。同时,通过实践活动也促进他更好的学习专业知识,找到了他自己在学习中的漏洞,提高自主学习的能力,并且在实践中改造了自己的世界观和价值观,为踏入社会打下了坚实的基础。正是这种严谨的学习作风和端正的学习态度塑造了他朴实、稳重、创新的性格特点。他曾获得二、三等奖学金各一次,国家助学奖学金两次,多次获得学院军训标兵、三好学生、优秀干部等荣誉称号。在思想、学习和工作等方面都取得了突出的成绩,成为一名合格的共产党员。

2012年11月,他以优秀的成绩被中国第一重型机械集团录用,获得了一份令人羡慕的好工作。但是,执着于自己有一份事业的信念,他挑战自己的能力,实现自我价值,顶着家庭的压力于2013年4月辞职,去了沈阳银润康基集团做净水设备销售,不就便当上了销售主管。当年10月,独自南下学习考察市场,足迹遍布福建、浙江、广东、湖南、湖北、陕西、河南、河北、山东等各大省市,又在北京都展望展览服务有限公司做招商主管。不久后再次辞职,自己组建团队做工艺品展览、床品及服装展示、最后定位于南北干货的甄选交易和流通。

2014年3月,他带领自己的创业团队从厦门回归家乡,创立辽宁恒达源生态农业有限公司,公司坐落于阜新市阜蒙县大板镇,注册资金500万,恒达源公司以中国甘薯体系研究院和辽宁省风沙地改良利用研究所为技术依托单位,从事甘薯产业研究,重点开展甘薯高产栽培技术研究、机械化管理、优质种苗选育及开发产品精深加工品。是一家以现代农业综合开发、林下经济示范种植、农副产品深加工为产业结构,集冷冻保鲜果蔬、坚果、果脯等系列休闲食品深加工生产、甘薯深加工生产及黑花生黑玉米等小杂粮农产品速冻加工、销售,农产品冷链物流配送产业规模化为一体的民营企业。2015年公司被选定为阜新市农业+互联网示范基地,有员工15人,带动就业200人次。公司产值将达500万元,利润近100万元。

梁洪涛立志于用科学技术服务农业发展,服务于三农,改善中国人餐桌上的饮食品质,为国家的食品安全贡献自己的微薄之力。胸中之血依旧火热,用良心、用真心踏实地做,用科技、用智慧去发展。他说,创业者的内心都住着两个小人,一个小黑人总是退缩,告诉你那么多人都遵循命运的安排,信命吧,老老实实上班,勤勤恳恳晋升,该走哪步走哪步,不求大富大贵只求平平安安,慢慢地生活,慢慢地体会,慢慢地老去,不也挺幸福吗?这个时候小白人就跳出来了,人生就应该与众不同,拥有激情乐于挑战,命运是在自己手中的,以后的自己一定会感谢现在努力的你。只有攀爬才能达到顶峰,山脚下是决然不能感觉到一览众山小的豪情,宁愿不被理解,也要为自己的人生轨迹负责,想想暮年后拥有的不一定是金钱,权利,而一定拥有丰富的经验阅历。他对大学生创业的建议是:选择要果敢,不要上着班想着自己创业就好了,也不要创业呢又想着上班轻松,既然走入创业这条路,就要坚持,困难坎坷越过去就都是回忆了。今天很艰辛,明天更艰辛,但是也许后天很美好。

每当谈起自己创业的经历,梁洪涛深有感触:创业就像是一次探险,一路披荆斩棘过关斩将,享受的就是超越的经历,一步一步成长,一天一天长进,没有人逼迫你,自己却总是快马加鞭。创业就是放下安逸选择波澜,每天都有各种前所有未的坎坷,为了解决苦思冥想,抓耳挠腮,期待灵光一闪,慢慢超越逐渐成为强者。创业这两个字于我是沉甸甸的,放弃、选择、坚持,只为坚守心中那份执着。

说到赚钱,梁洪涛认为,赚钱不是目的而是结果,而且是顺理成章的结果。面对这新时期新平台新环境,定位好自己勇敢地迈出第一步,人生短短几十年,机会不是随时随地都有的,不一样的路绝对有不一样的风景,行走在创业路上,痛并快乐,凤凰涅槃浴火重生。

【思考】

1. 梁洪涛的创业经历给了你哪些启发?
2. 梁洪涛创业成功的优势是什么?

任务一　创业项目的确定与迭代

一、筛选分析创业机会

(一)创意≠创业机会

1.创意的内涵

从不同的角度理解创意有不同的含义。创意既可以指对已知事物的理解、重构,产生出新的思维和行为的过程,也可以指该过程的结果。创意是旧元素的新组合,是"让100万花起来像1000万",是更好的解决问题的方法。一般来说,创意是运用创新思维和创造方法,产生新想法的过程及其结果。下面的创意瓜果书就是关于创意的一个经典案例。

【案例】

"开花结果"的书——创意瓜果书

瓜果书最早起源于日本,可以理解成书本里长出花草和瓜果。在日本农业高新技术研究的推动下,瓜果书应运而生。

瓜果书这个看似如同美丽的童话一样不可能实现,但是在日本当时极具创新的农产品理念与先进的栽培技术的双重作用下,瓜果书的童话变成了现实,在日本各地的商场和书店中都有这种瓜果书的售卖,像"黄瓜书""番茄书""草莓书""茄子书"等都有出售,这些瓜果书从外观看起来都是一本本的书籍,打开书会发现里面塞有人造肥、种子等。人们将这些瓜果书买回家后,按照瓜果书的种植说明,可以按部就班的培育出各种瓜果。这种引领时尚的培育技术在当时的日本广受欢迎。

创意活动是创业的开端,一个好的创意像一颗优秀的种子,是创业成功的前提条件。没有饱和的市场,只有饱和的思想,创意来源于对趋势的把握、对没有解决的问题的探索和对闲置的资源的再利用这三个方面。

创意与创业点子不同,其区别在于创意具有创业指向性,进行创业的人在产生创意后,会很快甚至同时就会把创意发展为可以在市场上进行检验的商业概念。商业概念既体现了顾客正在经历的也是创业者试图解决的某种问题,还体现了解决问题所带来的顾客利益和获取利益所采取的手段。例如,帮助高尔夫球手把打丢的球找回来是一个创意,容易把球打丢是实际存在的问题。而有人试图要解决这个问题,在高尔夫球内安置一个电子小标签,开发手持装置搜索打丢的球是解决问题的手段。

2.创业机会与创意

创业机会的发现与识别往往源自创意的产生,创意是具有创业指向同时具有创新性的想法。在创意没有产生之前,机会的存在与否意义并不大。有价值潜力和创业实践价值的创意一般具有以下基本特征。

(1)新颖独特,难于模仿

创意的"创"字含有创新、创造的意思,新颖的创意不一定要开拓一个从未探索过的市场,可以从技术工艺角度进行改良;从操作环节流程角度进行提升;从现有模式中去芜存菁得到更优方案等。新颖的创意也可以是一种思路上的创新,即更有前瞻性、更有市场洞察力。比如国家政策扶持的领域、国外已现雏形而国内尚未开发的市场等。新颖的创意是自身发展和吸引投资的根本,越是新颖、别具一格的创意,就越难被其他企业模仿,也就越具有竞争力。

(2)客观真实,可以操作

创意可以漫无边际,异想天开,不一定非要注重其实现的可能性,创意远比市场机会丰富。创意不是空想,有价值的创意更不是,可用于实践的创意将来可以转化为有形的产品与服务。判断一个创意是否具有真正的创业价值,主要是看基于这个创意所研发出来的产品是否能够满足消费者的需求。

市场机会常指尚未满足的市场需求,这是创业者寻找机会的着眼点。这种机会非常宝贵,既可能是产品服务的升级换代需求,也可能是全新的产品服务需求,还有可能是全新的客户群体需求。

(3)创造用户与创业者的双重价值

创业创意的最终目标就是抓住市场需求,实现企业盈利,因此能否产生真正的市场价值才是衡量创意价值的标准,而市场是检验其价值的唯一裁判。基于此标准,优秀的创意必然为创业者带来收益,盈利是创业动机产生的基石。

并非所有"点子"都能变成"创意",创业者需要对创意进行仔细的甄别,判断其是否具有市场价值,是否有盈利空间,是否拥有市场前景……从发现机会到形成完整的创业规划,这中间需要创业者对创意进行反复研判。

(二)创业机会识别

要判断某一特定创业机会对于创业者而言是不是适合开发和实施的创业机会,可通过如下几个方面进行分析、判断和识别。

1. 初始市场规模的大小

特定创业机会所在的行业市场,其市场规模往往具有一定的量级。市场规模会随着市场的变化而发展,往往具有一定的增长潜力。市场的初始规模大小决定着创业机会的市场价值空间,影响着创业机会的开发与利用的价值。一般来说,具有足够大市场规模的创业机会才值得去开发。市场的初始规模越大,创业者未来的利润回报空间也越大,对创业活动的开展也越有利。当然,这与创业者的目标、资源能力和创业模式的选择有直接关系,市场规模大小是相对的。另外,市场规模越大,也意味着竞争对手越多,创业活动的竞争越激烈,对创业者的要求也越高。

2. 机会存在的时间跨度

任何机会都具有时效性,都只能存在一定时间。不同行业、不同领域的创业机会存在并维持的时间长度会有差别,而且特定创业机会的时间跨度受各种环境因素的影响也会缩短或拉长,其实际时间跨度与替代品的竞争呈反比例函数关系;与产品、技术的垄断优势呈正比例函数关系。理论上来讲,创业机会存在的时间跨度越大越好,对创业活动越有利,一般来说,时间跨度至少需要有 5~10 年的发展跨度。需要注意的是创业机会的实际时间跨度与创业者的分析判断会有偏差。在评估时间跨度时,可以采取偏保守的策略,以降低创业风险,提高创业决策的科学性。

3.机会开发的时间"窗口"

创业机会被开发和利用,除了市场规模和时间跨度的要求,还需要合适的时机。这个时机被称为"机会窗口"(机会窗口是企业实际进入新市场的时间期限。新产品市场建立,机会窗口就打开;随着市场成长,企业进入市场并设法建立有利可图的地位;在某个时点,市场成熟,机会窗口会关闭)。创业机会的时间窗口一方面要求创业机会所在的行业具有光明前景,即符合行业发展的未来趋势;另一方面要求行业发展阶段处于快速增长期,即已经处在"风口"期。判断创业机会的风口主要基于行业市场是否已经处于市场需求稳步且快速增长期,而且这个增长期至少稳定持续 3~5 年。

创业机会开发的最佳时机,通常是在市场快速增长的前期。一方面,创业切入时机不能过早,过早意味着创业者需要进行一段时间的市场培育,需要付出一定代价和成本,盈利周期被拉长,容易因为资源不足而成为"创业先烈";另一方面,创业切入时机也不能过晚,否则会陷入激烈的行业市场竞争中,创业门槛和壁垒会提高,容易成为"创业炮灰"。雷军说的"站在台风口,一头猪都能飞起来",强调的是创业者要选择恰当的切入市场的时间点。时间点的选择说起来容易做起来难,创业者在主观上对时间点的判断和把握会存在偏差,另一方面,即使判断对了,也会受各种主客观因素的影响,并不能确保在恰当的时间点来及时启动创业项目。

4.机会带来的风险与收益

机会与风险是一对"双胞胎",存在机会也意味着存在风险。既然创业机会必然存在风险,识别创业机会就必然要求识别其带来的风险。一个创业机会是否能被或值得去开发和利用,从风险预测、评估和分析的角度,主要看风险是否明朗,风险是否可控,风险损失是否能被承受,风险与收益相比是否值得冒险。

针对特定创业机会,创业者如果无法弄清风险的主要来源和具体结构,无法预测风险带来的最大损失和后果程度,就无法找到应对或规避风险的有效控制策略。这种情况下,创业者应考虑放弃这样的创业机会。当然,创业机会带来的风险过大,创业者无法承担,或无法确认机会的风险收益能满足创业者期望值的情况下,这样的创业机会也应放弃。

5.对创业者的可实现性

从客观角度分析,一个创业机会可能非常有价值和市场潜力,但这个创业机会对于特定的创业者而言,就不一定是好的创业机会。因为,创业者必须通过系统而理性的分析,确保拥有开发创业机会所需的技术、资源和能力,必须能把控和撬动某个创业机会。通俗地说,创业者要明确对于自己来说,某个创业机会有实现的可能性。

分析、判断某个创业机会对于具体创业者的可实现性,创业者可通过回答以下几个问题,根据实际情况做出理性的判断。

(1)是否拥有或有能力整合到开发利用特定创业机会的必要且关键的资源?

(2)是否拥有或有能力构建竞争优势,有应对竞争的能力,不会被对手挤垮,能获得一定市场占有率?

(3)是否允许试错,是否有机会中途校正或调整创业路径,不会被锁定在"刚性的创业路径"上?

(4)是否能有效应对并有能力承受机会带来的风险?

上述四个问题,如果有一个存在不确定,那么这个创业机会就不属于你,需要重新寻找和识别新的创业机会。

（三）有价值创业机会的特征

一个较好的、有商业价值与发展潜力的创业机会，通常具有以下几个方面的特征。

1. 盈利周期短

能够在两年内达到盈亏平衡或者取得正收益的创业机会称为有价值创业机会。对于大多数创业者而言，需要三年甚至三年以上才能开始盈利的创业机会或创业项目，对创业者、创业合作伙伴和投资者的财务负担大且风险较高。除非特定创业机会或项目具有重大利好及发展前景，否则长期负资产运营除对创业者投入和合作伙伴的耐力要求提高外，对投资者的吸引力还大大降低。有价值的创业机会往往具备短期盈利能力。

2. 市场规模足够大

市场规模大小决定了市场总营业额的上限，也就是通常所说的企业"天花板"。一般来说，市场规模和价值越大，对应该市场的创业机会就越有价值。如果市场规模和价值较小，由于存在竞争对手的"分流"和创业企业的初始市场能力有限等问题，对于该市场的创业企业来说市场占有率不高，有限的市场规模会对其生存和未来发展形成制约。市场规模不够大的创业机会，通常不是有价值的创业机会。

3. 资源需求可承受

创业机会的开发利用，都需要匹配必要的资源。创业机会不同，其资源需求也不同。要根据创业机会的资源需求状况，评估自己是否拥有或有能力整合到匹配的资源，并分析承受能力。创业资源需求中最基本的是启动资金，是创业者必须要做好的准备。一般来说，需要的创业启动资金越多，创业机会就越缺乏吸引力。虽然只需要极少甚至零资金的创业机会极其罕见，但是在其他条件相仿的情况下，启动资金需求较低的创业机会价值较大。创业者不宜盲目追求大规模、大投入，要根据自身资产情况和可以掌控调动的资源，合理评估创业机会的价值。

4. 投资收益率高

尽可能实现高的投资收益是创业的主要目标和基本动力。在评价创业机会价值时，合乎预期的、合理的投资收益率是基本的评估指标。一般来说，投资收益率与持久毛利率、市场占有率和市场增长率等呈正向比例关系。持久毛利率高，说明创业机会具备优秀的盈利能力，盈利能力强则会带来较高的投资收益率；市场占有率和增长率可反映出创业机会的市场发展前景，是投资收益率稳定增长的保证。如果投资收益率能够超过并维持在25%以上，基本可证明创业机会是有价值的；反之，过低的投资收益率则代表着创业机会的价值较低。

5. 成本低

降低成本是提高盈利空间的重要手段，也是评价创业机会价值的重要指标。创业者在开发利用创业机会时，如果能通过利用先进技术和工艺、创新的商业模式和经营模式、具有成本优势的供应商和高效的销售渠道等方式手段，实现降低产品服务的生产与销售成本，就可建立起市场竞争的成本优势。这样的创业机会，其价值优势也很明显。

6. 门槛与壁垒

任何市场都有一定的准入门槛和壁垒。如果一个创业机会所提供的市场存在很高的准入条件、严苛的资源限制或政策法规调控，那么这样的创业机会成功率会降低，其价值会大打折扣。

市场准入门槛和壁垒是公平的，对任何准备进入该市场的企业都同等对待。任何事物都具有两面性，过高的市场障碍不利于创业企业，但如果创业者有资源和能力克服，就意味着可建立起有效的竞争优势和一定的市场壁垒;过低的市场门槛涌入者会大大增加,造成竞争的红海市场。创业者根据自身情况,分析市场门槛与壁垒,要做出创业策略选择;要尽可能打造自身竞争优势,构筑一定的市场门槛与竞争壁垒。通常来说,具有一定市场门槛而创业者可跨过的创业机会是极具价值的。

7. 可控性强

创业机会的价值是针对开发利用机会的创业者而言的。创业机会再好,如果创业者不能掌控,也没有任何意义。创业机会的可控性分两个方面,一是指创业者可抓住并充分开发利用;二是指创业者在开发利用创业机会的过程中,开发创业机会的诸要素,如资金、产品服务、技术、人才、销售渠道等是可控的。可控性强的创业机会对创业者而言价值才大。

8. 无致命缺陷

任何创业机会都会存在不足和不利的一面。但需要强调的是,创业机会不能存在致命缺陷,即存在的不足和不利情况可通过创业者的努力与创造力的发挥来弥补。致命缺陷是指创业者根本无法实现、法律不允许、技术不可达到等“致命”性问题。任何致命性缺陷都会导致创业机会失去其被利用的价值,致命缺陷是一票否决的。

以上八个方面的特征是创业机会的“理想”状态,并非所有的创业机会都必然具有所有特征。创业机会具备上述特征越多说明机会越好。但需要知道,“完美”的创业机会必然会招来大批的创业者,竞争会更激烈。因此,创业机会的价值优劣是相对的。

二、运用商业画布初步论证创业机会

(一)商业模式的价值逻辑

企业商业模式的价值逻辑是从市场与客户需求开始,由价值发现(目标客户与市场)、价值主张(服务客户)、价值创造(产品服务的研发生产)、价值配置(资源和网络渠道配置)、价值管理(管理与优化)到实现价值(赢利)的价值“闭环”的循环过程,详见图5-1。

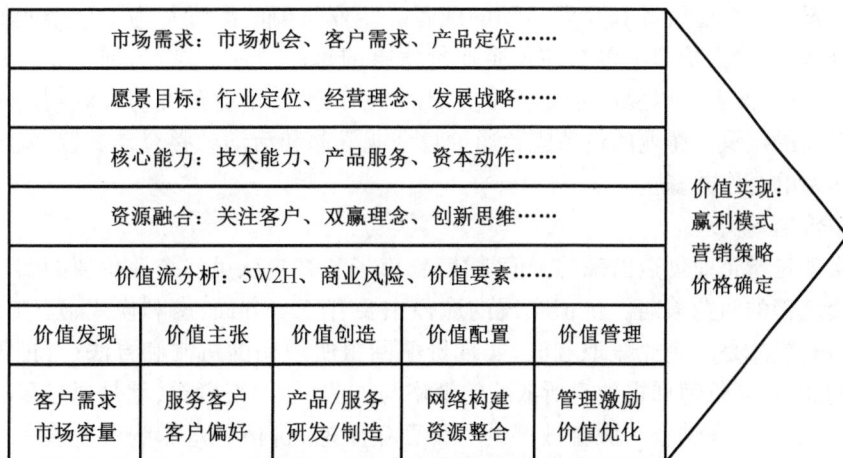

市场需求:市场机会、客户需求、产品定位……				
愿景目标:行业定位、经营理念、发展战略……				
核心能力:技术能力、产品服务、资本动作……				
资源融合:关注客户、双赢理念、创新思维……				
价值流分析:5W2H、商业风险、价值要素……				
价值发现	价值主张	价值创造	价值配置	价值管理
客户需求 市场容量	服务客户 客户偏好	产品/服务 研发/制造	网络构建 资源整合	管理激励 价值优化

价值实现:
赢利模式
营销策略
价格确定

图5-1　商业模式的价值逻辑

1. 顾客价值的发现

企业通过对企业内部和外部环境的分析,对企业的发展目标进行战略规划,并利用自己的优势打造出具有市场优势的产品,从而实现自身的价值。市场和客户的需求会越来越高,企业要想满足市场和客户对产品的需求,就必须对自身的产品价值进行不断的创新和开发,并根据不同时期不同的市场需求和顾客需求来调整企业的商业模式。

一个优秀的企业商业模式应该是将客户的需求和体验放在首要考虑位置,企业的商业模式能否与客户的价值相匹配,企业生产的产品能否满足客户的需求,这两点是每一家企业都应该重视的问题。

2. 核心价值的主张

企业的价值主张是指企业的产品和服务可以为企业的顾客提供的价值。企业产品和服务的价值主张应该注意以下三点:

(1)每一项产品和服务都应该有精准、明确的价值主张;

(2)每一项产品和服务的价值主张都必须是真实可信的;

(3)在保证了企业每一项产品和服务的价值主张真实可信后,要尽量做到独特有卖点。

3. 各方价值的创造

顾名思义,价值创造是指价值是如何创造出来的。企业在实现自身价值的同时,也为企业的供应商、合伙人以及客户创造了价值,而这些价值的实现和创造都是由企业的商业模式决定的。企业价值实现与创造的核心是企业的产品和服务,现在,越来越多的客户开始直接参与到企业的价值创造活动中,企业可以根据客户对产品和服务的体验和意见来改进和创新企业的产品与服务,客户的直接参与是企业价值创造的重要来源之一。比如 ATM 的出现使客户取钱存钱不再受到时间和地点的限制。

4. 系统的价值管理

价值管理是企业管理模式的一种。企业的价值管理可以通过设定员工守则、公司规章制度等方法来约束和激励企业的每一位成员,通过团队激励的方式来凝聚企业团队。企业的价值管理主要是由企业的经营目的决定的。

5. 价值的有效配置

价值配置是指企业资源和企业活动的配置。企业价值的配置是为了让企业的资源可以得到更合理的运用,价值配置会涉及企业价值链的每一个环节,参与到企业运营的全部过程,合理的价值配置可以提高企业各项资源的利用价值,企业资源的有效利用可以有效提高企业产品的产量。企业的价值配置通过对企业资源和活动的整合与配置,实现了企业价值网络体系的合作共赢。

6. 期望价值的实现

价值实现是指企业创造出来的价值被社会、市场和客户认可。企业价值的实现需要企业拥有一套完善的商业策略。价值实现的途径主要有三个方面:赢利模式、营销策略和价格确定。赢利模式是指企业赚取利润、实现价值回报所遵循的机制和方法;营销策略是指企业赚取利润、提高价值回报效率所依赖的策略与方法,如网络营销,就是通过采取网络进行宣传推广,实现提高销售与服务效率的一种营销策略;价格确定影响着价值实现的可能性和有效性,通常来说,较低的价格容易获取更多的客户,充分发挥价格优势,有利于快速、大批量的获取客户,价值实现的效率更高。

(二)商业模式设计过程与方法

1. 商业模式设计的过程

商业模式设计的过程是基于商业模式的价值逻辑及其相互联系,根据创业企业的运营实际将商业模式的四个要素内容进行具体化设计的过程。要设计出既符合价值逻辑,又具体且可付诸实施的商业模式,需要由科学的顶层设计逐步转变为有效进行价值创造与协调的系统过程。

(1)商业模式的顶层设计

商业模式从价值逻辑角度看,其最为基本、最为重要的设计要素有四个:价值体现、价值创造方式、价值传递方式和企业的盈利方式(实现并收获价值)。其中,价值体现,是指企业给客户带的价值体现在哪些方面,主要包括核心价值、非核心价值,以及衍生价值;价值创造方式,是指企业如何为客户创造价值,主要包括产品服务的研发与生产;价值传递方式,是指企业为客户创造的价值如何传递给客户,主要包括产品服务的营销推广和销售;企业的盈利方式,是指企业如何应对市场竞争并有效获取持续的利润回报,主要包括盈利的核心途径方式和构建利润壁垒。商业模式的顶层设计,就是从顶层设计这四类要素及其内在的逻辑联系,在确定了这四者及其联系后,创业者才可能进一步设计、细化商业模式四个要素的下级内容及其联系。

(2)商业模式四类要素的具体化

通常价值体现可以具体化为创业者拟为客户提供的功能,以至最终的产品或服务。功能更多的是指产品的效用,拟向用户提供的功能即效用明确了,才可构想具体的产品或服务。基于拟为客户创造的价值,新创企业即需要开发和生产价值的方式方法和途径,这通常要结合具体产品或服务的具体特点来开发。例如,如果具体产品为计算机软件产品,那就得从软件开发的相关规律来思考具体的价值创造方式;如果具体产品为计算机硬件产品,那就得从硬件开发的相关规律来思考具体的价值创造方式。至于价值传递方式,更多的是指产品营销的方式方法和途径,具体包括产品推广、销售、客户服务等方面的相关手段、措施及渠道等。而企业的盈利方式,也需要结合价值创造方式、价值传递方式、企业与客户的交易关系、可能的市场竞争方式及态势(如市场结构)来具体设计。

上述商业模式设计的过程,可用表5-1来概括。

表5-1 商业模式设计的过程表

顶层设计	要素的具体化设计	组织化设计
价值体现设计	产品或服务:核心、非核心及衍生价值	企业内部组织 外部伙伴关系 客户关系界面 企业利润屏障
价值创造方式设计	产品或服务研发、生产的方式方法和途径	
价值传递方式设计	产品或服务营销的方式方法和途径	
企业盈利方式设计	基于企业与客户交易关系及市场竞争的企业盈利方法及途径	
四类要素联系设计	产品或服务的研发、产销、交易、竞争关系的协调	

2. 商业模式设计的方法

基于上述商业模式设计的流程,商业模式设计的方法可具体到顾客、产品、企业内部价值链、外部价值链和利润屏障等五个方面的设计。

（1）定义并分析目标顾客，设计利润源

利润源是指购买产品服务的顾客群，顾客是企业获得生存、获取利润的源泉。设计商业模式，首要的任务和逻辑起点是确定目标客户及其需求，必须首先确定企业为谁创造价值，为谁创造什么方面的价值。顾客群可细分为主要顾客群、辅助顾客群和潜在顾客群。顾客群的目标界定应清晰而稳定；要有足够大的规模；要深入、准确把握顾客群的价值需求和购买偏好。设计商业模式时，界定和深入分析目标顾客，主要目的是寻求产品在市场中的最佳定位，找到企业能够满足其需求并容易呈现产品价值的顾客群。

（2）科学规划产品服务研发，设计利润点

利润点是指企业用来获取利润、目标顾客要通过购买才能获得的产品或服务。利润点既包括企业为目标顾客创造的价值及载体；还包括企业的主要收入点及其结构。设计利润点，主要困难和重点是确定顾客价值最大化与企业价值最大化的结合点，要求对目标顾客的需求与偏好按价值高低进行排序，企业研发生产的产品服务与目标顾客的价值需求对应并匹配就能为企业带来较高的利润。好的利润点必须清晰、准确，具有价值最大化的组合。

（3）构筑内部运作价值链，设计利润杠杆

利润杠杆是指企业内部如何科学规划与安排价值创造、传递的链条，优化价值创造能力和传递效率，实现利润的杠杆效应。在设计商业模式时，实现利润杠杆效应，需要对企业内部各生产与运营要素进行杠杆化设计，主要包括：组织与机制的杠杆化、技术与装备的杠杆化、生产运作杠杆化、资本运作杠杆化、供应与物流杠杆化、信息杠杆化、人力资源杠杆化等。通过将没有竞争优势和成本优势的企业内部价值链进行外包或分包，使企业主要集中于具有高度竞争力的部分价值链，简化价值环节，做好价值优势的合理定位，是打造利润杠杆的有效途径和方式。

同样的产品服务，由于企业内部的价值链不同、利润杠杆不同，会产生产品成本与利润的迥异。一个企业的产品服务可能赚钱，另一个企业则可能亏损，利润杠杆往往决定了企业利润的多寡。

（4）构建外部运作价值链，设计拓宽利润渠

利润渠是指企业让目标顾客了解和购买所提供的产品服务，从而获得利润的渠道，主要包括营销推广渠道和销售渠道。利润渠既包括企业自建的内部渠道，也包括整合的外部渠道。通常来说，有效整合利用外部利润渠，有助于企业更快地获得更多的客户，提高利润空间和效率。在构建和拓展外部利润渠时，也需要通过是外部价值链的管理和优化，提高其运作效率，实现利润的杠杆化。

（5）构建竞争优势与市场壁垒，设计利润屏障

利润屏障是指企业为应对竞争、保护自身利润不被蚕食而采取的控制策略和方法。利润杠杆是最大限度地撬动更多"奶酪"，而利润屏障是保护"奶酪"不为他人瓜分和侵占。

在设计商业模式时，构建利润屏障主要是通过建立行业与市场标准、控制外部价值链、确立市场领导地位、独特的产品服务价值与企业文化、牢固的客户关系、打造品牌影响力、加强版权专利保护等方式，尽企业的最大能力构建竞争优势和市场壁垒。

（三）商业模式设计的工具

1. 商业模式画布

奥斯特瓦德（Osterwalder）和皮尼厄（Pigneur）提出的商业模式画布是一种描述、可视化、评估和创新商业模式的通用工具，是目前广泛运用的商业模式设计与分析工具之一。

该分析法从"为谁提供？提供什么？如何提供？成本多少及收益多少？"4 个视角描述了企业如何创造价值、传递价值、获取价值的基本原理,9 个板块展示企业创造收入逻辑的、相互关联的元素:价值主张、客户细分、客户关系、渠道通路、收入来源、成本结构、核心资源、关键业务和重要合作,这 9 个元素通过分别覆盖价值主张、客户界面、基础设施和财务生存能力四个方面,可以对组织的商业模式进行较为全面的分析;并定义商业模式画布为"一种用来描述商业模式,可视化商业模式,评估商业模式以及改变商业模式的通用语言"。

奥斯特瓦德从战略的角度去审视一个企业的商业模式所处的环境。他建议把商业环境大体上映像成四块主要领域范畴,分别是市场影响因素、行业影响因素、重要趋势、宏观经济影响因素。通过假设市场力量、行业因素、关键趋势和宏观经济影响力的发展轨迹,获得设计未来商业模式选项和原型的"设计空间"即商业模式画布,如图 5-2 所示。

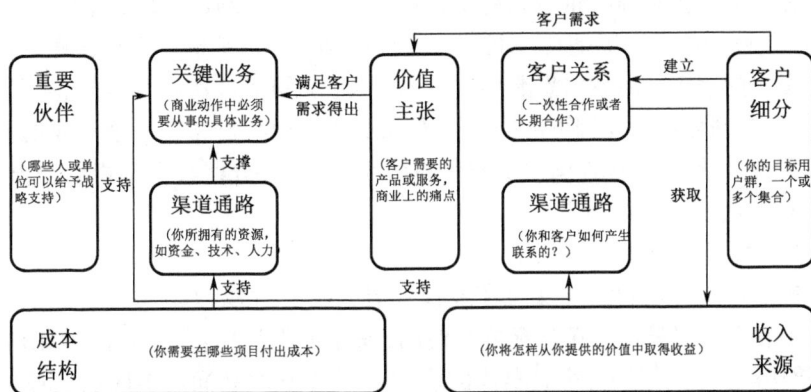

图 5-2　商业模式画布

(1)客户细分 CS(customer segments,CS)

客户细分是用来分析和描绘企业的目标客户群体,包括不同的人群或组织。客户是构成商业模式的核心,是设计商业模式的原点。没有清晰的(可获益的)目标客户,企业就无法研发与生产产品与服务,就无法获得生存与发展。企业可能把客户分成不同的细分类别,每个细分类别中的客户都具有共同的需求、共同的行为和其他共同的属性。到底该服务哪些客户细分群体,该忽略哪些客户细分群体。一旦确定,就可以根据对特定客户群体及其需求的了解和掌握,研究设计相应的商业模式。

(2)价值主张 VP(value propositions,VP)

价值主张用来分析和描绘为细分的特定目标客户创造价值的产品和服务及其呈现出的价值特征。它主要用来解决客户问题,满足其需求,是客户选择并付费购买的原因和理由。每个价值主张都可包含系列的产品或服务,以满足特定目标客户的细分需求,因此企业的价值主张往往不止一个。价值主张可分为两类,一类是具有创新性的,引领消费者需求的;另一类是与现有市场类似但具有差异化的,比如增加了部分功能和特性。

(3)渠道通路 CH(channels)

渠道通路用来分析和描绘公司是如何沟通、接触其特定的目标客户,传递其价值主张的渠道和路径,构成了公司与客户之间的接口与沟通界面。渠道通路是客户接触通道的具体方式,在客户体验中扮演着重要角色。渠道通路包含以下功能:

①提升公司产品和服务在客户心目中的价值认知和良好印象;

②协助、促进客户购买企业的产品和服务；

③向客户有效传递价值主张；

④提供客户支持和售后服务。

（4）客户关系 CR（customer relationships，CR）

客户关系用来分析和描绘企业与目标客户如何建立关系以及建立哪种关系类型。企业构建客户关系的机制和选择客户关系类型，应考虑：如何有效获取客户、维持并发展客户关系和如何实现销售额的增加（追加销售）。例如，移动网络运营商通过积极有效的客户获取策略来驱动客户关系的建立和维系，包括入网优惠和补贴，当获取一定规模的客户后，运营商通过积分反馈客户等增值服务的方式留存并提升单客户的价值贡献。

（5）收入来源 RS（revenue streams，RS）

收入来源用来分析和描绘企业如何从目标客户获取现金收入及其结构。通常，客户是商业模式的"心脏"，收入来源是其"动脉"。企业必须清楚并能够确保什么样的价值主张能够获得目标客户的垂青并愿意付费购买，目标客户愿意如何付费以及付多少可以接受。在此基础上，企业合理分析并发掘可能的收入来源及其结构与贡献。一个商业模式可以包含多种收入来源，比如客户一次性购买交费获得的交易收入，分期收入和售后增值服务收入，以及其他相关收入。

（6）**核心资源 KR（key resources，KR）**

核心资源是用来分析和描绘保障商业模式有效运转并赢得企业竞争优势的最重要的因素或资源。企业通过核心资源的配置与使用，确保企业及其职能部门能够创造并提供价值主张、有效接触并占领市场、建立牢固的客户关系并赚取利润。不同的商业模式所需要的核心资源也有所不同。比如，芯片制造商需要大量的资本和技术资源，而芯片设计商则需要"高精尖"的人才资源和专利资源。核心资源有很多种，包括实体资产、金融资产、无形资产和人力资本等。

（7）关键业务 KA（key activities，KA）

关键业务是用来分析和描绘为了确保其商业模式顺利实施，企业必须做的"最重要"的关键业务工作。任何商业模式的实施都需要多种关键业务活动，这些业务工作也是企业保障正常和成功运营所必须开展的活动。关键业务是有效组织并利用核心资源进行创造和提供价值主张、接触市场、维系客户关系并获取收入的必然要求。关键业务因商业模式不同而有所区别，例如微软等软件制造商的关键业务是软件开发，而联想等计算机硬件制造商来说，其关键业务是供应链和生产质量管理。

（8）重要伙伴 KP（key partnerships，KP）

商业模式的有效实施和运行，不仅是企业内部的事情，也需要外部环境的支持。重要伙伴是指用来分析和描述企业重要的外部资源，比如战略合作伙伴、供应商与销售代理商等。根据企业经营和商业模式的需要，企业通常会整合外部资源，建立并维系相关的重要合作网络。有些企业采取组建行业联盟的策略来优化其商业模式的效率、降低企业经营的风险并获取更多外部资源。重要伙伴根据合作关系的不同，可分为四种类型：

①非直接竞争者之间的战略合作联盟；

②直接竞争者之间的竞合联盟；

③企业构建与运营的合资合营体系；

④企业经营的上下游合作关系，如供应商体系和外部销售网络体系等。

（9）成本结构 CS（cost structure,CS）

成本结构是用来分析和描述企业运营和商业模式实施所需要的各种成本支出。企业开展正常经营活动和开发业务过程中,需要投入相应的成本。比如企业的组建和管理,产品研发和生产,市场营销和产品服务的销售,客户关系的创建和维护等都需要成本投入。成本投入的估算,可根据商业模式中的关键资源、关键业务、渠道通路和客户关系等确定后进行计算和规划。不同的商业模式,其成本结构会有很大不同。比如,苹果公司的成本支出主要是新技术的研发和市场推广,而富士康则是生产设备和人员等方面的支出。

2. 精益画布

慕尔雅（Ash Maurya）基于上述奥斯特瓦德的商业模式画布,根据自己的理论研究和创业经验认为,传统的商业模式画布的设计要素与框架不太适合类似大学生这样没有创业和企业经营经验的群体。他以精益创业理论为指导,对奥斯特瓦德的商业模式画布设计要素和框架进行了改造调整,构建了一套新的商业模式设计工具——精益画布,其具体内容见表 5-2。

表 5-2　精益画布

问题: 需要解决的三个问题。	解决方案: 产口味最重要的三个功能	独特卖点: 用一句简明扼要但引人注目的话阐述。为什么你的产品与众不同,值得购买。	门槛优势: 无法被对手轻易复制或者购买的竞争优势。	客户群体分类: 细分目标客户。
	关键指标: 应考核哪些东西。		渠道: 如何找到客户。	
成本分析: 争取客户所需花费、销售产品所需花费、客户开发与维护费用、人力资源费用等。			成本分析: 盈利模式、客户终身价值、收入规模与结构、毛利情况等。	

（1）精益画布的构成要素

慕尔雅认为,从初创者的视角可将商业模式的设计要素分为 9 个方面:问题、解决方案、关键指标、独特卖点、门槛优势、渠道、客户群体分类、成本分析和收入分析。精益画布更适合早期创业者或缺乏创业经验的创业者进行商业模式的思考和梳理。精益画布通过对具体创业机会的深入分析与思考,寻找适合的登陆市场和切入点,明确创业项目的独特价值,梳理核心竞争优势打造的重点,探索可能、有利的盈利模式,分析并确定高效接触用户的渠道方式,进而确定创业的战略目标和实施方案。与商业模式画布类似,它也是可视化、结构化和流程化的形式,帮助创业者框定创业思路,模拟论证商业模式的可行性和适用性,从而找到适合的、创新的、可行的创业模式和路径。

①问题和客户群体

创业首先要找准客户的痛点与问题,才能将其有效解决并完善。问题和客户群体的匹配是商业模式设计的关键。设计商业模式的内容包括:针对目标客户群体,准确勾勒他们最需要解决的 1~3 个问题并排序;列出可能解决问题的所有方案;找出所有可能的目标客户并进行细分;通过调查、分析,筛选确定细分的目标人群;为锁定的目标客户进行"画像",详细描述其特征。

②独特的卖点

独特的卖点是指为目标客户所提供的产品服务区别于竞争者的独特价值,是价值主张所具备且呈现出来价值特征的高度凝练。独特卖点的设计是商业模式设计中最重要也是最难的部分。对于创业者而言,遇到的第一个挑战不是产品销售,而是能打动目标客户的产品服务价值特色设计与确定。因此,独特卖点需要匹配目标客户需求及其行为特征,要精炼且有新意,容易让客户产生共鸣并简单易记。在设计独特卖点时,可分步实施、逐步完善,需要注意的问题有:对比竞品,挖掘产品的不同之处和优势,可从解决客户问题的排序出发寻找并验证解决程度;尽量优化产品设计和技术,避免产品平庸化和大众化;专注于产品的最终成效和客户的核心价值;通过头脑风暴等活动,斟酌选定好的表述方式,具有创意并可高频传播;聚焦于目标客户付费购买的关注度,通过"灯塔型"顾客进行验证其准确性和吸引力。

③解决方案

基于目标客户的痛点和问题,参考独特卖点,快速构建多种可能的解决方案;然后通过 SWOT 分析法和矩阵决策法,选出最优方案;根据最优方案快速制作出简单的产品原型,然后开发最小可行性产品进行市场验证。根据市场验证情况和客户反馈,进一步完善解决方案,逐渐对产品进行迭代升级,最终打造出满足客户需求的、受其欢迎追捧的产品。

④渠道

渠道是实现价值主张的必要载体和途径。如果创业者无法构建或找到有效的渠道,创业项目很可能不可行,无法保证创业的成功。在创业的初始阶段,创业者要通过各种方式去探索适合的渠道,寻求一切能把产品有效推向目标客户的渠道,然后根据实际情况进行分析筛选。如果商业模式的实施依赖于大规模的客户,创业者选择渠道就更为关键,要尽早、尽快把渠道建立起来并进行市场测试。在选定渠道时,创业者应考虑:获取客户的成本,首批客户是免费还是需要付费使用产品;通过发挥内部资源和整合外部资源同时开通渠道;应亲自接触渠道并积极地参与销售过程;不一定要过早地寻求销售合作伙伴;打造口碑产品,让产品具有渠道拓展效应的特征。

⑤收入分析

创业初期的产品是一件最小可行产品,收费是检查商业模式风险的最重要的部分,只有将产品真正销售给顾客,顾客愿意为该产品付费,才能真实地检验商业模式的可行性。价格是产品的重要组成部分,产品定价直接影响收入。通过市场实测的方式,分析客户对价格的态度,以此确定收入规模、方式和结构。研究不同产品定价及其方式,客户的反应和态度,根据产品定价的不同策略和不同层次确定并细分客户类型。总之,可根据顾客付费购买产品的市场实际反馈,来做收入分析,以此来设计并验证初始阶段的商业模式。

⑥成本分析

成本分析是分析影响商业模式实施和效率的主要财务方法。成本分析可通过经营过程各支出的分析列表进行合理的推算和估计。成本分析要尽可能准确,虽然准确预测有时候是很困难的。成本分析可参考第七章中创业所需资金测算的相关内容和方法进行。然后,把收入和成本分析结合起来,计算出投资收益率、盈亏平衡点和盈亏平衡周期,从而帮助设计和完善商业模式。

⑦关键指标

戴夫·麦克卢尔(Dave McClure)提出的"海盗指标组"是一个经常用到的关键指标评估框架。虽然海盗指标是为软件公司设计的,但是它也适用于很多其他行业。依据少数几个关键指标来评估企业经营状况,既能衡量企业的发展,也可以帮助更高效地找到目标客户并做好客户价值的管理。关键指标评估框架包括五个方面:获取,是指企业如何获取客户,客户通过哪些渠道方式接触产品和服务,如何把"访客"有效地转换为潜在的目标客户;激活,是指如何给第一次接触产品服务的客户留下极好体验与印象并能打动其产生购买冲动;留客,是指企业如何留存已产生消费顾客,增加其重复购买率,建立客户忠诚度;口碑,是指企业如何通过客户口碑进行自发宣传产品服务,高效地获取更多客户;收入,是指企业如何让客户认可产品服务价值,愿意付费购买,且能给企业创造良好的利润。

⑧门槛优势

门槛优势,是指企业所设计的商业模式,要能构筑起一定的竞争壁垒,并具有核心竞争优势。奢侈品牌营销专家杰森·科恩(Jason Cohen)曾提出一个有趣观点,他认为:任何可能被山寨的东西都会被山寨,特别是当别人看到你的商业模式确实可行时。企业真正的优势必须是无法轻易被复制或者购买的。可以从两个方面来理解和设计商业模式,一是商业模式的设计要有一定"入门"难度和条件,以防"后来者居上",应对被轻易模仿和超越的风险;二是商业模式的设计,要凸显并发挥企业的优势,要形成自己的核心竞争力,以有效应对同行业竞争。门槛优势的来源很多,可以是创业团队、技术专利、市场渠道、客户质量与量级和服务系统等。

(2)精益画布的制作与验证

参照商业模式画布的方法和步骤,利用精益画布的设计框架,快速、简洁地设计出商业模式的原型。设计精益画布时,首先要实事求是,要从自己的实际情况出发,避免看起来"高大上"并符合逻辑,但却很难实施与做到,这就失去了设计的初衷和意义。其次,设计精益画布,要以客户为中心、以客户为本进行设计,而不是基于"自我",否则设计的商业模式就失去了针对性和市场的价值性,容易"跑偏"。

精益画布设计出来后,要对基于画布进行商业模式时存在的风险进行评估和分析,以改进和优化商业模式。商业模式风险评估,要找出其中风险最高的部分,对其进行三个方面的论证和评估:

①客户的问题与解决方案是否匹配,客户关键需求和痛点是否得到有效解决;

②产品服务与市场是否匹配,拟提供的产品服务是否有足够数量的客户支持并愿意付费购买;

③商业模式的持续性和发展性如何,是否能支持企业发展和市场的高速扩张。

精益画布的制作,要遵从精益思维与方法。通过精益画布快速构建商业模式原型后,要做系统的内部测试验证和外部市场实测,在测试与验证、实测的反馈中,不断优化和完善商业模式,直到设计出适合自己的、可被开发利用的商业模式。

三、完善商业画布

(一)商业模式的改进完善

当有了商业模式的初步设计之后,创业者需要对构建的商业模式进行改进和完善,以实现商业模式的进一步优化升级,规避其致命问题和风险。下面介绍改进与完善商业模式的主要思路和方法。

1. 移情:以客户视角推演商业模式

在设计商业模式的过程中,创业者往往会从自己的角度看问题,容易忽略或片面理解客户看问题的立场。例如,创业者认为客户需要的是一个产品或者一个服务,而客户则需要的是一个问题的整体解决方案。iPhone 战胜诺基亚手机就是典型案例,诺基亚认为顾客需要的是一台质量更好的移动电话,而客户实际需要的是一个拿在手上能解决和通话相关的所有问题(上网、下载、联系、语音和视频等)的解决方案,这是 iPhone 大获全胜的原因。

从客户的角度来考虑问题,就是切换视角,需要向客户"移情"。创业者通过自己扮演或聘请典型客户,重新从客户角度推演客户的所见所闻、所听所说、所思所想和所需所做,进一步梳理并澄清客户的痛点和核心需求所在。通过移情换位的视角来改进和完善商业模式的价值主张、渠道通路、客户关系和收入来源。

2. 反思:以批判思维重新审视商业模式

以批判或否定原有设计的思维角度来重新思考商业模式,最重要的关键词是"假如"。假如提供免费服务? 假如不从银行那里贷款? 假如让客户自己组装产品? 假如……面对初步设计的商业模式,通过不断假设,比如,假如增加一个客户细分群体,商业模式会变成什么样? 假如去掉一些成本很高的业务,商业模式又是什么样? 假如加入一些免费的产品,又会变什么样子? 假如……通过不断地假设得到不同的结果,思考出更为合理和完善的商业模式。

批判否定的思维模式,并不代表没有原则。创业者还需要遵循"我的目前或者将来有什么样的资源""可以提供什么样的服务和产品""客户需要什么""我们要怎么得到收入"等焦点问题来思考。

3. 创造:用可视化工具系统创新商业模式

在改进和完善商业模式时,可采用的可视化工具比较多,比如前面讲到的商业模式画布、精益画布和思维导图等工具。利用可视化工具,有助于创业者对相关问题进行更为直观的理解和把握;有助于激发创业者的思维创造力;有助于更好地把握商业模式各内容直接的联系,从而提升思考和改进商业模式的效率效果。

运用可视化工具进行商业模式的改进完善时,需要注意两点:一是工具的选择;二是工具的使用。工具的选择,要根据创业团队的工具特点和了解程度进行选择,以提高工具使用的效果,另外针对商业模式的具体模块内容和面对的问题,选择更为具体、更为匹配的工具方法,更有针对性地、更高效地解决相应问题。工具的使用方面,最好有工具使用规则和技巧的统一培训或沟通,以保证团队成员之间的顺畅沟通与默契配合,提升工具使用的效果。

4. 模拟:用场景故事模拟验证商业模式

利用场景模拟进行商业模式的推演和验证,是一个有效的改进与完善商业模式的方法。团队通过自编自导自演的方式,创造不同商业模式的具体场景,让相关人员扮演不同的角色,在此过程中做好观察和记录,让不同角色分享其感受和体会,给出商业模式改进和完善的意见。然后对场景进行综合分析,把问题进行梳理并具体化为商业模式改进的措施与内容。这样,通过一个个的故事场景,来模拟和推演商业模式,从具体的场景中发现问题,直观、生动而高效,可找到商业模式的更优方案。

5.推测:以具体信息推测将来的商业情景

根据商业模式设计的9个模块及其要素,依次分析初步设计的商业模式各部分的关键描述,从描述信息中,看是否可以找到相关事实,然后通过这些具体事实来推测原有描述是否合理,是否现实可行,比较其优势与劣势,是否有可实现的具体商业情景,以此来完善改进原有商业模式的设计。

可结合SWOT分析法和决策矩阵法等方法使用,提高事实列举和推测情景后的决策科学性。这种方法,需要创业者全面地理解目标客户和市场特点、拟开发的产品服务和行业状况等信息,把相关细节列举出来,然后做深入分析或者预测,从而改进并完善原有的商业模式设计。

(二)商业模式创新的方法

商业模式创新是对现有或设计的商业模式进行优化、革新、甚至颠覆,创造出局部创新或全新的商业模式的过程。商业模式创新有两种基本途径:一是通过创造性活动,构建全新的商业模式;二是在已有商业模式基础上进行调整和改变,逐步发展演变成新的商业模式。实现商业模式创新需要具备一些基本条件,主要包括:

(1)企业可以提供全新的产品或服务,开创新的产业领域,或以前所未有的方式提供产品或服务;

(2)商业模式的要素可被改变,并与竞争对手产生明显差别;

(3)要素改变所形成的创新商业模式可为企业带来显著的经济效果和业绩回报,能够明显地提升企业的竞争力。

根据不同要素的改变情况所引发的商业模式创新,主要分为以下几种情况:价值主张变动或价值链重构引发的价值创新,资源组合或资源能力变动引发的资源创新,以及运作流程变动引发的流程创新和界面模式变动引发的界面创新等。

1.界面创新

商业模式的界面模式是指企业为了获取利润而进行各种决策时所遵循的标准、法则、机制或模式,包括企业的营销原则、采购与供应原则、市场竞争原则和客户服务原则、产品的目标市场及其定位、生产规模、成本模式和收入模式等是构成企业界面模式的重要内容。因此,以上内容的改变都将引发界面模式的变动,从而引发商业模式的改变与创新。

通常来说,界面模式的改变会引起公司外部表现形式的变化,并能改变客户或公众对其的印象与认知。例如,计算机公司改变市场定位,由高端市场定位向下拓展到低端市场,从而使定价方式和生产批量发生变化,即由过去较高的价格和较少的销售量策略改变为较低价格与较大的销量策略,以适应低端市场顾客的价格承受能力,从而实现利润目标。此时公司界面模式的变化可能导致公司在其顾客及公众心目中的形象发生改变,但公司生产计算机所使用的技术与资源并没有发生本质上的变化,即公司商业模式中的运作流程和资源组合没有改变。因此,可以将界面模式的改变所引发的公司商业模式的创新称为界面创新。

基于收入模式的改变和创新,可产生很多商业模式的创新。收入模式创新主要是指通过设计、调整和优化组合等各种收入机制,改变收入来源及其结构,实现收入增长和可持续,从而引发商业模式的创新。收入模式的创新,主要表现为互补组合、第三方付费、从免费到收费、付款方式创新和扩大收入来源等方式。互补组合是指通过直接的产品组合(如惠普的低利润打印机加高利润磨合)或产品服务组合(如汽车4S店低利润的汽车销售加高利润的售后服务)和间接的业务互补(如英特尔公司开放某些技术给相关公司,从而带动产品新需求和扩大收入来源)实现收入模式的创新。第三方付费是指企业不向目标消费者直接收费,而通过利益相关方进行收费的方式。典型案例是互联网行业的收入方式,从免费到收费是指让消费者先免费试用一段时间产品的新功能来获取用户,在用户形成习惯或被套牢后再向其收费的一种方式。付款方式创新是指改变一次性付款购买而采取会员制、年卡、月租、信用付、分期付等新的付款方式。扩大收入来源是指建立多种收入流,丰富收入结构和来源的一种方式。比如链家除了中介服务费,还开拓了资金托管、信贷、投资和租赁等新的收入流。

2. 流程创新

流程就是指相互连接的企业运作活动。企业将全部资源以有效率的形式组织在一起,进行生产和销售产品及服务的活动,这些活动有效地衔接并不断重复就形成了企业的运作流程,包括原材料采购、产成品的生产与销售、资金往来、后勤保障等。

运作流程变化往往会对企业的商业模式产生重要影响,在改变生产效率的同时,可能带来界面模式的变化,从而引发商业模式由内向外的改变,导致商业模式推陈出新。例如,福特轿车将传统汽车组装作业,改变为现代化流水线作业方式所引发的创新,就属于流程变化给企业带来的创新,这种作业流程的变化看似简单,却极大地提高了生产效率,降低了生产成本,这种流程变化引发了企业目标市场的扩大和销售方式的改变。运作流程的改进和创新不仅可以使企业商业模式主体层得到创新,同时也可能引发界面层营销活动和采购活动的共同创新。

3. 资源创新

资源是指企业为了实现价值主张而需要投入的全部资源,包括人力资源、原材料、厂房设备、专利技术、品牌商标等各种有形与无形的资源。如果环境条件改变了,即使价值主张没有改变,资源组合也可能随着外部环境的变化而改变。例如,研发出了新的技术、新的生产工艺、新的原材料和整合了新的资源,这些资源的变化和重新优化组合会直接导致生产流程、生产成本、市场定位等方面的调整与优化,进而引发商业模式多层次的变革与创新。

资源创新及其创新性的组合在引发企业的基础层与主体运作层发生变化的同时,也往往会导致企业界面模式与价值主张、渠道通路等方面的变化与创新,从而引发商业模式的创新。比如,麦当劳将拥有的品牌、门店、设备、供应链和人力资源等通过"麦乐送"业务进行重新组合和利用,发挥了这些资源的潜在最大价值,在满足顾客不同需求的同时,降低了运用成本,提高了收入和利润。

4. 价值创新

价值创新引发商业模式的改变与创新,主要包括基于价值活动的创新、基于价值网络的创新、基于价值曲线的创新和基于价值主张的创新等几个方面。

（1）基于价值活动的创新

基于价值活动的商业模式创新主要表现为改变价值链中的定位(如小米主要定位于研

发和营销,将生产进行外包)、重组价值链(如 dell 公司的网络直销)和创建独特的价值活动体系(如春秋航空公司的经济型低价航空)。

(2)基于价值网络的创新

基于价值网络的商业模式创新主要表现为做交易的组织者(如各种比价、导购网站)、打造交易的平台或桥梁(如淘宝、阿里巴巴、京东等的销售平台模式)和成为交易的中介者(如大众点评、美团等)。

(3)基于价值曲线的创新

基于价值曲线的商业模式创新是指企业创造独特的价值曲线专注于顾客价值的创造和服务的创新,为顾客提供更好的服务体验。"海底捞"火锅是这方面的一个绝佳案例,"海底捞"通过保留提供食品服务基本价值的同时,将停车、等位和表演等服务元素进行优化创新,极大地提升了顾客的餐饮体验,重新定义了餐饮服务的价值,获得了成功。

(4)基于价值主张的创新

价值主张主要是指企业提供的产品服务。价值主张决定着企业提供何种产品服务、产品服务的属性与特征、生产所需资源、生产流程以及如何向市场提供等问题。伴随价值主张的改变,商业模式的各个层面都将不可避免地发生相关改变。价值主张的变化与创新,必将导致企业资源组合、运作流程以及界面模式的一系列变化,例如,外卖将餐馆的价值主张由为顾客提供就餐价值,更改为在就餐价值之外还要为顾客提供更多的时间价值和便利价值。外卖与传统餐馆在资源需求、运作流程和生产服务方式都存在很大的不同,某种意义上说,由价值主张变化引发的商业模式创新是商业模式最深层次的变革,会导致商业模式发生根本性变化。

(三)商业模式评估

商业模式的适用性、有效性和前瞻性直接影响其是否能为企业创造高效持久的商业价值,在一定程度上会决定创业的成败。因此,在设计和确定商业模式的过程中,要对商业模式进行系统、科学的评估与论证,以保证商业模式设计的合理性与适用性,进而改进并提高商业模式的有效性。商业模式的评估主要通过以下三个方面来进行。

1.适用性评估

商业模式的适用性可以理解为商业模式的个性,意思是相较于其他企业的商业模式应该具备自己的独特性商业模式,每一个企业都应该拥有一个适合自己企业发展的商业模式。不同的商业模式适用于不同的企业类型;适用于不同的行业;适用于不同的企业。在评估商业模式时,首先要根据企业的自身情况及其优势,结合商业模式的特点和要求,判断其适用性如何。否则,盲目套用与拷贝别人的商业模式,往往会因不适用或做不到而导致失败。商业模式没有好坏之分,只有适用和不适用之分。对于创业者而言,必须找到适合自身情况的适用的商业模式,才有可能成功。

2.有效性评估

有时创业者虽然找到了适合自己的商业模式,但未达到提高效率、降低成本、扩大收入的效果,未能充分发挥商业模式的价值。这往往是因为企业核心竞争力与商业模式成功要素之间未能匹配。判断与评估商业模式设计是否理想,是否能确保实施相应的商业模式后能真正达到期望的效果,通常需要从三个角度进行评价。

(1)客户价值实现的程度

创业者所设计的商业模式是否合理,首先要审视该模式对于创业团队所构想的"价值体现"的实现程度,即该商业模式能够在多大程度上实现创业团队原本拟为客户创造并传递的价值。而要回答这一问题,创业者一是需要评价该商业模式可能为客户创造并传递的价值是不是原本拟创造的价值。例如,创业者原本打算为客户创造"节能"的价值,但通过所设计的商业模式,是不是真的就能帮助客户节能。二是需要评价该商业模式实现拟定价值的程度。如前假设,如果所设计的商业模式能够为客户提供"节能"的价值,则还需要进一步评价该商业模式能够为客户"节能"的程度大小。

（2）客户价值实现的可靠性

多数商业活动都存在风险,这就有了特定商业活动实现其价值的可靠性问题。相应,创业者借助所设计的商业模式为客户提供价值,也存在可靠性问题。由此,创业者在设计特定商业模式之后,也需要评价其能够为客户提供特定价值的可靠性,即评价该商业模式能够在多大程度上为客户可靠的提供拟定的价值。显然,只有那些能够可靠地为客户创造拟定价值的商业模式才是可行而有价值的。不难看出,商业模式的可靠性评价,相当程度上就是商业模式的风险评价。相应地,即需要搞清特定商业模式的系统风险和非系统风险,还需要搞清各种具体风险的程度大小。只有搞清了各种可能的风险,才能称之为对特定商业模式的可靠性进行了较为充分的评估与分析。

（3）客户价值实现的效率

如果估计特定商业模式能够较为可靠地为客户提供拟定的价值,还需要进一步关注该商业模式为客户创造与传递价值的效率。在商业模式的顶层要素中,价值创造方式和价值传递方式二者共同决定客户价值的实现效率,故创业者评价客户价值的实现效率,一是需要评价特定商业模式为客户创造价值的效率,二是需要评价特定商业模式为客户传递价值的效率。而最终效率的形成,则是价值创造和价值传递两个效率的"乘积",而不是两个效率的"相加"。换言之,只有特定商业模式的价值创造效率和价值传递效率都很高时,创业者才可能以较高的效率为客户提供价值;反之,如果其中任何一个环节的效率较低,都可能影响创业者为客户提供价值的效率。

3.复制性评估

在评估商业模式时,创业者要基于自身实际和外部情况,分析判断商业模式的可复制性如何。好的商业模式,一方面要保证自己可以快速、低成本地进行模式的复制;另一方面要判断是否具有一定的竞争门槛和优势,防止被更强大的竞争对手轻易复制且超越。

4.价值性评估

一个商业模式能否成功的最基本要求是能否给创业者带来足够的价值。商业模式的价值性评估,主要看两个方面,一是商业模式带来的价值创造及其效率,是否能满足创业者的期望与目标;二是商业模式带来的盈利能力是否足够。商业模式盈利能力评估主要通过收入来源、收入层次和结构、成本结构与资源效率、获取和转移客户成本、客户价值循环效率、利润规模和利润率等方面进行系统评估。

5.创新性评估

一个好的商业模式要具有一定的新颖性和前瞻性。创新性是商业模式的灵魂,具有一定创新性的商业模式,有助于创业者构建竞争壁垒、打造自身竞争优势;有助于降低运营成本和竞争风险;有助于创造优于同行和现有商业模式的高利润率;有助于提升商业模式实施的弹性和未来发展的可扩展性。创新性的评估可采用横向对比和纵向对比的方法,横向对比是与现有的、同行的商业模式进行对比,而纵向对比是与过去的各种商业模式进行对比。商业模式创新性越强,越有利于创业的成功。

(四)商业模式检验

设计论证的商业模式最终是否适用、是否能取得成功,是需要检验和实践证明的。商业模式的检验,一般有理论和实证两种基本途径。其中,理论检验分为定性和定量两种检验方式。商业模式的可行性、合理性和有效性,最终靠实践来检验。下面简单介绍商业模式在理论上的定性与定量检验方法。

1. 商业逻辑的定性检验

商业模式的定性检验是指对商业模式进行逻辑层面的定性分析,主要包括两个方面:一是商业模式的价值逻辑,二是商业模式的盈利逻辑。

(1)检验价值逻辑

商业模式从价值角度讲,其本质是创业者创造价值并收获价值的逻辑过程。因此,依照商业模式的价值要素,按照商业模式的价值逻辑,逐一分析其合理性,是商业模式价值逻辑检验的基本方法。创业者对所设计的商业模式,依次对价值发现、价值定位、价值主张、价值创造、价值配置、价值转移和价值实现进行分析,判断其整个"价值流"在逻辑上是否顺畅,在某个环节是否存在"卡壳"、不可实现或存在致命性风险,以此判断出商业模式的价值逻辑是否合理而可行。

(2)检验盈利逻辑

商业模式的根本价值在于能否为企业或创业者带来盈利以及盈利效率是否可实现有效地提高。因此,从整体上分析商业模式实施带来的盈利可能、空间规模和效率,在财务方面进行营利性检验是根本有效的方法。运用财务分析工具和方法,对商业模式给企业运营结果带来的作用和影响进行粗略的逻辑分析,很容易对商业模式的可行性和合理性做出定性判断。

2. 盈利状况的定量检验

对商业模式营利性的定量模拟检验,最常用的方法是 e3 – value 法。该方法清晰地描述了企业价值创造和转移的过程,并实现对商业模式的仿真运算,以数值体现企业商业模式的获利和有效性,从而帮助企业对当前商业模式进行有效评估。e3 – value 评估法是利用利润/效用表进行的,首先是确认商业模式参与主体及其产生的价值行为;其次是对各价值目标进行评估,明确不同部分是如何产生价值或是消耗价值;最后对评估结果进行汇总,分析优劣势,并提出相应的愿景。通过对商业模式的不同部分的价值进行计算,不仅有助于评估某种商业模式的好坏,而且有助于认清其好坏的原因,针对所得到的数据发现新的商业机会以及机会存在的基本条件。此外,通过对所选参数的调整和测算能进一步揭示其商业模式内在机制,帮助企业发现模式中好与坏的部分,进而制定确实可行的创新措施。

当然,对商业模式盈利状况的定量分析检验也可以采用编制财务报表(现金流量表、利润表、损益表等,相关方法可查阅第七章的相关内容)的简单方法,通过成本、收入和利润等量化分析,当投资收益率、利润率等指标达到预期目标时,则表示该商业模式通过了营利性检验,可以实施。

四、确定创业项目

美国著名创业教育家杰弗里·蒂蒙斯教授通过实践研究,提出了一套系统的评价创业机会价值的评价体系,见表 5 - 3。该评价体系以量化的方式将影响创业机会价值的诸多因素分解为 53 项具体指标,这些指标涵盖了创业机会所在的行业与市场状况、机会价值的经济量化、创业机会价值的收获条件、拥有创业机会的创业者所具备的竞争优势、创业机会价值开发的创业团队状况、是否存在致命缺陷与问题、创业者开发创业机会的个人标准、理想与现实的战略性差异等八个维度的内容。创业者可应用该评价体系,对创业机会进行系统、深入、科学、严谨的评估分析,进而就某个创业机会的投资价值和可行性做出理性客观的分析与判断。

表 5 - 3　蒂蒙斯创业项目评价体系

行业与市场	1. 市场容易识别,可以带来持续收入。 2. 顾客可以接受产品或服务,愿意为此付费。 3. 产品的附加价值高。 4. 产品对市场的影响力高。 5. 将要开发的产品生命长久。 6. 项目所在的行业是新兴行业,竞争不完善。 7. 市场规模大,销售潜力达到 1 000 万 ~ 10 亿元。 8. 市场成长率在 30% ~ 50% 甚至更高。 9. 现有厂商的生产能力几乎完全饱和。 10. 在五年内能占据市场的领导地位,达到 20% 以上。 11. 拥有低成本的供货商,具有成本优势。
经济价值	1. 达到盈亏平衡点所需要的时间在 1.5 ~ 2 年以下。 2. 盈亏平衡点不会逐渐提高。 3. 投资回报率在 25% 以上。 4. 项目对资金的要求不是很大,能够获得融资。 5. 销售额的年增长率高于 15%。 6. 有良好的现金流量,能占到销售额的 20% 甚至 30% 以上。 7. 能获得持久的毛利,毛利率要达到 40% 以上。 8. 能获得持久的税后利润,税后利润率要超过 10%。 9. 资产集中程度低。 10. 运营资金不多,需求量是逐渐增加的。 11. 研究开发工作对资金的要求不高。
收获条件	1. 项目带来附加价值的具有较高的战略意义。 2. 存在现有的或可预料的退出方式。 3. 资本市场环境有利,可以实现资本的流动。
竞争优势	1. 固定成本和可变成本低。 2. 对成本、价格和销售的控制较高。 3. 已经获得或可以获得对专利所有权的保护。 4. 竞争对手尚未觉醒,竞争较弱。 5. 拥有专利或具有某种独占性。 6. 拥有发展良好的网络关系,容易获得合同。 7. 拥有杰出的关键人员和管理团队。

表 5 - 3(续)

管理团队	1. 创业者团队是一个优秀管理者的组合。 2. 行业和技术经验达到了本行业内的最高水平。 3. 管理团队的正直廉洁程度能达到最高水平。 4. 管理团队知道自己缺乏哪方面的知识。
致命缺陷	1. 不存在任何致命缺陷。
创业家的个人标准	1. 个人目标与创业活动相符合。 2. 创业家可以做到在有限的风险下实现成功。 3. 创业家能接受薪水减少等损失。 4. 创业家渴望进行创业这种生活方式,而不只是为了赚钱。 5. 创业家可以承受适当的风险。 6. 创业家在压力下状态依然良好。
理想与现实的战略性差异	1. 理想与现实情况相吻合。 2. 管理团队已经是最好的。 3. 在客户服务管理方面有很好的服务理念。 4. 所创办的事业顺应时代潮流。 5. 所采取的技术具有突破性,不存在许多替代品或竞争对手。 6. 具备灵活的适应能力,能快速地进行取舍。 7. 始终在寻找新的机会。 8. 定价与市场领先者几乎持平。 9. 能够获得销售渠道,或已经拥有现成的网络。 10. 能够允许失败。

任务二　如何组建与管理团队

一、组建团队

(一)组建创业团队的原则和步骤

1. 组建原则

创业团队在组建过程中,需要遵循以下 5 个原则。

匹配性原则。是指在组建创业团队时,要遵循团队能力与创业项目匹配、团队价值观与创业愿景匹配、团队动机与创业目标匹配的原则。创业者组建的创业团队要确保团队成员的价值观、行为理念、动机目标高度一致,与要创办的事业高度契合。

互补性原则。是指在组建创业团队时,要遵循团队成员之间能力互补、性格互补、资源互补、知识互补、信息互补和经验互补的原则。创业者组建的创业团队要实现优势互补、强强联合、高效协作,可有效发挥成员作用,产生"1 + 1 > 2"的团队协同效应。

需求性原则。是指在组建创业团队时,要遵循创业活动实际需求、团队结构性需求、创业胜任力需求和创业发展需求的原则。创业者在组建团队时,要树立按需招募的理念,不能因某人能力强或资源多而盲目吸纳。

适用性原则。是指在组建创业团队时，要遵循够用、可用、适用的原则。创业者在组建团队时，可能会面临诸多选择。创业者在做出最终抉择时，一定要深入、系统分析创业内部环境和条件，调查拟招成员的真实情况，选择"对的人"和"适合的人"。否则，可能会造成后续问题，付出不必要的代价和成本，甚至给团队和创业活动带来麻烦和风险。

少而美原则。是指在组建创业团队时，创业团队的成员不宜过多，遴选标准要高，要遵循精简高效的原则。少而美的创业团队，一方面可减少创业的管理成本，提高创业团队的收益比例；另一方面，少而美的团队，通常更容易领导和管理，减少"庸才"的干扰，更容易形成团队竞争力，提高团队绩效。

2. 组建步骤

创业团队的组建是一个系统复杂、动态发展的过程，合适的创业合作伙伴往往是可遇而不可求的。组建创业团队，遵循以下几个步骤，有助于提供组建的效率和更易碰到合适的人。

(1) 分析需求，框定目标

分析拟开展创业项目在团队方面的角色需求、资源需求，根据目前团队胜任状况和创业筹备情况，结合创业愿景和目标，确定组建创业团队应完成的目标。在确定需求目标的同时，还应根据具体情况，制订未来合伙人的招募标准。为准确框定拟招合伙人的标准，可通过给未来"理想合伙人"画像的方法，勾勒出其具体形象。

(2) 充分准备，制订计划

当有了明确的需求和目标后，创业者需要制订两份计划方案：一是简要的创业计划，二是创业合伙人招募的行动方案。通过制定创业计划，创业者可进一步梳理创业思路，把握实现创业目标的条件，明确创业团队的具体需求，并为说服拟招募合伙人做好充分准备。通过制定创业合伙人招募计划和方案，可让创业团队的招募、组建更具计划性和可行性。招募计划方案中，要注意列出目标清单、招募途径、接触方式、时间节点、沟通关键点和拟开出的条件等。

(3) 扩大圈子，整合渠道

招募团队成员是组建团队最重要的一步。而招募团队成员最大的难点在于通过有效渠道，找到合适的人。在组建团队时，创业者会自觉地梳理个人人际网络，分析哪些人是适合的，并判断合作的可能性。有时候，难就难在身边熟悉的人并不一定适合。这时，创业者要通过各种方法，有目的地扩大自己的人际圈，开发、整合其他可能的渠道。扩大人际圈和拓展渠道，常见的方法有：熟人介绍、参加创业比赛、参加融资活动、参加行业会议和论坛、寻求孵化器等服务机构支持和广告招募等。

(4) 沟通谈判，明确责权利

当找到了可能的合作目标时，创业者需要通过多次沟通，多方接触，深入了解其实际情况，首先判定是否符合自己的标准和要求，是否具有不可替代的特点。在确认目标就是自己梦寐以求的合适人选时，创业者要通过描绘拟创事业的蓝图和给出有吸引力的利益条件，打动、说服目标人选认同创业的远景目标和创业价值，使其主动积极、充满激情地参与到创业团队中来。为促进沟通谈判成功，创业者要及时明确目标人选确定加盟创业团队后其角色定位及其责权利分配情况，以打消其顾虑并促使其尽快做出决定。

（5）签订协议，构建制度

没有规矩，不成方圆。在组建创业团队时，创业者一定要签订合伙协议，通过协议的方式明确创业团队的合伙规则和利益分配。签订合伙协议的作用和目的有：通过协议和制度的形式，明确合伙规则，可让团队成员放心和安心；签订协议，制订制度和规则，有利于消除因利益分配等带来的隐患与风险；协议和制度有助于建立起有效的团队约束和激励机制。

（6）磨合调整，快速融合

当初步组建起创业团队后，创业者要通过有效领导和协调，让创业团队成员尽快磨合，快速融入团队和创业工作中来。在磨合的过程中，创业者要注意把握团队成员的状况和实际工作状态，要对不合适的成员做出快速决断，以免给创业团队和创业活动带来不利影响。创业团队的组建是一个动态发展的过程。创业团队建设往往会经过磨合、调整、稳定、分化等几个阶段，即创业团队组建对于创业者而言，是一个长期性的工作，需要做好充分的心理准备。

（二）组建创业团队的关键因素

在组建创业团队时，创业者需要考虑的因素很多，其中包括创始人及现有团队、创业机会、资源状况、机会成本和失败的底线等因素。下面重点介绍创业者组建创业团队要考虑的几个关键问题。

1. 团队需求

创业者在组建创业团队时，首先要根据创业机会的性质与未来发展潜力，结合自己的能力和格局，围绕创业战略的目标定位，具体评价已拥有的人才、技术、资金、关系网络和其他资源等情况，确定组建团队的具体需求。创业者在组建创业团队时，需要系统思考并清晰回答以下问题。

（1）需要哪些与行业、市场及技术有关的知识经验、专业技术和资源？目前的创业团队与要求的差距如何？

（2）是否拥有所必需的社会网络（如人脉网络、销售渠道网络、客户资源网络等）和团队结构所必需的角色需求，是否需要寻找新的、合适的合伙人？

（3）是否能够吸引所需的一流人才加入，是否能够有效管理协调？

（4）是否能接受要付出的代价成本？为此做好了准备吗？

2. 机会需要

在组建创业团队时，创业者需要思考怎样的团队才能匹配并胜任创业机会的开发，需要以什么样的速度和规模开发利用创业机会，以及创业机会未来发展需要靠什么样的团队才能有效推进。很多创业者在创业初期都会基于创业机会要求，主要依靠自身的资源和能力来求得发展，只有在公司负担得起或遇到发展瓶颈时才会招募其他团队成员。但应该看到，如果创业机会需要创业者寻找外部资本支持的话，团队组建越早越完善，其项目价值就越高，越容易获得投资。在分析机会需要对组建团队的影响时，创业者需要分析以下问题。

（1）所开发创业机会的附加值和经济利益如何？可与谁共同分享成果？

（2）影响创业机会开发利用和拟建企业成功的关键因素有哪些？需要什么样的人来控制这些变量并产生积极效果？

（3）是否已经拥有或有把握获得创业机会所必需的外部关键资源，如投资人、律师、技术顾问、顾客、供应商、销售渠道等？如果需要，有必要让其加入创业团队吗？

（4）保证创业机会开发利用成功，需要具备哪方面的竞争优势？构建并发挥竞争优势需要什么样的必要人选?

3. 资源需求

有人说,创业团队是最大的创业资源。一方面,创业团队是创业的主体,是创业活动开展与推进的必需人才资源;另一方面,创业团队成员通常是资源的载体,即团队成员自身拥有或可带来创业所需的资源。因此,通过组建创业团队,是解决资源限制和获取外部资源的有效途径。创业者在组建创业团队时,需要考虑资源的具体需求和有效解决方式,来确定是否必须引入新的合伙人。在做出决策时,创业者需要考虑以下问题。

(1)所缺乏的资源对实现创业目标来说,是至关重要的,还是不太重要的? 所需资源是长期性需求,还是一次性需求?

(2)解决资源需求问题,除了引入合伙人这种方式,是否还有可行的、替代的解决方案?

(3)综合比较获取资源的经济性,从短期和长期两个角度评估引入合伙人与整合或购买,哪种方式付出的成本和代价更低?

(4)系统分析解决资源问题的各种途径方式,哪种方式带来的风险更可控和风险更小?

4. 成本收益

在组建创业团队时,创业者要深入考虑成本收益问题。所谓成本收益,在此主要针对两个群体:对现有创业团队而言和对招募的未来成员而言。一方面,创业者在招募新的团队成员,需要评估增加团队成员带来的成本和收益是否恰当,带来的价值和风险是否可接受。招募新的创业团队成员通常是要给出部分股份的,创业者还要评估其分享利益的影响,主要是对自己和其他团队成员的股份减少和稀释带来的利益影响。另一方面,创业者要评估拟招募的成员对给出的利益条件是否能接受,是否能打动其自愿加入。创业者要站在目标成员的角度和利益立场进行揣摩和分析,对选择加入创业团队,权衡得失,以做出合理决策。

5. 风险底线

在组建创业团队时,创业者还要评估风险。一方面,新加入创业团队的成员,由于其自身能力或资源的不确定性,以及融入新团队的磨合过程和对创业机会及新角色的把握等方面存在不确定性,其在给团队带来价值的同时,也会给团队带来一定影响甚至风险。创业者在组建创业团队时,要系统评估各团队成员可能给团队和创业活动带来的风险,对新成员带来的问题和不利影响心里要有底线。另一方面,创业者要对组建的创业团队有风险意识,要对团队在创业过程中存在的风险有底,同时要让团队成员客观认识存在的问题与风险,以保持良好的心理状态,做好创业风险的应对。

(三)合伙人的标准

1. 认识合伙人

合伙人是指公司股权的持有人,主要包括合伙人团队(创始人与联合创始人)、员工与外部顾问(期权池)与投资方。其中,合伙人是公司最大的贡献者与股权持有者。既有创业能力,又有创业心态,有3~5年全职投入预期的人,是公司的合伙人。这里要说明的是合伙人是在公司未来一个相当长的时间内能全职投入预期的人,因为创业公司的价值是经过公司所有合伙人一起努力一个相当长的时间后才能实现。因此对于中途退出的联合创始人,在从公司退出后,不应该继续成为公司合伙人以及享有公司发展的预期价值。合伙人之间是长期、强关系的深度绑定。

创业选择合伙人必须看两点:一是价值观一致和事业方向认同;二是能力资源互补。

大部分创业团队散伙分家要么是由于创始人价值观不一致或不认同而产生严重分歧，要么是某人能力或资源对公司发展未带来核心价值被迫出局。股东之间的理念、性格及信任程度，决定了公司生死。

在找合伙人之前，应该问问自己为什么要找合伙人。参与创业的每一个合伙人应该是优势互补且在创业过程中不可替代的。比如创业项目需要一个研发，可以找一个研发合伙人；但是，如果项目并不是技术主导的，那也许把这个技术外包出去更划算。这种情况下，技术合伙人不是必需的。如果创业项目是技术方向，某人正好是技术大牛或者能够管理技术人才，那么请他来一起合伙可能是很有必要的。可以替代的合伙人都不要，尽管你们私交可能很好。另外在选择合伙人时，尽量选择自己熟悉和了解的人，例如你的同学、同事或你信任的人推荐的朋友，你们对彼此的价值观和性格、能力、资源等方面有较深的了解，创业初期的强执行力往往来自创始团队的相互熟悉与信任。

2. 哪些人不应该成为公司的合伙人

请神容易送神难，创业者应该慎重按照合伙人的标准发放股权。

（1）短期资源承诺者

很多创业者在创业早期，可能需要借助很多资源为公司的发展起步，这个时候最容易给早期的资源承诺者许诺过多股权，把资源承诺者变成公司合伙人。

创业公司的价值需要整个创业团队长期投入时间和精力去实现，因此对于只是承诺投入资源，但不全职参与创业的人，建议优先考虑项目提成，谈利益合作，而不是股权绑定。

（2）兼职人员

对于技术能力强、但不全职参与创业的兼职人员，最好按照公司外部顾问的标准发放少量股权。如果一个人不全职投入公司的工作就不能算是严格意义上的创始人，只能拿工资但是不应给股份。如果这个"创始人"一直干着某份全职工作直到公司拿到风投，然后辞工全职过来公司工作，那他（们）和第一批公司员工无异，毕竟他们并没有冒其他创始人一样的风险。

（3）天使投资人

创业投资的逻辑是：投资人投大钱，占小股，用真金白银买股权；创业合伙人投小钱，占大股，通过长期全职服务公司赚取股权。简言之，投资人只出钱，不出力；创始人既出钱（少量钱），又出力。因此，天使投资人购股价格应当比合伙人高，不应当按照合伙人标准低价获取股权。这种状况最容易出现在组建团队开始创业时，创始团队和投资人根据出资比例分配股权，投资人不全职参与创业或只投入部分资源，但却占据团队过多股权。

（4）早期普通员工

给早期普通员工发放股权，一方面，公司股权激励成本很高；另一方面，激励效果很有限。在公司早期，给单个员工发5%的股权，对员工很可能都起不到激励效果，甚至认为公司是在忽悠、画大饼，容易起到负面激励的作用。但是，如果公司在中后期（如B轮融资后）给员工发放激励股权，很可能5%股权解决500人的激励问题，且激励效果特好。

（四）甄选创业团队成员

创业者在组建创业团队时，至为关键的问题是如何甄选合适的团队成员。创业者在甄选创业团队成员时，需要注意以下几个方面的问题。

（1）成员的目的需求

人的选择都有其特定的需求和动机，人的需求层次和动机目的会影响其行为和决策。

创业者在甄选创业团队成员时,首先要注意成员加盟团队进行创业的根本动机和目的,以及从事创业活动所想满足的需求。一般来说,创业团队成员的需求层次越高,具备的创业者素质和创业精神也越高,对创业越有利。团队成员具有强烈的自我实现和自我超越的需求,对创业是极为有利的。反之,创业团队的成员如果还处于满足基本需要层次的状态时,比如想通过创业解决生存和温饱问题,其就可能会偏重短期利益,对创业而言,是不利于应对创业风险和长期发展要求的。

(2)成员的优势与劣势

人都有优缺点,创业团队成员也存在着自身的优势与劣势。创业者在甄选团队成员时,一方面要评估成员所具备的优势给团队和创业带来的价值和有利影响;另一方面要考虑成员具有的劣势和不足,可能会给团队和创业带来的问题和不利影响。一般来说,创业者在选人时,首先考虑的是成员具备的优势及其可能带来的价值,然后才考虑其劣势与问题。创业者选人与用人,主要是用发展的眼光,用其长处,发挥其优势。人的优势与劣势是相对的,创业者要系统分析对比,综合权衡各种利弊得失,从团队整体结构和需求角度进行评估,做出科学的决策。需要说明的是,创业者要注意评估成员劣势给团队与创业活动带来的不利影响甚至风险是否可控、规避,是否是致命的。

(3)成员的个人特质

不同的人,在性格、兴趣、思维方式和行事风格等方面存在不同特点。创业团队在组建时,团队成员的不同特质对于团队来说是必需而有利的。但在甄选创业团队成员时,创业者要注意成员不同特质对团队整体可能产生的不利影响,比如个人特质对团队氛围、沟通、绩效和稳定性等方面的不利影响有哪些,影响程度如何。一般来说,通过团队建设与管理,可规避或不会对团队整体绩效产生负面影响,不影响团队的团结和稳定,团队成员的个人特质不利影响就是可以接受和包容的。

(4)成员的人品和价值观

对团队成员的人品和价值观要求方面,创业团队有别于一般团队,其对团队成员的人品与价值观要求不仅要相似相融,而且要求更高,这是创业的本质和创业活动的特点决定的。创业活动的艰巨性要求创业团队具有共同的价值观,特别是对创业价值的高度认同,这是团队凝聚力的根本来源和创业动力。创业团队各成员的道德品质和价值观念如果存在混乱和相悖的情况,将导致团队的利益冲突无法调和,影响团队的沟通协调、稳定性和工作绩效,会给创业活动带来巨大的风险。

创业是为消费者和社会创造价值的基础上,创业团队获取相应的利益回报。创业团队要求其成员具有高度的诚信品格和社会责任感,只有如此,才能对团队、对他人和对社会带来积极影响,才能对其个人和团队产生信任,才有利于品牌的建立和创业的持久成功。

(五)团队的组织管理模式

1.功能部门管理模式

功能部门管理模式是指根据企业的运营实际与管理需要,将企业划分成若干个不同职能部门的一种扁平化、直线型的组织管理模式。这种管理模式是最基本、最简单的企业管理模式,也是初创企业最常采用的一种管理模式。

在企业组织结构设计中,功能部门管理,又称岗位管理,是对各部门设置功能职责、设立各种岗位,并明确其责任权利关系,以形成各部门的相互协作。一般来说,不同性质的企业功能部门的设置会有不同。在功能部门设置时要考虑四个方面。

(1)根据企业运营活动需要,按专业化分工原则将工作岗位进行归类;

(2)根据企业性质和实际需要,设立不同功能的组织结构;

(3)根据不同功能部门特点,设立不同岗位,明确各自职责;

(4)订立企业管理制度,以制度形式明确并加强各职能部门的分工协作与联系。图 5 - 3 是典型的生产制造型初创企业的功能部门设置。

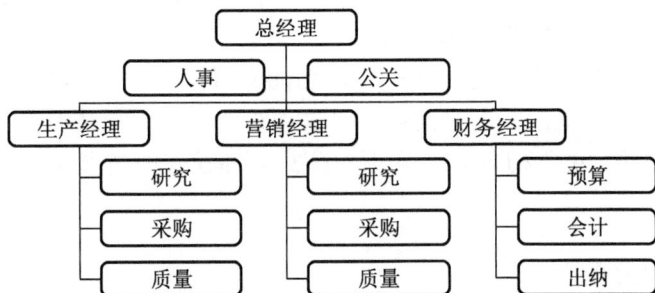

图 5 - 3　生产制造型初创企业的功能部门设置

功能部门管理模式的优点在于组织结构明确而相对稳定,责权利明确,可避免职责不清造成的执行障碍。该模式的缺点是由于功能职责划分比较清晰,有时候团队需要协作处理某些事情时,会因不同部门职能及实际工作安排的差异而不够灵活高效。

2.项目管理模式

项目管理模式是指按项目组织与管理方法来构建企业组织管理的一种模式。如果说功能部门管理模式是一种基于平行结构组织起来的管理模式的话,项目管理模式则是基于垂直结构即围绕特定而具体的项目任务组织起来的一种管理模式。

项目管理模式通常运营在企业内部创业中,通常表现为"事业部"的形式。项目管理模式本质上是一种以项目经理负责制为基础的目标管理模式,项目管理本身具有管理目标的确定性、独特性和不可重复性等特点。因此,项目管理模式,一般适用于软件外包开发类、服务外包类、商贸类和咨询服务类企业,因为这些企业的业务管理通常可根据客户或产品服务进行有效的垂直分类。项目管理模式在大多数企业中并不常见,在企业的组织结构表现上,如图 5 - 4 所示。

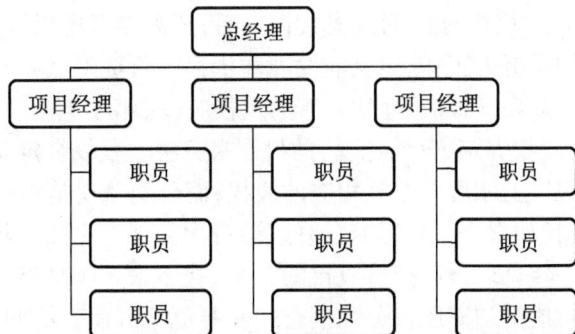

图 5 - 4　企业项目管理组织结构的表现形式

项目管理活动一般分为项目计划、人员组织、质量管理、费用控制和进度控制五个方面,从项目整体生命周期划分为若干阶段的时间维度、项目不同阶段性质与特点采用不同技术方案的知识维度和项目涉及的人、财、物、信息等项目需求的保障维度进行"三维"管理。

项目管理模式的优势在于对特定而具体的项目任务实现极具高效性,相对功能部门管理模式更有利于计划组织、质量和进度的控制,可实现针对项目的动态管理、垂直协调与优化。项目管理模式的劣势在于,其更适用于临时性、柔性化的垂直细分任务的管理场景,而不适用于长久性、系统化的复杂管理场景。

在现实的初创企业管理中,有时候会采用功能部门管理模式下的项目管理制,从而发挥两种管理模式的优势,规避其各自的劣势。这种结合后更为复杂的管理模式,通常被称为"矩阵式管理"模式。由于初创企业采用矩阵式管理模式的情况并不多见,本书暂不做介绍。

二、团队股权分配

(一)创业股权的分配原则

1. 最大责任者一股独大

受传统文化和创业文化的影响,我国创业团队股权分配比较现实可行并受投资认可的方式是创始人要一股独大。即创始人往往是团队其他股东最为认可、令人信服的人,他负有最大责任,需要具有最终决策权,以避免创业过程中的决策困难风险。

股权分配的原则是要尽可能保证创业团队所有成员都持有自己满意的股权,其从内心里觉得自己所得的股权公平、公正,在这种情况下才会安心去工作。一般的创业股权分配结构是:创始人50%～60% + 联合创始人20%～30% + 期权池10%～20%。

2. 杜绝平均和拖延

创业团队的股权分配最忌讳的是搞"平均主义"。许多创业者在谈到股权分配问题时,会碍于情面难以启齿,对于自己和其他成员的股权分配,往往会选择回避,或者是说一些模棱两可的话,比如"大家都是兄弟,有钱一起赚""咱们先做好别的事情,等企业发展稳定之后再谈这个吧"。这往往会造成后期分配股权时,矛盾更多更难协调。因此,在创业初期要尽早将股权分配问题解决掉,达成共识之后,创业会更加顺利。

3. 股份绑定,分期兑现

创业团队在各成员股权持有比例达成共识之后,还需要考虑以下问题:如果持有股权比例很高的成员在后期不努力工作,对企业发展和生存不负责怎么办?如果持有股权的团队成员因各种原因而中途离开,那么他所持有的股权应该如何处理?

以上问题可通过"股权绑定、分期兑现"的机制来解决。股权绑定是指创业团队成员需要在企业工作一定期限以上才可以拿到相应的股权;而分期兑现是指持有的股权不是一次性兑现而是约定条件(比如根据工作时间、绩效等)分次兑现。比如4年制的股权绑定是指股权持有者可以在第一年兑现自己持有股权的25%,接下来3年每年兑现25%。该机制还可有效解决创业团队各成员初期股权分配不合理和避免不劳而获的问题。在创业过程中,当出现某位成员股权持有比例很高但贡献价值远比不上股权持有比例低的成员时,董事会利用该机制就可以股权持有比例进行调整,比如将尚未绑定的股权重新分配。

4.遵守契约精神,赢得信任与激励

股权分配方案的执行有赖于团队成员的诚信,即契约精神。对于创业团队的每个成员而言,一旦认可了股权分配方案,就应该遵守并履行承诺,不能出尔反尔。对于创业者而言,要通过股权分配,赢得团队的信任,激励团队成员为共同的创业目标而积极努力。

(二)股权分配协议书

股权分配协议书范本

甲方(转让方):×××公司　　地址:＿＿＿＿＿＿＿＿＿＿

法定代表人:＿＿＿＿＿＿　身份证号码:＿＿＿＿＿＿　手机号码:＿＿＿＿＿

乙方(受让方):＿＿＿＿＿　身份证号码:＿＿＿＿＿＿　手机号码:＿＿＿＿＿

甲乙双方就投资合作×××公司事宜达成如下协议:

(一)投资合作背景

1.×××公司的注册资本为人民币＿＿＿万元,实收资本为人民币＿＿＿万元。其中,甲方作为股东实际投入资本金＿＿＿万元,占公司的股权比例＿＿＿%。

2.双方均认可是在×××公司的固定资产和货币资金等实有资产处于经营使用的资产状况,详见财务报表。

3.甲方保证对其拟转让给乙方的股权拥有完全处分权,保证该股权没有设定质押,保证股权未被查封,并免遭第三人追索,否则甲方应当承担由此引起一切经济和法律责任。

(二)合作与投资

1.合作方式

双方共同投资,共负风险,共享利润。

2.投资及比例

(1)双方各自投资额及比例如下:

甲方应出资人民币＿＿＿万元,实际出资人民币＿＿＿万元,甲方占有合营公司＿＿＿%的股权,乙方应出资人民币＿＿＿万元,实际出资人民币＿＿＿万元,乙方占有合营公司＿＿＿%的股权。

(2)双方应于×年×月×日前将投资款通过银行转账形式分×次(或一次性)缴纳于×××公司,收到甲乙方缴纳的投资款项后,由×××公司分别向双方出具合法的财务收据,作为享有权利和承担义务的凭证。

(三)收益分配

1.利润分配比例

2.双方就×××公司营业期间的盈利分配以双方实际投资比例予以分配。

3.依照国家相关法律法规和公司章程所规定预留相应的备用资金或其他等款项之后,剩余利润为可分配利润。

4.核算公司的可分配利润时,双方均同意把×××公司前期负债支付完毕之后再分配收益。

5.每年核算一次公司净利润并予以分配,在每年度财务核算完毕之后由财务人员根据财务报表净利润按照持股比例同比例分红。

6.会员为消费金额不在分红范围,会员卡未消费金额的20%可提前预分,次年实际消费实现盈利并分配时扣减,逐年类推。

（四）合作经营管理

1.合作经营期间由甲方出任法人代表（实际控股人）。

2.合作经营期间公司管理业务扩展财务管理人力资源分配及员工薪资待遇等其他重大决策由双方商议，最终决定权在法人，为保证可持续发展，法人决策后股东必须服从公司安排。

3.合作经营期间所持股人员必须就职×××公司（公司不得随意开除所持股人员），否则股权无效。

4.各股东职位及工作安排由法人根据个人工作经验及能力确定，与股权份额无关。

5.合作经营期间遇见不可抗力因素（自然灾害、地震、火灾、水灾、政府公文、拆迁）等损失，由所有持股人员按持股比例承担。

（五）协议的履行

1.甲方应在每年的12月31日进行本年度会计结算，并在次年1月15日前得出上一年度税后净利润总额，并将此结果及时通知乙方。

2.乙方在每年度的二月份享受分红。

甲方应在确定乙方可得分红后的七个工作日内，将可得分红一次性支付给乙方。

3.乙方可得分红应以人民币形式支付，除非乙方同意，甲方不得以其他形式支付。

（六）协议的权利与义务

1.甲方应当如实计算年度税后净利润，乙方对此享有知情权。

2.甲方应当及时、足额支付乙方可得分红。

3.经营期间因各种原因甲方需终止股权协议，解除合作的，需提前15天通知乙方，出具书面通知函，并退还股东入股本金，退回金额均与利息等升值无关。

4.乙方因各种原因需退股的，提前30天提交退股申请，3个月内退还乙方入股本金，退回金额均与利息等升值无关。

5.乙方股权不得转让、不得交易、不得抵押、不得偿还债务、不得用于项目投资，如有以上现象，股权无效。

（七）协议的变更、解除和终止

1.甲方可根据乙方的情况将授予乙方的____万股权进行增加或减少，但双方应协商一致并另行签订股权分配协议。

2.甲乙双方经协商一致同意的，可以书面形式变更协议内容。

3.甲乙双方经协商一致同意的，可以书面形式解除本协议。

4.甲方公司解散、注销或者乙方死亡的，本协议自行终止。

（八）违约责任

1.如甲方违反本协议约定，迟延支付或者拒绝支付乙方可得分红的，应按可得分红总额的10%向乙方承担违约责任。

2.如乙方违反本协议约定，甲方有权视情况相应减少或者不予支付乙方可得分红，并有权解除本协议。给甲方造成损失的，乙方应当承担赔偿责任。

（九）争议的解决

因履行本协议发生争议的，双方首先应当争取友好协商来解决。如协商不成，则将该争议提交甲方所在地人民法院裁决。

（十）未尽事宜

1.其他未尽事宜双方共同协商,并以公司章程的规定为准。在参照适用公司章程的规定时,双方均享有公司章程中关于股东的权利和承担关于股东的义务

2.本协议自双方签字之日起生效;本协议为一式两份,甲乙双方各执一份。

以下空白无内容

甲方:＿＿＿＿＿＿＿＿　　　　　　　　乙方:＿＿＿＿＿＿＿＿

法定代表人(授权委托人)(签章):

＿＿＿年＿＿月＿＿日　　　　　　　　＿＿＿年＿＿月＿＿日

（三）股权分配合理性验证

合伙创业股权如何分配? 出资多股权就多? 分配股权都应该考量哪些因素? 以上问题都可以通过以下6点进行验证。

1.创业团队是否完全按出资比例分配股权

在过去,如果公司启动资金是100万,出资70万的股东即便不参与创业,占股70%是常识;而现在,只出钱不干活的股东"掏大钱、占小股"已经成为常识。以前的创业意识,股东分股权的核心甚至唯一依据是"出多少钱",钱是最大变量,在现在,人是股权分配的最大变量。

很多创业企业的股权分配,都是"时间的错位",即根据创业团队当下的贡献,去分配公司未来的利益。创业初期,不好评估各自贡献,创业团队的早期出资就成了评估团队贡献的核心指标。这导致有钱但缺乏创业能力与创业心态的合伙人成了公司大股东,有创业能力与创业心态、但资金不足的合伙人成了创业小伙伴。建议,全职核心合伙人团队的股权分为资金股与人力股,资金股占小头,人力股要占大头。人力股要和创业团队四年全职的服务期限挂钩,分期成熟。对于创业团队出资合计不超过100万的,建议资金股合计不超过20%。

2.创业合伙人是否有退出机制

合伙人股权战争最大的导火索之一,是完全没有退出机制。比如,有的合伙人早期出资5万,持有公司30%股权。干满6个月就由于与团队不和主动离职了,或由于不胜任、健康原因或家庭变故等被动离职了。离职后,退出合伙人坚决不同意退股,理由很充分:①《公司法》没规定,股东离职得退股;②公司章程没有约定;③股东之间也没签过任何其他协议约定,甚至没就退出机制做过任何沟通;④他出过钱,也阶段性参与了创业。其他合伙人认为不回购股权,既不公平也不合情不合理,但由于事先没有约定合伙人的退出机制,对合法回购退出合伙人的股权束手无策。对于类似情形,通常建议采取以下对策。

(1)在企业初创期,合伙人的股权分为资金股与人力股,资金股占小头(通常占10%～20%之间),人力股占大头(80%～90%之间),人力股至少要和四年服务期限挂钩,甚至核心业绩指标挂钩。

(2)如果合伙人离职,资金股与已经成熟的人力股,离职合伙人可以兑现,但未成熟的人力股应当被回购。(人力股可以安排分期成熟。成熟标准可以是工作年限,也可以是工作业绩,或者两者都有。)

（3）鉴于大家普遍存在"谈利益，伤感情"的观念，我们建议，合伙人之间首先就退出机制的公平合理性充分沟通理解到同一个波段，做好团队的预期管理，然后再做方案落地。

3. 外部投资人是否控股

对股权缺乏基本常识的，不仅仅是创业者，也包括大量非专业机构的投资人。比如，有投资人投 70 万，创始人投 30 万，股权一开始便简单粗暴地做成 7∶3。但是，项目跑 2 年后，创始人认为，自己既出钱又出力，却只能做小股东，投资人只出钱不出力却是大股东，不公平。想找其他合伙人进来，却发现没股权空间。投资机构看完公司股权后，没有一家敢进。优秀合伙人与后续机构投资人进入公司的通道都给堵上了。太多上市公司投资个三五百万，甚至有的孵化器投资个三五十万，都热衷于控股创业企业。他们认为，股权占的抢的越多越好，很多初创企业，一开始把股权当大白菜卖。等到公司启动融资，发现股权结构不对，想对股权架构进行调整时，发现微调早期投资人股权就是动人家价值三五百万的蛋糕，是活生生"烤"验人性。人性，又有几个人经得起"烤"验？

4. 是否给兼职人员发放大量股权

很多初创企业热衷于找一些高大上的外部兼职人员撑门面，并发放大量股权。但是，这些兼职人员既多少时间投入，也没承担创业风险。股权利益与其对创业项目的参与度、贡献度严重不匹配，性价比不高。这也经常导致全职核心的合伙人团队心理失衡。

对于外部兼职人员，建议以微期权的模式合作，而且对期权设定成熟机制（比如，顾问期限，顾问频率，甚至顾问结果），而不是大量发放股权。经过磨合，如果弱关系的兼职人员成为强关系的全职创业团队成员，公司可以给这些人员增发股权。

5. 是否给短期资源承诺者发放大量股权

很多创业者在创业早期希望借助外部资源，容易给早期的资源承诺者许诺过多股权，把资源承诺者当成公司合伙人大额发放股权。但是，资源入股经常面临以下几个问题。

（1）资源的实际价值不好评估；

（2）资源的实际到位有很大变数；

（3）很多资源是短期阶段性发挥作用；

（4）对于价值低的资源，没必要花大量股权去交换。对于价值高的资源，资源方也不愿意免费导入。

因此，对于资源承诺者，通常建议，优先考虑项目合作，利益分成，而不是长期股权深度绑定。即便股权合作，主要也是与资源方建立链接关系，通过微股权合作，且事先约定股权兑现的前提条件。

6. 是否给未来管理团队与员工预留了一定比例的股权

创业就像接力赛，需要分阶段有计划地持续招募人才。股权是吸引人才的重要手段。因此，创业团队最初分配股权时，应该有意识地预留一部分股权放入股权池，为持续招募人才开放通道。

【评估练习】

1. 正式建立创业团队

基于个人兴趣、优势和看好的项目，快速加入其团队。你所选择的创业团队是（哪个创业团队）：_____

创业项目负责人最终明确的团队成员有：

_____

_____

2.明确角色任务与分工

核心角色需求分析

项目负责人基于项目性质、运营模式等确定核心角色是：

_____

_____

重新审视上述角色，是不是不可替代或通过资源置换不划算，以确定是必要而关键的。

_____

明确是否需要再招募团队成员。

目前无法解决的资源需求瓶颈，核心角色尚缺的是：

_____

3.制订组织架构

根据项目实际和团队成员情况，设计团队的组织架构图。记录在下面：

根据组织结构，明确分工与职责。将各角色及职责记录在下面。

任务三　创业计划的编写与路演

"凡事预则立，不预则废"，做任何事情只有预先计划才能成功。创业活动与寻宝有许多共同之处，寻找宝藏是一件很艰苦的工作，需要大量的调查寻访活动，从成百上千的可能中判断宝藏的内容和埋藏点。所以寻宝首先需要的是一张寻宝图，以这张图为资本，筹集资金、雇用人员、租赁船只、购买特殊的设备等。对于创业者来说，创业计划就是寻宝者的寻宝图，如果没有这张图，创业者可能就会迷失方向而误入歧途。创业计划是整个创业过程的灵魂。

一、创业计划概述

1.创业计划的定义

创业计划又称商业计划，是对构建一个企业的基本思想以及与企业创建有关的各种事项进行总体安排的文件，它从企业内部的人员、制度、管理以及企业的产品、营销、市场等各个方面对即将创建的企业进行可行性分析。创业计划包含创业定位、营销计划、财务计划、组织管理等，用以描述创办一个新的风险企业时所有相关的外部及内部要素。创业计划有时也叫行路图。创业计划主要回答三个问题：我们现在哪里？我们将去哪里？我们如何到达那里?

计划可以是短期的,也可以是长期的;可以是战略性的,也可以是操作性的。尽管不同的计划服务于不同的职能,但所有的计划都有一个重要目的,即在快速变化的市场环境下,为创业者提供指导准则和管理架构。

创业计划的基本目标有:分析和确定创业机遇与内容;说明创业者计划利用这一机遇发展新的产品或服务所要采取的方法;分析和确定企业能否成功的关键因素;确定实现创业所需要的资源以及取得这些资源的方法。

创业计划应该由创业者准备,然而在准备过程中,也可向其他人员咨询。律师、会计师、营销顾问、工程师等在创业计划的准备过程中都将起到非常重要的作用。为了确定是聘用一个顾问还是利用其他资源,创业者需要对自己的技能做一个客观的评价。

2. 创业计划书的作用

前程无忧网创始人甄荣辉说过:"事实上成功一点都不难,最难的是想成功,但没有计划。如果你有一个5年或者10年的成功目标,而且能够周密地计划,坚定地执行,那么,成功率还是很高的。"

创业计划首先是一种吸引投资的工具,同时也是确定目标和制订计划的很好的参考资料,是一个企业管理和操作的行为指南。对于初创的企业来说,进行创业设计的一个重要的步骤便是编写创业计划书。创业计划书是创业者叩响投资者大门的"敲门砖",是创业者计划创立的业务的书面摘要,一份优秀的创业计划书往往会使创业者达到事半功倍的效果。

【扩展阅读】

刘先生和他的创业计划书

刘先生毕业于某著名大学,经过多年的研究,他在建筑节能材料方面取得了一项重要突破,这项技术如果在实际中得到应用,将显著减少建筑物的能源消耗,前景非常广阔。于是刘先生辞去原来的工作,准备自己创业。

由于多年来的积蓄都用在了建筑节能材料的研究上,在七拼八凑注册了一家公司后,已经无力再招聘员工、购买实验材料。无奈之下,刘先生想到了风险投资基金,希望通过引入合作伙伴的方式解决困境。为此,他多次与一些风险投资机构或个人投资者商谈,虽然刘先生反复强调他的技术多么先进,应用前景多么好,并保证投资他的公司回报绝对不低,但投资人总是难以相信。而且他对于投资人问到的相关数据也没有办法提供,如你的产品的市场需求量有多少? 一年可以有多大的销售量? 投资后年回报率有多高? 就连他想招聘一些技术骨干也比较困难,这些人总是对公司的前景缺乏信心。

这时,曾在刘先生注册公司时帮助过他的一位做管理咨询的朋友的一句话提醒了他,"你的那些技术有几个投资者搞得懂? 你连一份正式的创业计划书都没有,投资者凭什么相信你?"于是,在向有关专家请教咨询后,刘先生又查阅了大量资料,从公司的经营宗旨、战略目标出发,对公司的技术、产品、市场销售、资金需求、财务指标、投资收益、投资者的退出等方面进行了论证和分析。

在这个过程中,他搞了大量市场调研,一个月后,他拿出了一份创业计划书初稿,经过几位相关专家的指点,又再次进行了修改和完善。凭着这份创业计划书,刘先生不久就与一家风险投资方达成了投资协议。

现在,刘先生公司经营的红红火火,年销售利润达 500 多万。回想往事,刘先生感慨地说:"创业计划书的编制与我搞的节能材料差不多,绝不是随便写一篇文章的事,编制计划书的过程就是我不断厘清思路的过程,只有企业家的思路清晰了,才有可能让投资者、员工相信你。"

计划是执行所有活动的第一步。如果没有计划和目标,在执行过程中,风险会相对提高。虽然创业计划并不一定能保证创业一定成功,但它可以提高创业成功率。制订一个正式的创业计划需要时间、精力和资源,这种投资是为了获得回报,即发挥它的作用。创业计划的作用主要体现在以下两个方面。

(1)明确创业的可行性和创业战略

创业计划的制订是基于有效的信息收集和分析的基础之上的。这些信息有利于确定商业机会的价值,有利于确定创业的宗旨、目标和方法。制订创业计划的过程也是指导创业者收集什么信息和如何去收集信息,从而确定创业是否可行和达到什么目标的过程。明确创业的可行性即分析商业机会的价值,而明确创业的战略即确定如何实现商业机会的价值。

分析商业机会的价值,信息用于管理不确定性。拥有必要的信息意味着可以减少创业的风险并提高成功的可能性。同时,在实现这个创业机会的过程中也存在风险,创业者在收集信息、分析信息以确定商业机会的价值时也要考虑存在的风险,并将价值与风险进行比较,以确定去实现这个创业机会的可能性,即明确机会的价值高于风险值得去追求。

制定创业战略。创业计划的制订有利于明确创业的战略,包括战略的内容和执行的过程。因为创业计划的制订过程回答了制定战略所需要的有关问题。创业计划对制定企业战略的作用体现在它对市场、顾客和竞争对手的信息收集和分析上,它提供了进行战略决策的基础;而创业计划对信息的整合则更容易形成一个战略,而战略确定了企业的模式和方向。

(2)沟通的工具

创业计划是获取资源的有效工具,将初创企业的发展潜力、所面临的机会,以及以一种明确的、有效的方式开发这个机会的方案与有关方面进行沟通。沟通的对象包括内部和外部的利益相关者。沟通是进行信息的传递,旨在使信息的接受者做出反应,即不仅要使信息接收者收到并理解信息,而且还要据此采取相应的行动。创业计划作为沟通的工具,其目的是为了获得各种必要的支持。因此,创业者应利用创业计划与下列人员进行密切沟通。

①投资者。在创业起步阶段或是成长阶段,外部融资将是创业者所面临的一个艰巨任务。创业计划不仅要告知投资者初创企业所具有的成长潜力和收益回报,还要表明所包含的风险。由于创业者要与其他的项目竞争有限的资金,故创业者必须重视创业计划的制订,不能只走走形式或存在侥幸心理,因为投资者都是这一领域的专家,有着丰富的经验。

②员工。员工是创业者的重要资源,员工将其人力资本投资于初创企业,目的是获取投资回报及个人的发展。因此,创业计划要描绘初创企业的发展前景和成长潜力,使员工对企业和个人的未来充满信心,并为了这个未来去努力工作。

③客户。创业计划的沟通作用就是给客户充分的信息,使其对初创企业及其所提供的

新产品充满信心,进而购买所提供的新产品并承诺建立长期稳定的合作关系。当提供同类产品的竞争者越多,这种承诺就越有价值。这时,创业计划的质量及它的吸引力和可信度起着决定性的作用。

④供应商。供应商是否愿意向初创企业提供资源以及以什么方式提供,将取决于其对初创企业及其前景的信任和信心。因此,创业者要通过创业计划使供应商对初创企业充满信心,这不仅会给企业带来所需要的资源,而且还可以获取较好的供货条件。

初创企业的创始人不能一味地扩大营运规模,而应关注并妥善处理资金预算、市场预测,以及材料、人员之类的相关要素的协调等管理问题。如果这些问题没有做好充分准备,那么高速的增长只能带来巨大的风险。这一点,创业者在最初制订创业计划的时候就应牢牢地树立务实的思维。

很多创业者在创业的时候非常仓促,根本没有投入足够的时间对创业项目的可行性进行调研。大多数的创业者是因为急于求成,没有进行充分的市场调研。通常,一个创业者有了构想时会将其讲给合作者或家人听,以寻求肯定和认可。但他的内心并不非常渴望找寻事实真相,而是希望有人对他给予认可。有的创业者往往头脑一热就下决策,根本没有从自己最熟悉、最擅长的业务起步。只是道听途说就贸然投资,而在创业活动深入到一定程度后,方才发现自己的经验、知识、能力和人际关系都与创业项目不吻合甚至相差太远并导致失去竞争力。所以,创业者在创业初期,就要本着务实的精神,踏踏实实地结合自己的实际情况及能够整合的资源客观地制订创业计划,这是最明智的选择。

二、撰写创业计划

1. 创业计划书的构成

创业计划书通常包括封面、保密要求、目录、摘要、正文(综述)、附录几部分。

(1)封面(标题页)。标题页可以放一张企业的项目或产品彩图,但需留出足够的版面排列以下内容:创业计划书编号、公司名称、项目名称、项目单位、地址、电话、传真、电子邮件、联系人、公司主页、日期等。

(2)保密要求。保密要求可放在标题页,也可放在次页,主要是要求投资方项目经理妥善保管创业计划书,未经融资企业同意,不得向第三方公开创业计划书涉及的商业秘密。

(3)目录。目录标明各部分内容及页码,要注意确认目录页码同内容的一致性。

(4)摘要。摘要是对整个创业计划书的概括,目的在于用最简练的语言将创业计划书的核心、要点、特色展现出来,吸引阅读者仔细读完全部文本,因而一定要简练,一般要求在两页纸内完成。摘要十分重要,它是投资者首先要看的内容,因而必须能让读者有兴趣并渴望得到更多的信息,能给读者留下深刻的印象。计划摘要应从正文中摘录出投资者最关心的问题包括:公司内部的基本情况、公司的能力以及局限性、公司的竞争对手、公司营销和财务战略、公司的管理队伍等情况的简明而生动的概括。如果公司是一本书,它就像是这本书的封面,做得好就可以把投资者吸引住。

(5)正文。正文是创业计划书的主体部分,要分别从公司基本情况、经营管理团队、产品与服务、技术研究与开发、行业及市场预测、营销策略、产品制造、经营管理、融资计划、财务预测、风险控制等方面对投资者关心的问题进行介绍,要求既有丰富的数据资料,使人信服,又要突出重点,实事求是。

(6)附录。附录是对正文中涉及的相关数据、资料的补充,作为备查。

2.创业计划书的写作

创业计划书的内容需要仔细推敲,切不可随意堆砌,一份不合格的创业计划书如图 5-5 所示,而一份优秀的创业计划书的内容与写作要点应该如下。

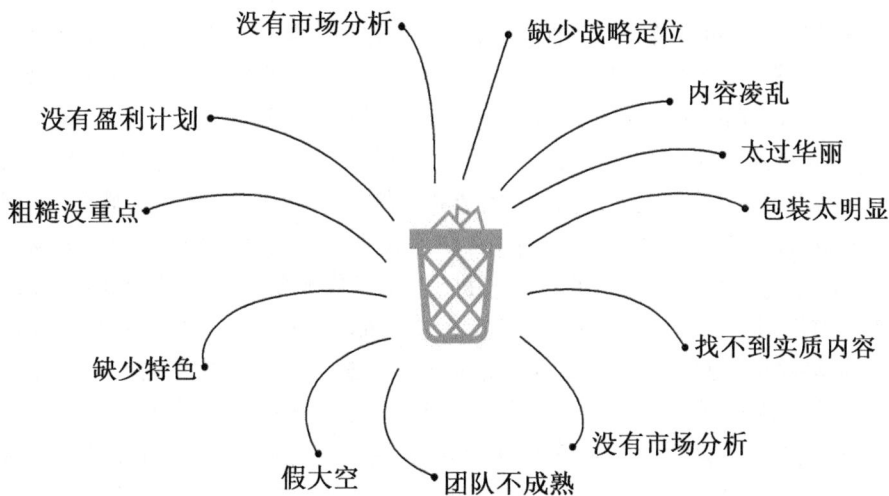

没有市场分析　缺少战略定位

没有盈利计划　内容凌乱

太过华丽

粗糙没重点　包装太明显

找不到实质内容

缺少特色

没有市场分析

假大空　团队不成熟

图 5-5　不合格的创业计划书

(1)摘要。摘要是为了吸引战略合伙人与风险投资人的注意而将创业计划书的核心提炼出来制作而成的,它是整个创业计划书的精华,涵盖创业计划书的全部要点。一般要在后面所有内容编制完毕后,再把主要结论性内容摘录于此,以求一目了然,在短时间内给使用者留下深刻的印象。摘要如同推销产品的广告,编制人要反复推敲,力求精益求精,形式完美,语句清晰流畅而富有感染力,以引起投资者阅读创业计划书全文的兴趣。特别要详细说明自身企业的不同之处以及企业获取成功的市场因素。

(2)企业介绍。这一部分是向战略合伙人或者风险投资人介绍融资企业或项目的基本情况。具体而言,如果企业处于种子期或创建期,现在也只有一个商业创意,那么,应重点介绍创业者的成长经历、求学过程,并突出其性格、兴趣爱好与特长,创业者的追求,独立创业的原因以及创意如何产生。如果企业处于成长期,应简明扼要介绍公司过去的发展历史、现在的状况以及未来的规划。具体包括:公司概述、公司名称、地址、联系方法、业务状况、发展经历、未来发展的详尽规划、与众不同的竞争优势、法律地位、公共关系、知识产权、财务管理、纳税情况、涉诉情况等。在描述公司发展历史时,正反的经历都要写,特别是对以往的失误,不要回避。要对失误进行客观的描述、中肯的分析,反而能够赢得投资者的信任。

(3)管理团队介绍。管理团队是投资者非常看重的,这部分主要是向投资者展现企业管理团队的结构、管理水平和能力,职业道德与素质,使投资者了解管理团队的能力,增强投资信心。这部分主要介绍管理团队、技术团队、营销团队的工作简历、取得的业绩、尤其是与目前从事工作有关的经历。另外,可以着重介绍企业目前的管理模式,如果无特色,也可以不介绍,或者归入劣势部分。在编写过程中,首先必须对公司管理的主要情况做一个全面介绍,包括公司的主要股东及他们的股权结构、董事和其他一些高级职员、关键的雇员以及公司管理人员的职权分配和薪金情况,必要时,还要详细介绍他们的经历和个人背景。

企业的管理人员应该是互补型的,而且要具有团队精神。一个企业必须要具备负责产品设计与开发、市场营销、生产作业管理、企业理财等方面的专门人才。此外,在这部分创业计划书中,还应对公司组织结构做一简要介绍,包括:公司的组织结构图;各部门的功能与责任;各部门的负责人及主要成员;公司的薪酬体系等。这部分应让投资者认识到,创业者具有与众不同的凝聚力和团结战斗精神,管理团队人才济济且结构合理,在产品设计与开发、财务管理、市场营销等各方面均具有独当一面的能力,足以保证公司以后成长发展的需要。

(4)技术产品(服务)介绍。在进行投资项目评估时,投资人最关心的问题之一就是企业的产品、技术或服务能在多大程度上解决现实生活中的问题,或者企业的产品及服务能否帮助顾客节约开支、增加收入,这是市场销售业绩的基础。技术产品(服务)介绍一般包括以下内容:产品的名称、特性及性能用途;产品处于生命周期的哪一阶段,市场竞争力如何;产品的研究和开发过程;产品的技术改进、更新换代或新产品研发计划及相应的成本;产品的市场前景预测;产品的品牌和专利。在这一部分,企业家要对产品及服务做出详细的说明,说明要准确,也要通俗易懂,让不是专业人员的投资者也能明白。一般产品介绍都要附上产品原型、照片或其他介绍。此外,对于一些以技术研发为重点的高新技术企业来说,还要对相关技术及其企业研发情况进行分析,包括企业技术来源、技术原理、技术先进性、技术可靠性,公司的技术研发力量和未来的技术发展趋势,公司研究开发新产品的成本预算及时间进度,技术的专利申请、权属及保护情况、技术发展后劲和技术储备等,以使投资者对公司的技术研发队伍的实力,公司未来竞争发展对技术研发的需要有所了解。产品服务介绍的内容比较具体,故而写起来相对容易。虽然夸赞自己的产品是推销所必需的,但应该注意,企业家和投资家所建立的是一种长期合作的伙伴关系,空口许诺只能得意于一时。如果企业不能兑现承诺,不能偿还债务,企业的信誉必然要受到极大的损害,这是真正的企业家所不屑为的。

(5)行业、市场分析预测。行业与市场分析主要对企业所在行业基本情况、企业的产品或服务的现有市场情况、未来市场前景进行分析,使投资者对产品或服务的市场销售状况有所了解。这是投资者关注的重点问题之一。行业分析主要介绍行业发展趋势,行业发展中存在的问题,国家有关政策,市场容量,市场竞争情况,行业主要盈利模式,市场策略等。

(6)市场营销策略。企业的盈利和发展最终都要拿到市场上来检验,营销成败直接决定了企业的生存命运。在介绍市场营销策略时,创业者要讨论不同营销渠道的利弊,要明确哪些企业主管专门负责销售,主要适用哪些营销方法,以及营销目标的实现和具体经费的支出等。一般来说,中小企业可选择的市场营销策略有以下几种:集中性营销策略,即企业只为单一的、特别的细分市场提供一种类型的产品(如制造汽车配件),这种方法尤其适用于那些财力有限的小公司,或者是在为某种特殊类型的顾客提供服务方面确有一技之长的组织;差异性营销策略,即为不同的市场设计和提供不同类型的产品,这种战略大多为那些实力雄厚的大公司所采用;无差异性营销策略,即只向市场提供单一品种的产品,希望它能引起整体市场上全部顾客的兴趣,当人们的需求比较简单,或者并不被人们认为很重要时,该策略较为适用。

(7)生产计划。生产计划旨在使投资者了解产品的生产经营状况,这一部分应尽可能把新产品的生产制造及经营过程展示给投资者。其主要的内容包括:公司现有的生产技术能力,企业生产制造所需的厂房、设备情况,质量控制和改进能力,新产品的生产经营计划,改进或将要购置的生产设备及其成本,现有的生产工艺流程,生产周期标准的制订及生产作业计划的编制,物资需求计划及其保证措施,供货者的前置期和资源的需求量,劳动力和雇员的有关情况。同时,为了增大企业的评估价值,企业家应尽量使生产制造计划更加详细、可靠。

(8)财务分析与预测。这部分包括公司过去若干年的财务状况分析,以及今后三年的发展预测以及详细的投资计划。使投资者据此判断企业未来经营的财务状况,进而判断其投资能否获得理想的回报。它是决定投资决策的关键因素之一。财务预测的依据、前提假设是投资者判断企业财务预测准确性和财务管理水平的标尺,是投资者关注的焦点。主要依据和前提假设是企业的经营计划、市场分析。由于财务分析预测在公司经营管理中的重要地位,企业需要花费较多的精力来做具体分析,必要时最好与专家顾问进行商讨。对于中小企业来说,财务预测既要为投资者描绘出美好的合作前景,同时又要使得这种前景建立于坚实的基础之上,否则会令投资者怀疑企业管理者的诚信或财务分析、预测及管理能力。

(9)融资计划。融资计划主要是根据企业的经营计划提出企业资金的需求数量、融资的方式、工具,投资者的权益、财务收益及其资金安全保证,投资退出方式等,它是资金供求双方共同合作前景的计划分析。融资计划的主要内容包括:融资数额是多少?已经获得了哪些投资?希望向战略合伙人或风险投资人融资多少?计划采取哪种融资工具,是以贷款、出售债券,还是以出售普通股、优先股的形式筹集?公司未来的资本结构如何安排?公司的全部债务情况如何?公司融资所提供的抵押、担保文件,包括以什么物品进行抵押或者质押,什么人或者机构提供担保?投资收益和未来再投资的安排如何?如果以股权形式投资,双方对公司股权、控制权、所有权比例如何安排?投资者介入公司后,公司的经营管理体制如何设定?投资资金如何运作?投资的预期回报?投资者如何监督、控制企业运作等?对于吸引风险投资的,风险投资的退出途径和方式是什么,是企业回购、股份转让还是企业上市?这部分是融资协议的主要内容,企业既要对融资需求、用途提出令人信服的理由,又有令人心动的投资回报和投资条件,同时也要注意维护企业自身的利益。其基础是企业的财务分析与预测,由于与资金供给方合作的模式可能有多种,因此还需设计几种备选方案,给出不同盈利模式下的资金需要量及资金投向。

(10)风险分析。这部分内容主要是向投资者分析企业可能面临的各种风险隐患,风险的大小以及融资者将采取何种措施来降低或防范风险、增加收益等。主要包括:企业自身各方面的限制,如资源限制、管理经验的限制和生产条件的限制等;创业者自身的不足,包括技术上的、经验上的或者管理能力上的欠缺等;市场的不确定性;技术产品开发的不确定性;财务收益的不确定性;针对企业存在的每一种风险,企业进行风险控制与防范的对策或措施。对于企业可能面临的各种风险,融资者最好采取客观、实事求是的态度,不能因为其产生的可能性小而忽略不计,也不能为了增大获得投资的机会而故意缩小、隐瞒风险因素,而应该对企业所面临的各种风险都认真加以分析,并针对每一种可能发生的风险做出相应的防范措施,这样才能取得投资者的信任,也有利于引入投资后双方的合作。

(11)附件和备查资料。附件主要是对创业计划书中涉及的一些问题的细节和相关的证书、图表进行描述或证明,如企业的营业执照、公司章程、验资审计报告、税务登记证、高新技术企业(项目)证书、专利证书、鉴定报告、市场调查数据、主要供货商及经销商名单、主要客户名单、场地租用证明、公司及其产品的介绍、宣传等资料、工艺流程图、各种财务报表及财务预估表、专业术语说明等。它与创业计划书主体部分一起装订成册。备查资料只需列出清单,待资金供给方有投资意向时查询。

3.论证完善创业计划的方法

创业计划论证是对创业计划的项目做出的一个可行性的评估。创业计划论证考察的内容有:执行总结、项目和公司、产品或服务、市场分析与营销策略、经营管理、团队、财务分析、融资回报、可行性、计划书的写作。具体论证考察部分有以下几个。

(1)科技创业:学生自己的科研成果;在导师指导下参与科研的项目;

(2)技术优势明显:具有潜在的研发领先能力或自主知识产权;

(3)市场需求大:目标市场明确,具有现实性潜在需求;

(4)替代主流产品与模式:产品可以替代主流产品或模式;

(5)经济效益显著:销售量、利润、现金流量、回收期、报酬率;

(6)创业计划报告书文本突出:主题明确、结构合理、逻辑严谨、论证充分、分析规范、文字通畅、装帧整齐;

(7)团队优秀:专业结构合理、精干、合作性强、自信坚韧。

创业计划论证的标准主要是考察创业方案的以下几个主要性质。是否具有可支持性(创业动机与理念是什么);是否具有可操作性(如何保证创业成功);是否具有可营利性(创业能否带来预期的回报);是否具有可持续性(企业能生存多久)。

创业计划的论证标准主要是考察创业方案的以下几个主要效度。

(1)论证创业项目的真实效度。创业项目是否真实可信,是否有详细的市场调查数据,项目的各种信息的准确程度等。

(2)论证创业项目的盈利效度。创业者一定要对项目的风险性进行充分的论证,对项目可行性的论证,论证内容包括选址、客户流量、营销周期、产品受欢迎程度、经营者的经营方式、雇员多少、业务熟练程度,估算其成本和投入产出。对于风险承受能力不足的中小投资者来说,投资安全是第一位考虑的因素;了解项目方在知识产权方面(技术、商标等等)和品牌方面是否存在纠纷,是否拥有完全的所有权。

(3)论证创业项目的行为效度。项目运作是否规范,是否有统一的内外标志,操作流程是否规范,工艺流程是否规范,服务流程是否规范,章程是否规范等。

(4)论证创业项目的发展效度。从低层次看,项目在市场扩张上是否能够为投资者提供强有力的支持;从高层次看,项目是否拥有将事业做大的决心,是否拥有长期的战略规划,项目能否提供强有力的促销支持,如物质方面的支持和政策方面的支持。这些都对创业者的扩大经营起着直接的影响。项目能否持续提高自己品牌的价值,则对创业者能否进行有效的扩张起着间接的影响,项目产品创新的能力也决定着投资者跟随成长的结果。

(5)论证创业项目的人才效度。在对项目进行论证的时候,除了要论证项目主导人的人品、性格、经历、知识结构、拥有的企业资源和社会资源外,还要着重论证项目方的团队,包括成员的素质、从业经历、从业经验、既往业绩、圈内口碑;在性格和专业上的互补性;团队的稳定性。

总的来说,创业者对创业项目方案的论证是一件非常细致的事情,需要创业者有很好的耐心和足够的敏感。为了降低创业风险,就需要仔细推演和论证,在此基础上修正自己的创业计划。

【扩展阅读】

创业项目计划书样本

✓ 按国际惯例通用的标准文本格式形成的项目计划书,是全面介绍公司和项目运作情况,阐述产品市场及竞争、风险等未来发展前景和融资要求的书面材料。

✓ 保密承诺:本项目计划书内容涉及商业秘密,仅对有投资意向的投资者公开。未经本人同意,不得向第三方公开本项目计划书涉及的商业秘密。

一、项目企业摘要

创业计划书摘要,是全部计划书的核心之所在。

*创业项目概念与概貌。

*市场机遇与市场谋略。

*目标市场及发展前景。

*创业项目的竞争优势。

*创业项目营收与盈利。

*创业项目的核心团队。

*创业项目股权与融资。

*其他需要着重说明的情况或数据(可以与下文重复,本概要将作为项目摘要由投资人浏览)。

二、业务描述

*企业的宗旨(200字左右,我们是做什么的)。

*商机分析(请通过实例与数字论证)。

*行业分析并回答以下问题。

1.该行业发展程度如何?

2.现在发展动态如何?

3.该行业的总销售额有多少,总收入是多少,发展趋势怎样?

4.经济发展对该行业的影响程度如何?

5.政府是如何影响该行业的?

6.是什么因素决定它的发展?

*主要业务与阶段战略

三、产品与服务

*产品与服务概况主要有下列内容。

1.产品技术概况介绍。

2.产品技术优势分析:国外研究情况,国内研究情况。

3.产品的名称、特征及性能用途;介绍企业的产品或服务及对客户的价值。

4.产品的开发过程,同样的产品是否还没有在市场上出现,为什么?

5.产品处于生命周期的哪一段?

6.产品的市场前景和竞争力如何?

7. 产品的技术改进和更新换代计划及成本,利润的来源及持续营利的商业模式。

*生产经营计划主要包括以下内容。

1. 新产品的生产经营计划:生产产品的原料如何采购、供应商的有关情况,劳动力和雇员的情况,生产资金的安排,以及厂房、土地等。

2. 公司的生产技术能力。

3. 品质控制和质量改进能力。

4. 将要购置的生产设备。

5. 生产工艺流程。

6. 生产产品的经济分析及生产过程。

四、市场营销

*介绍企业所针对的市场、营销战略、竞争环境、竞争优势与不足、主要对产品的销售金额、增长率和产品或服务所拥有的核心技术、拟投资的核心产品的总需求等。

*目标市场,应解决以下问题。

1. 你的细分市场是什么?

2. 你的目标顾客群是什么?

3. 你拥有多大的市场? 你的目标市场份额为多大?

*竞争分析,要回答如下问题。

1. 你的主要竞争对手是谁?

2. 你的竞争对手所占的市场份额和市场策略分别是什么?

3. 可能出现什么样的新发展?

4. 你的策略是什么?

5. 在竞争中,你的发展、市场和地理位置的优势何在?

6. 你能否承受竞争所带来的压力?

7. 产品的价格、性能、质量在市场竞争中所具备的优势是什么?

*市场营销,你的市场影响策略应该说明以下问题。

1. 营销机构和营销队伍。

2. 营销渠道的选择和营销网络的建设。

3. 广告策略和促销策略。

4. 价格策略。

5. 市场渗透与开拓计划。

6. 市场营销中意外情况的应急对策。

五、创业团队

*全面介绍公司管理团队情况,主要包括以下两方面。

1. 公司的管理机构,主要股东、董事、关键的雇员、薪金、股票期权、劳工协议、奖惩制度及各部门的构成等情况都要明晰的形式展示出来。

2. 要展示你公司管理团队的战斗力和独特性及与众不同的凝聚力和团结战斗精神。

*列出企业的关键人物(含创建者、董事、经理和主要雇员等)。

关键人物信息表格

姓　　名	
角　　色	
专业职称	
任　　务	
专　　长	

主要经历			
时　　间	单　　位	职　　务	业　　绩

所受教育			
时　　间	学　　校	专　　业	学　　历

＊企业共有多少全职员工(填数字)。

＊企业共有多少兼职员工(填数字)。

＊尚未有合适人选的关键职位。

＊管理团队优势与不足之处。

＊人才战略与激励制度。

＊外部支持:公司聘请的法律顾问、投资顾问、投发顾问、会计师事务所等中介机构名称。

六、财务预测

＊财务分析包括以下三方面的内容。

1.过去三年的历史数据,今后三年的发展预测,主要提供过去三年现金流量表、资产负债表、损益表以及年度的财务总结报告书。

2.投资计划

(1)预计的风险投资数额。

(2)风险企业未来的筹资资本结构如何安排。

(3)获取风险投资的抵押、担保条件。

(4)投资收益和再投资的安排。

(5)风险投资者投资后双方股权的比例安排。

(6)投资资金的收支安排及财务报告编制。

(7)投资者介入公司经营管理的程度。

3.融资需求

创业所需要的资金额,团队出资情况,资金需求计划,为实现公司发展计划所需要的资金额,资金需求的时间性,资金用途(详细说明资金用途,并列表说明)。

融资方案:公司所希望的投资人及所占股份的说明,资金其他来源,如银行贷款等。

*完成研发所需投入。

*达到盈亏平衡所需投入。

*达到盈亏平衡的时间。

项目实施的计划进度及相应的资金配置、进度表。

*投资与收益

(单位:万元)	第一年	第二年	第三年	第四年	第五年
年 收 入					
销售成本					
运营成本					
净 收 入					
实际投资					
资本支出					
年终现金余额					

*简述本期风险投资的数额、退出策略、预计回报数额和时间表?

七、资本结构

迄今为止有多少资金投入贵企业?	
您目前正在筹集多少资金?	
假如筹集成功,企业可持续经营多久?	
下一轮投资打算筹集多少?	
企业可以向投资人提供的权益有	□股权 □可转换债 □普通债权 □不确定

*目前资本结构表

股东成分	已投入资金	股权比例

*本期资金到位后的资本结构表

股东成分	投入资金	股权比例

*请说明你们希望寻求什么样的投资者(包括投资者对行业的了解,资金上、管理上的支持程度等)。

八、投资者退出方式

*股票上市:依照本创业计划的分析,对公司上市的可能性做出分析,对上市的前提条件做出说明。

*股权转让:投资商可以通过股权转让的方式收回投资。

*股权回购:依照本创业计划的分析,公司对实施股权回购计划应向投资者说明。

*利润分红:投资商可以通过公司利润分红达到收回投资的目的,按照本创业计划的分析,公司对实施股权利润分红计划应向投资者说明。

九、风险分析

*企业面临的风险及对策

详细说明项目实施过程中可能遇到的风险,提出有效的风险控制和防范手段,包括技术风险、市场风险、管理风险、财务风险及其他不可预见的风险。

十、其他说明

*您认为企业成功的关键因素是什么?

*请说明为什么投资人应该投资贵企业而不是别的企业?

*关于项目承担团队的主要负责人或公司总经理详细的个人简历及证明人。

*媒介关于产品的报道;公司产品的样品、图片及说明;有关公司及产品的其他资料。

*创业计划书内容真实性承诺。

三、路演创业计划

1.通过大赛演练创业计划

创业计划不是单纯集中在某一个专业的学生竞赛,而是以实际技术为背景,跨学科的优势互补的团队之间的综合较量。创业计划竞赛是高等院校与现实社会和大学生与企业之间的互动与沟通。参加创业计划大赛,创业者将有以下收益。

(1)系统学习创业知识

参赛者在创作创业计划的过程中,一般可以通过大赛提供的系统培训,以及学习、交流,全面地接受创业者所应具备的知识和技能训练。参赛者通过参加竞赛,可以获得对产品或服务从构想变为现实的全局把握。在完成商业计划的过程中,培养沟通能力、说服能力、组织能力。在接受挑战的过程中,增强创业的勇气、信心和能力。参加项目大赛的经历本身也是一种财富。

(2)磨炼创业团队

参赛者通过比赛,可以结识未来创业的合作伙伴,参赛小组的成员将最有可能在将来形成创业合作关系,开创成功事业。在此过程中,创业团队可以得到磨合,磨炼团队创业能力,形成创业凝聚力。参赛者将有机会加入一个充满智慧和活力的小组,与小组伙伴携起手来,接受挑战。参赛者将体验到前进中相互激励的力量,和交流中灵感火花的跳跃,以及成功时分享的喜悦。在这个过程中,参赛者会感受团队精神的力量,培养创业精神。

(3)积累商业资源网络

通过比赛可以结识风险投资家。国内风险投资家对本次大赛表示了浓厚兴趣,将对具有实际运作价值的作品,进行投资可行性分析。参赛者可以向风险投资家充分展现自己的产品或服务的巨大市场前景,为进一步创业赢得资金。参赛者还会结识商界和法律界人士,为将来创业建立良好的商业关系网。同时,很多新闻单位对全国大赛都比较关注,可以借助媒体向社会展示自己和产品的整体形象,为未来创业建立良好媒体资源基础。

(4)验证完善创业计划

参加创业比赛的过程,就是设计、论证、实施、优化完善创业项目的实施方案的系统过程。参赛过程中,有创业团队的精心参与,有指导老师的专业指导,有大赛评委的精彩点评,有各参赛团队和参赛项目的交流,这些都是其他形式所不具备的创业论证优势。

2. 创业计划的路演展示

(1)明确创业计划的展示对象

企业内部(员工或股东)。表述清晰的书面商业计划,有助于澄清创业目标,协调团队的各项工作,增强团队凝聚力和行动力,激发团队向目标一致前进。对于企业职能部门经理而言,通过分析各环节和未来战略目标的商业计划,能确保自己所做的工作与企业整体计划方向一致。

投资者和其他外部利益相关者。投资者、潜在商业伙伴、潜在客户、前来应聘的关键员工等外部利益相关者是创业计划的第二类读者。要吸引这些人,创业计划不要过分乐观,过分乐观会破坏创业计划的信度。创业计划必须明确显示商业创意可行,并与那些风险更小的投资选择相比,商业创意能给潜在投资者带来更高的资金回报;对于商业伙伴、客户和前来应聘的关键员工而言,仍须如此。创业计划必须论证其商业创意的可行性,并开发出一套在所处的竞争环境中行之有效的商业模式。并注意要展现的内容应实事求是。

(2)陈述创业计划的技巧

陈述准备。创业者要准备好幻灯片,内容要以预订的陈述时间为限。陈述严格遵守时间地点安排,做好充分准备。如果需要视听设备,应事先准备好。确保陈述流畅,逻辑清晰;幻灯片要简洁扼要;内容应通俗易懂(忌过多专业术语);陈述企业自身状况而非技术或产品细节;避免遗忘一些重要的资料。全部陈述内容应仅需要使用10~15张幻灯片,不追求全面,要抓重点。幻灯片的居体内容分布如下。

①公司:用1张幻灯片迅速说明企业概况和目标市场。

②机会(尚待解决的问题和未满足想需求):这是陈述的核心内容,最好占2~3占幻灯片。

③解决方式:企业将如何解决问题或如何满足需求,该项内容需要1~2张幻灯片。

④管理团队:用1~2张幻灯片简要介绍每个管理者的资格和优势。

⑤产业、目标市场:用1~2张幻灯片介绍企业即将进入的产业及目标市场状况。

⑥竞争者:用1~2张幻灯片简要介绍直接和间接竞争者,并详细介绍企业如何与目标市场中的现有企业竞争。

⑦知识产权:用1张幻灯片介绍企业已有的或待批准的知识产权。

⑧财务:强调企业何时盈利,为此要多少资本,以及何时实现现金流持平,最好用2~3张幻灯片。

⑨需求、回购和退出战略:用1张幻灯片说明企业需求要资金数目及设想的退出战略。

(3)现场答辩与反馈

现场回答问题要注意对问题的要点有准确理解,回答具有针对性而不是泛泛而谈;能在提问结束后迅速做出回答,回答内容连贯、条理清楚;回答问题建立在准确的事实和可信的逻辑推理上;对特别指出的方面能做出充分的说明和解释;陈述和回答的内容有整体一致性;团队成员在回答时有较好的配合,能协调合作,彼此互补,对相关领域的问题能阐述清楚。

3. 高职学生路演常见问题

不知所云。这是最常见的问题,也是最严重的问题之一。具体表现就是在路演的过程中,以自我为中心,演讲已完成,但评委还不知道你做的是什么,要干什么事。可避免这个问题就要尽量用3句话表达清楚,让人能听懂要表达的是什么。

技术展示。讲起技术滔滔不绝,但讲解中完全不涉及运作情况、商业模式和财务数据,导致投资人评委无法做出判断。要避免这个问题可以在1分钟之内,论述技术实验的基本原理、研究成果和应用。

盲目乐观。表现为负责人对未来市场盲目乐观,自我预期远大于实际情况,导致评委及投资人没有沟通的欲望。要避免这个问题就要客观冷静的评判项目,建议参赛之前和三位以上的投资人进行相关情况的沟通。

超出时间。大赛的时间是严格控制的,选手务必在规定的时间内完成路演,否则就会影响到下一个环节的时间。通常,评委也认为不能严格把握时间的企业不守规矩,打分上一般会有所考量。要避免这个问题就要多次练习,严格控制时间。

弄虚作假。编造数据或者提供假的证据在比赛中是坚决不允许的。其实,造假行为基本上都会被发现,一经发现,就会严重影响企业信誉。所以,这一点一定要注意。要避免就要实事求是,坦诚面对。

答非所问。最后一个环节一般是评委提问环节,需要选手作答。但是一部分选手往往会出现答非所问、有意拖延的情况。这样的回答往往没有太大作用,而且耽误时间。建议在30秒到1分钟的时间内,回答每个问题。一般来讲回答问题越多,越有利于展示企业形象,增进评委了解。

荣誉说明。参加大赛的团队,很多都是已经取得一定成绩和成就的。一般来讲,团队在介绍成员荣誉时点到即可,一切的路演论述,需要以项目为核心。很多关于核心人员、外部资源的介绍,往往对项目的帮助并不大。应该如实说明各个板块,不要喧宾夺主。

参考文献

[1] 汤锐华.大学生创新创业基础[M].北京:高等教育出版社,2016.

[2] 蒂蒙斯,斯皮内利.创业学[M].周伟民,吕长春,译.北京:人民邮电出版社,2005.

[3] 德鲁克.创新与企业家精神[M].蔡文燕,译.北京:机械工业出版社,2007.

[4] 彭晓华,刘红燃.创业实务[M].北京:现代教育出版社,2017.

[5] 孙桂生.从0到1:创新型创业实践方法[M].北京:现代教育出版社,2017.

[6] 张志宏,崔爱惠,刘轶群.大学生创新与创业训练教程[M].北京:现代教育出版社,2017.

[7] 张金山.大学生创新创业案例:走进"挑战杯"[M].北京:社会科学文献出版社,2017.

[8] 陈国梁,王延峰.大学生创新创业理论与实践导论[M].北京:科学出版社,2018.

[9] 孙洪义.创新创业基础[M].北京:机械工业出版社,2016.

[10] 雷朝滋.2016年度全国创新创业50所典型经验高校经验汇编[M].北京:北京航空航天大学出版社.2017.

[11] 张晓波,李钰,杨奇明.中国区域创新创业报告2016[M].北京:北京大学出版社.2016.

[12] 汪怿.创新创业人才开发研究[M].北京:上海社会科学院出版社.2015.